ADVAITA
Vom Glück, mit sich und der Welt eins zu sein

Christian Salvesen

ADVAITA
Vom Glück, mit sich und der Welt eins zu sein

Philosophie und Praxis
einer universalen
spirituellen Lehre

O.W. Barth

www.owbarth.de

Erste Auflage 2003

ISBN 3-502-67500-7

Inhalt

III WESTLICHE PHILOSOPHIE DES BEWUSSTSEINS

IV RAMANA MAHARSHI UND DIE SELBSTERFORSCHUNG

V PRAXIS DER SELBSTERFORSCHUNG

Psalm

Niemand knetet uns wieder aus Erde und Lehm,
niemand bespricht unsern Staub.
Niemand.

Gelobt seist du, Niemand.
Dir zulieb wollen
wir blühn.
Dir
entgegen.

Ein Nichts
waren wir, sind wir, werden
wir bleiben, blühend:
die Nichts-, die
Niemandsrose.

Mit
dem Griffel seelenhell,
dem Staubfaden himmelswüst,
der Krone rot
vom Purpurwort, das wir sangen
über, o über
dem Dorn.

Paul Celan (1920–1970)

Vorwort von Pyar Troll

Alle Menschen haben Sehnsucht nach dem Einen. Manchen ist das nicht so sehr bewusst, und sie streben nach Erfüllung im Außen, ohne sie jemals auf Dauer zu finden. Anderen ist es bewusst, und sie machen sich auf die Suche nach Wahrheit, nach Frieden. All dieses Suchen, all dieses Streben zielt auf das Eine, das keine Trennung kennt. Nur DAS kann letztendliche Erfüllung bringen.

Auf der Suche begegnen einem die Lehren vieler Weiser und Mystiker des Ostens und des Westens. Als ich vor dreißig Jahren begann, mich voller Neugier in die Lektüre östlicher und westlicher Weisheitslehren zu stürzen, war es mir oft nur schwer möglich, dem Pfad zu folgen. Zu verwirrend waren all die neuen Begriffe. So verfing ich mich immer wieder wie in dichtem Gebüsch. Und zu trocken war oft die Schreibweise, sodass ich mich manches Mal in einer Wüste wähnte. Deshalb freute ich mich so, als ich dieses Manuskript las. Genau ein Buch dieser Art hätte mir damals sehr geholfen.

Auf der Spur von Advaita nimmt uns Christian Salvesen auf eine Reise durch die Zeit mit bis ins alte Indien der *Veden* und wieder zurück ins 21. Jahrhundert. Unterwegs begegnen uns die Weisheitslehren Indiens, die Lehre Buddhas, christliche und islamische Mystiker, Philosophen von Platon bis Nietzsche. Schließlich kommen wir wieder in der Gegenwart an, bei der Hirnforschung und heutigen Advaita-Lehrern.

Kurzweilig und gleichzeitig fundiert geleitet Christian Salvesen uns durch all die Ausdrucksformen der Weisheit. Er sucht und findet die gemeinsame Essenz in alten und neuen, westlichen und östlichen Weisheitslehren, ohne dabei Unterschiede zu verwischen oder Gleichmacherei zu betreiben. Dabei schöpft er aus der eigenen jahrzehntelangen Erfahrung eines Menschen auf dem Weg. Ihn selbst führte sein Weg vom Philosophiestudium zur Meditation und Stille. Ich war bei der Lektüre des Manuskripts auch immer wieder von seinen persönlichen Berichten berührt, die das Lesen zu einem Vergnügen werden lassen. Jede Möglichkeit, Verstehen und Bewusstheit wachsen zu lassen, ist sehr kostbar – und dieses Buch ist eine solche Möglichkeit. Auch wenn Wörter die Wahrheit nie ausdrücken können, sind sie doch notwendig, um zu direktem Erkennen hinzuführen, das jenseits von Wörtern und Verstand geschieht.

Die Essenz aller Religionen und Weisheitslehren ist Einheit, Nicht-Trennung, Liebe. Wenn wir die Einheit allen Seins direkt erkennen und in diesem Bewusstsein leben, dann erfahren wir das Glück, mit uns und der Welt eins zu sein. In dieser Einheit gibt es keinen Mangel und daher keine Gier, keinen Hass, keinen Neid und kein Erreichen-Wollen. Das hat Konsequenzen für unser Verhalten und unser Leben in der Welt, weil wir uns nicht mehr von anderen Menschen, Tieren, Pflanzen und der Erde getrennt fühlen. Wir tanzen mit der ganzen Existenz in Freude und Mitgefühl.

Pyar Troll

Einleitung

Immer stört uns irgendetwas ... Wir bauen unser privates Glück, wir sichern es ab – und fühlen uns doch nie wirklich sicher. Wir sind für den Frieden, tun auch etwas dafür – und fühlen uns immer wieder bedroht. Das, was da draußen ist, scheint mächtiger zu sein. Offenbar können wir uns nicht zuverlässig vor Arbeitslosigkeit, Beziehungskrisen, Krankheit, Unfall, Armut, Gewalt schützen. Oder doch?

Wir schütteln den Kopf über Stars, die scheinbar alles haben – Freunde, Familie, Wohlstand auf Lebenszeit –, sich trotzdem jedes Jahr kosmetisch operieren lassen und sich womöglich sogar umbringen. Wir an ihrer Stelle würden es anders machen. Aber wie eigentlich?

Wir ehren Friedensnobelpreisträger und den Dalai Lama. Wir kaufen ihre gesammelten weisen Worte. Wir lesen Bücher voller Glücksrezepte, nicken eifrig – und können sie dann doch nicht befolgen. Wer oder was hindert uns daran?

Im Zweifelsfall: die anderen. Die Umstände. Die Welt. «Die Hölle, das sind die anderen», sagte Jean-Paul Sartre. Mörder versuchen, ihr Glück zu finden, indem sie andere töten. Vergeblich. Wir übrigen versuchen, die anderen, die uns stören, wenigstens zu meiden. Auch das ist aussichtslos. «Solange du glaubst, dass es andere gibt, bist du in der Hölle», variiert der Advaita-Lehrer Karl Renz das Wort von Sartre.

Solange wir das glauben? Stimmt es denn etwa nicht? Gibt es etwa keine anderen, keine Welt? Doch, zunächst einmal gibt es sie. Aber die Trennung zwischen Ich und Welt ist eine Illusion, sagt die Philosophie des Advaita. In Wirklichkeit ist da nur das Eine. Und deshalb gibt es auch keinen Grund, Angst zu haben, andere zu bekämpfen oder das scheinbar Störende aus der Welt zu entfernen. Man muss nur begreifen, dass es die Trennung nicht gibt. Dass in Wahrheit alles eins ist. Darum geht es in diesem Buch.

A-dvaita ist ein Wort aus dem altindischen Sanskrit, von dem die meisten unserer heutigen westeuropäischen Sprachen abstammen. Es bedeutet «a-dual», «nicht-zwei», «nicht getrennt», «eins».

«Advaita» ist auch der Name einer spirituellen Tradition, die vor dreitausend Jahren mit den indischen *Veden* begann und heute im Westen rasch wachsendes Interesse findet. Diese Tradition sagt: Die Welt und ich sind bereits eine Einheit. Wir müssen uns nicht um Übereinstimmung bemühen. Es geht nur darum, das Ganze aus einer anderen Perspektive zu sehen. Dazu müssen wir keinen heiligen Berg des Wissens erklimmen, wir müssen nicht viele Jahre als Yogi leben oder geheime Praktiken ausüben. Diese Perspektive ist jetzt schon da. Wir verdecken sie nur immer wieder mit unseren Vorstellungen und Gewohnheiten, mit unseren Gedanken.

Unter diesen Denkgewohnheiten liegt der Frieden, liegt das Glück. Die Gewohnheiten lassen sich auflösen wie Wolken. Der Strahl, der sie durchschneidet, kann eine einfache Frage sein: Wer bin ich? Oder: Wer ist das, dem diese Gedanken jetzt erscheinen? Es ist eine Frage, auf die der Verstand letzten Endes keine Antwort findet. Die Antwort ist jenseits der Gedanken.

Wer ist das, der sich als Kind, als Jugendlicher und als Erwachsener erlebt hat? Ist das, was all die verschiedenen Lebensumstände, das Auf und Ab der Gefühle erfahren hat, nicht im Kern immer gleich? Ist es nicht genau jetzt da, während ich diese Zeilen lese? Was ist diese Intelligenz, diese Fähigkeit, jetzt wahrnehmen, lesen, verstehen, denken und fühlen zu können?

Ist das alles nicht ganz und gar mysteriös? Einfach nur die Tatsache, dass ich jetzt bin, lesen, denken, fühlen, *leben* darf? Wo doch eigentlich gar nichts zu sein bräuchte. Nichts. Könnten wir nur einen Moment innehalten und ganz still sein, wir würden den Hauch des Nichts spüren. Diese so übermächtig reale, objektive Welt, in der wir ein kleiner, vergänglicher Teil zu sein glauben, erschiene uns plötzlich ganz unwirklich, wie ein Traum.

Es gibt einen bekannten Intelligenztest, bei dem mehrere Punkte durch eine einzige, durchgehende Linie verbunden werden müssen. Die Lösung besteht darin, dass die Linie über den Bereich, den die Punkte markieren, hinausführt. Im Advaita müssen wir ebenso einen Bereich verlassen, auf den wir fixiert sind, um die

Auflösung zu finden. Wir können jedes beliebige Problem nehmen. Es kann sehr persönlich sein oder die gesamte Welt betreffen. Beispielsweise die Frage: Wie kann das Leiden in der Welt verhindert werden? Seit Jahrtausenden haben sich Menschen alle möglichen Theorien und Strategien ausgedacht und versucht, sie umzusetzen. Ist dabei irgendetwas herausgekommen, das eine Änderung bewirkt hätte und uns jetzt glücklich machte?

Advaita zieht die verbindende Linie, die alle problematischen Punkte berührt, tatsächlich in eine verblüffende Richtung. Es stellt die einfache Frage: Für *wen* ist das so? Wer nimmt das alles wahr: die Probleme der Welt, die ganz privaten Sorgen? Wo gehen all die Eindrücke hin – die Bilder der «Tagesschau», die Ratschläge und Meinungen der anderen, die eigenen Gefühle und Gedanken? Wo fließen sie zusammen? Wohin verschwindet diese ganze Welt, wenn ich träume oder tief schlafe? Wohin ist sie gerade im letzten Moment verschwunden?

Genauso berechtigt ist diese Frage: Woher kommt das alles, von wo taucht es auf? Hier scheint es zwei Quellen zu geben. Wir unterscheiden meist, ohne es zu hinterfragen, zwischen dem, was von «außen» kommt – etwa die Nachrichten im Fernsehen –, und dem, was von «innen» kommt: unsere Bestürzung, Sorgen, kritischen Kommentare. Wir selbst treffen diese Unterscheidung zwischen Außen und Innen. Für wen?

Wir sind auf einer Fährtensuche. Wir wollen uns selbst aufspüren. Wer ist es, der sich und die Welt so und nicht anders sieht? Wer ist es, der an sich selbst und der Welt, so wie er sie sieht, leidet? Und wer will etwas verändern? Ich. Doch was ist dieses Ich? Wo kommt es her? Gibt es «hinter» diesem Ich noch etwas? Das tiefer ist, umfassender, unfassbar, zu schnell, nur wie aus dem Augenwinkel zu erahnen? Etwas, das dieses Ich wahrnimmt, ohne je selbst wahrnehmbar zu sein?

Wir wollen es gemeinsam aufspüren. Im Advaita wird es «Sat-Chit-Ananda» genannt, «Sein-Bewusstsein-Glückseligkeit». Der indische Weise Ashtavakra, ein zwölfjähriger Krüppel, sagte zu seinem Schüler, einem berühmten König: «Du bist jenes Bewusstsein – höchste Glückseligkeit –, in dem diese Welt erscheint. Lebe glücklich.» Und Ramana Maharshi, der bedeutendste Advaita-

Meister unserer Zeit, erklärte: «Dasein ist dasselbe wie Glück, und Glück ist dasselbe wie Dasein.» Bevor wir lautstark Einspruch erheben: Könnte es nicht sein, dass wir irgendetwas übersehen?

Seit 1990 existiert in den USA, Westeuropa und Australien eine spirituelle Bewegung, die sich auf Advaita und Ramana Maharshi bezieht. Mindestens einhundert westliche Lehrer vermitteln unter dem Sanskritbegriff *satsang* («in Verbindung mit der Wahrheit sein») Selbsterforschung auf der Grundlage von Advaita. Dietmar Bittrich und ich haben die aktuelle Satsang-Bewegung in unserem Buch *Die Erleuchteten kommen* dargestellt. Im vorliegenden Buch gehe ich nur im Praxisteil und im Anhang auf heutige Lehrer und den «modernen» Satsang ein.

Advaita ist eine Philosophie, die uns seit Jahrtausenden im tiefsten Inneren bewegt. Sie stellt die zeitlose Frage, die alle anderen in sich vereint: Wer oder was bin ich wirklich? Diese Frage wurde von indischen Yogis und westlichen Philosophen, von Religionsstiftern und Gehirnforschern gestellt. Ihre Art zu fragen und ihre Antworten können uns dazu inspirieren, selbst zu fragen. Dieses Buch beansprucht nicht, die indische Tradition, die Religionen und die abendländische Philosophie in ihrer Vielschichtigkeit und mit all ihren historischen, gesellschaftlichen Hintergründen so darzustellen, wie das wohl ein Religions- und Philosophieexperte tun würde. Hier geht es um die Möglichkeit, etwas zu verstehen, das über objektives Wissen und Information hinausreicht. Wir bewegen uns geistig vom Objektiven zum Subjektiven und schließlich ins Unbeschreibliche.

Das ist nicht so schwer zu verstehen, wie es zunächst scheint: Wie könnte die Frage, wer ich bin – falls es darauf überhaupt eine Antwort gibt –, von anderen beantwortet werden?

I

ADVAITA
IN DER
INDISCHEN TRADITION

Da saß ich nun am Gate of India im Hafen von Bombay und schaute benommen auf die herumlaufenden Menschen. Mein letztes Geld war mir gerade im überfüllten Zug von Poona nach Bombay aus dem Brustbeutel gestohlen worden, mein Pass schon seit Monaten verschwunden. Ich besaß noch eine Rupie und das, was ich anhatte.

Das war im Mai 1980. In wenigen Monaten hatte Indien mich völlig umgekrempelt. Der ambitionierte Doktorand war in unerbittlich anrollenden Wellen der Unberechenbarkeit untergegangen. Wer sich jemals als Westler Indien ausgesetzt hat, weiß: Hier kommt immer alles anders, als man denkt. Das pompöse Taj-Mahal-Hotel hinter mir war ein historisches Beispiel dafür. Nachdem der britische Architekt angereist war, um sein Werk zu begutachten, musste er feststellen, dass das ganze Gebäude verkehrt herum erbaut worden war. Der kleine Hintereingang befand sich *vorn*. Typisch indische Überraschung. Die kann einen richtig fassungslos machen. Ein Vorgeschmack von Erleuchtung?

Während ich ohne Plan und Hoffnung dasaß, rutschte ein großer schwarzer, zusammengeklappter Schirm gegen mein linkes Bein. «Oh, mein Schirm ... Tja, der hat ein Eigenleben!», sagte eine Stimme. Der Mann neben mir war etwa sechzig Jahre alt, sprach gut verständliches Englisch, saß würdevoll gerade und trug eine ovale Mütze, so eine Art arabischen Fes. Wir sahen uns nicht an. «Er scheint dich zu mögen – mein Schirm!»

Ich erwiderte nichts. Ich fühlte mich wie ein Kind, das versonnen und guter Dinge neben seinem Großvater sitzt. «Möchtest du mich etwas fragen?» Seine Stimme drang an mein Ohr wie durch eine Glaswand. In dem Raum, den die Glaswände umgaben, bewegte sich das Leben. Vor mir streckte ein Junge auf Krücken bettelnd seine Hand aus. Eine alte Frau bückte sich mühsam nach einem Stück Abfall.

«Warum ist das so?», hörte ich meine zaghafte Stimme. Noch bevor die Antwort kam, wurde das Bild mit den Menschen vor mir klar. Wie hell leuchteten plötzlich die Augen des bettelnden Jungen! Sie blickten nicht traurig oder verzweifelt, auch nicht fröhlich. Sie schauten einfach – staunend, nichts wissend. Das bin ich! Genauso fühlte ich mich. Wir sind hier und wissen nicht, warum, wozu, wissen überhaupt nichts! Dieses Leben ist ein geheimnisvoller Traum, stets dazu verführend, es begreifen zu wollen, und dabei unergründlich bleibend. Doch nichts davon *dachte* ich. Gedanken waren nicht da.

«Es ist, wie es ist», sagte der Mann neben mir, den ich mittlerweile für einen Erleuchteten hielt.

Indien, das sind eine Milliarde Menschen, die überleben wollen. Wie viele suchen nach mehr? Indien, das sind die *Veden*, das ist Agni, das heilige Feuer, und Soma, der psychedelische Pilz. Das sind die extremen Gegensätze zwischen Bengalen und Bollywood, zwischen OS (Ochsenstärke) und PC, zwischen Sadhu und Sari. Das ist eine Kuh oder ein kriechender Pilger mitten auf der Straße, umgeben von stinkenden, lärmenden Autos, die sonst jeden über den Haufen fahren.

Indien hält sich nicht an die Zeit, hat sich nie daran gehalten. Der mehrfach und schließlich aggressiv mit lauter Stimme bestellte Tee, der Zug, die seit Jahren versprochene Kanalisation – sie kommen entweder so verspätet, dass man schon wieder überrascht ist, oder nie. Jegliche Eile oder Betriebsamkeit ist vorgetäuscht, nur ein Spiel. Der Inder spielt wohl wissend, der Tourist unwissend mit. Zeit lässt sich beliebig dehnen. Auch in der Vergangenheit – geschichtliche Daten schwanken oft erheblich.

1 Atman, das wahre Selbst: *Veden und Upanishaden*

Geschichte und Struktur der Veden

Die *Veden* sind die ältesten indogermanischen Schriften. Sie repräsentieren die Religion der Arier, die um 1500 v. Chr. von Nordwesten über den Khaiber-Pass in Indien eindrangen. Ihre Götterwelt ähnelt der griechisch-römischen. In den folgenden fünfhundert Jahren – der vedischen Epoche – vermischte sich die Religion mit dem älteren Shiva-Kult der eroberten Völker am Indus. Im Gegensatz zu den späteren hinduistischen Tempeln mit ihren vielen Götterskulpturen gab es zunächst keinerlei Götterbilder oder Tempel. Das Wort war das einzige Medium, und das Opferritual richtete sich nach dem Wort, den *Veden. Veda* ist Sanskrit und kommt von *vid*, «sehen und wissen». Etymologisch stammen das lateinische *videre* («sehen»), das englische *to wit* bzw. *witness* («bezeugen», «Zeuge») und das deutsche «Wissen» vom Sanskritwort *vid* ab.

Die *Veden* werden in *Rigveda*, *Samaveda*, *Yajurveda* und *Atharvaveda* unterteilt. Am ältesten ist der *Rigveda* (*rig* = «Lobverse»). Er umfasst zehn Bücher, *Mandalas* genannt, mit insgesamt 10 552 Mantras in 1028 Lobpreisungen. Die meisten dieser Bücher *(Mandalas 2–8)* sind bestimmten Seher-Familien zugeordnet. Ein Seher (Rishi) galt als jemand, der Zugang zur inneren Quelle der Wahrheit hatte. Das *Mandala 9* preist in 114 Hymnen das sagenumwobene Soma, vermutlich ein Getränk mit den psychoaktiven Substanzen eines Pilzes. Manch ein Rishi mag seine intuitiven Eingebungen dem Soma verdankt haben.

Der *Samaveda* (*saman* = «Gesang») übernimmt die Mantras des *Rigveda* und macht daraus liturgische Gesänge mit festgelegten, einfachen Melodien – möglicherweise die Grundlage der klassischen indischen Musik. Der *Yajurveda* wiederum enthält Texte, die der Priester beim Opfer rezitiert (*yag* = «opfern»). Der *Atharvaveda* schließlich besteht aus Anrufungen im Rahmen magischer Praktiken (*atharvan* = «betören»).

Diese Einteilung bezieht sich primär auf die Mantra-Sammlung, die «Samhita» genannt wird. Doch zu jedem Veda gehören weitere Texte, teils in Versen, teils in Prosa abgefasst, die sich in ihrer Funktion und ihrem Stil voneinander unterscheiden. Nach den Samhita kommen die Brahmana, in denen die Rituale bis ins Detail beschrieben werden. Ihre spirituelle Funktion erläutern die Aranyakas. Sie erzählen Geschichten, stellen etymologische Beziehungen her und geben Anleitungen zur Meditation. Schließlich folgen die *Upanishaden*. Sie gelten als die philosophisch-mystische Quintessenz der *Veden*. Auf sie bezieht sich der Begriff Vedanta (*anta* = «Ende»). Advaita-Vedanta ist die für dieses Buch maßgebliche Tradition im großen Strom des Hinduismus.[1]

Die Upanishaden

Upa-ni-shad bedeutet wörtlich «nahe bei niedersetzen» und meint eine vertraute Sitzung oder Unterweisung. Daraus wurde dann in den ersten deutschen Übersetzungen «Geheimlehre».[2] Insgesamt soll es über zweihundert *Upanishaden* geben. Die vierzehn wichtigsten sind *Isha, Kena, Katha, Prashna, Mundaka, Mandukya, Taiitriya, Aitreya, Chandogya, Brhadaranyaka, Shvetashvatara, Kaushitaki, Mahanarayana* und *Maitri*.

Die ersten *Upanishaden* entstanden zwischen 1000 und 750 vor unserer Zeitrechnung. Shankara (788–820), der wohl bedeutendste klassische indische Advaita-Lehrer, fand, dass sich die *Upanishaden* von den drei anderen vedischen Formen oder literarischen Stilen – Samhita, Brahmana und Aranyakas – radikal unterscheiden. Sie sind Jnanakandas, Anleitungen *(kandas)* zur höchsten Erkenntnis *(jnana)*. Die anderen (Karmakandas) befassen sich mit Handlungen, vor allem mit Ritualen dazu, wie man die Götter gnädig stimmt, um daraus persönliche Vorteile zu erzielen.

In den *Upanishaden* fragt der Mensch nach seinem Wesen, seiner wahren Natur. Was ist diese Existenz? Wer bin ich wirklich? Von den Opferritualen zur Selbsterforschung: Was für den Einzelnen ein Erkenntnissprung sein mag, stellt sich in der Überlieferung als vielschichtiger Entwicklungsprozess dar. Zwar gibt es schon in den ersten Mantras des *Rigveda* Hinweise auf Brahman, auf das Eine und Absolute, das in allem erscheint und doch jenseits aller Erscheinung ist. Aber erst allmählich wird deutlich, dass dies kein Gott ist wie die anderen Götter.

Die *Veden* preisen wenigstens dreiunddreißig Götter. Besonders prominent sind Agni, der vermittelnde Feuergott, und Indra, der Kriegsgott und Götterkönig. Brahman wiederum ist etwas völlig anderes, jenseits jeder Gestalt oder Form. Hier kommt ein anderer zentraler Begriff ins Spiel: Atman. Das wird oft mit «Seele» übersetzt. In der Advaita-Interpretation nennen wir es «das Selbst». Es ist unser unzerstörbarer, innerster Kern. Die Frage, die in den *Upanishaden* zunehmend Gewicht erhält, lautet: Wie hängen Brahman und Atman zusammen? Sind sie ein und dasselbe? Wie lässt sich das herausfinden?

Viele wunderbare Verse und Geschichten der *Upanishaden* wollen zu einer Erkenntnis inspirieren, die das ganze Wesen erfasst. «Ja, ich bin Brahman. Alles und nichts, du und ich, gut und böse, sterblich und ewig und zugleich jenseits davon, dies alles erlebend, ein Strom der Erfahrungen im unbewegten Raum des Gewahrseins. Ich bin DAS!»

«Wer Brahman erkennt, wird zu Brahman», heißt es in den *Upanishaden*. Es gibt keinen Weg zurück. Die überpersönliche Sicht bleibt. Vorlieben und Abneigungen haben keine Bedeutung mehr. Es handelt sich um einen drastischen Wechsel in der gesamten Lebenseinstellung. So sind die in den *Upanishaden* angedeuteten Methoden und Übungen zur Erkenntnis des Brahman beides zugleich: Absicherung, dass die Offenbarung des Unendlichen seelisch vorbereitet ist und nicht in die Psychose führt, und Motivation, die Suche nach der höchsten Wahrheit nicht aufzugeben.

Entwicklungsstadien und Methoden

Wer sich nach einer spirituellen Neugeburt (*dvija* = «zweimal geboren») sehnt, dem empfehlen die *Veden* vier Stadien oder Entwicklungsphasen (Ashramas), die sich über das gesamte Leben erstrecken. Traditionell bezieht sich das vor allem auf die Brahmanenkaste. Der Student (Brahmacharin) befasst sich mit den Samhitas, lernt z. B. Mantras aus dem *Rigveda* und übt sich in sinnlicher Enthaltsamkeit. Der Familienvater (Grhasta) befolgt die Brahmanas, achtet auf peinlich genaue Ausführung der Rituale und erfüllt zugleich die alltäglichen Pflichten. Danach zieht er sich als Vanaprastha zur Meditation in die Wälder zurück und folgt den Anleitungen der Aranyakas. Schließlich wandert er heimatlos als Sannyasin durch die Welt, an nichts Weltlichem haftend, nur Brahman im Sinn – was der Essenz der *Upanishaden* entspricht.

Uns Westlern mag dieses Konzept der Ashramas unpraktikabel erscheinen. Die darin enthaltene Weisheit lässt sich jedoch kaum leugnen. Vor allem Jugendliche verschreiben sich leidenschaftlich gern einer Sache oder Ideologie. Doch die Wahrheit von Brahman kann sich erst enthüllen, wenn sich die Leidenschaft für das Leben in dieser Welt erschöpft hat. Wenn der Reiz von angenehm und unangenehm schal geworden ist. Ein etwas älterer Mensch – ab vierzig oder fünfzig – hat, zumindest in der vedischen Welt, seine Bedürfnisse nach äußerer Anerkennung in Partnerschaft und Beruf ausgelebt. Er hat erkannt, dass solche Erfahrungen, ja Erfahrungen überhaupt, keine dauerhafte Erfüllung bedeuten. Diese Art der Ernüchterung und Desillusionierung kann nur das Leben selbst bringen, nicht aber die Leidenschaft eines jungen Menschen, der magische Rituale oder Kundalini-Yoga ausprobiert, um seine Ziele zu erreichen. Also, alles zu seiner Zeit.

Andererseits kommen in den Parabeln der *Upanishaden* auffällig viele jugendliche Suchende und Wahrheitsfinder vor. Denn – wieder einer dieser Widersprüche – das Brahman ist unabhängig vom Körper. Es kann in seiner Wirklichkeit in jedem durchbrechen, ob jung oder alt.

Die *Upanishaden* bieten statt detaillierter Opferrituale Methoden der Selbsterforschung, die übrigens auch in den heutigen

Unterweisungen (Satsangs) westlicher Lehrer noch eine Rolle spielen: das Praktizieren des OM und der Herz-Meditation, die Methode des Ausschließens (Neti-Neti) und die Erkenntnis der Einheit (Tat Tvam Asi). In der Regel gibt es einen Guru, der den Schüler anleitet.

OM

OM (auch AUM geschrieben) ist die «heilige Silbe» (Udgita), mit der die Rezitationen beim Opfern und Beten eröffnet und abgeschlossen werden. Ihre magische Kraft verstärkt sich, wenn sie mit der richtigen Intention, mit Vertrauen und dem Wissen um die Einheit von OM und Brahman ausgesprochen oder gesungen wird – vergleichbar dem hebräischen «Amen», Formel der Bekräftigung und Bestätigung: «So sei es!»

Eine Parabel erzählt vom Kampf zwischen Dämonen und Göttern. Die Götter verwenden das OM als Waffe, die Dämonen die Schlechtigkeit. Solange die Götter das OM mit den Sinnen (Geruch, Gesicht, Gehör) und dem Verstand gleichsetzen, können die Dämonen es mit dem «Pfeil der Schlechtigkeit durchbohren». Es wird aufgespalten in angenehm/unangenehm, richtig/falsch, gut/schlecht (z. B. Gestank/Wohlgeruch). Erst als die Götter das OM als den Lebensatem (Odem) verehren, verschwinden die Dämonen. Der Odem lässt sich nicht korrumpieren. Er verlässt den Sterbenden nach seinem letzten Atemzug, bleibt aber als Essenz oder Seele erhalten.[3]

An anderer Stelle wird das OM mit der Sonne gleichgesetzt.

> Indem er (d. i. die Sonne) aufgeht, singt er den Kreaturen den udgita: indem er aufgeht, schlägt er Finsternis und Gefahr fort.[4]

Im Rahmen der Advaita-Lehre dient der heilige Laut keiner magischen Beschwörung, sondern der meditativen Versenkung. Das OM wird auf einem lang gehaltenen Ton gesungen, Atem, Klang und Vibrationen im Körper werden beobachtet. Die Gedanken kommen zur Ruhe, Objekt und Subjekt können verschmelzen. Shankara beschreibt das als eine Praxis, die in tiefe Versenkung (Samadhi) führt, und orientiert sich dabei an seinem Lehrer Gaudapada, der sagte: «OM ist der Bogen, Atman der Pfeil und Brahman das Ziel.»

Das geschriebene OM symbolisiert die vier Ebenen des Bewusstseins. Der untere Bogen repräsentiert das Wachbewusstsein und den Körper, der Seitenschlenker steht für Traum und Denken, der obere Bogen für den Tiefschlaf und das Unbewusste. Rechts oben findet sich ein Symbol für Turiya, das mit Worten nicht zu erfassende «Vierte», das reine Gewahrsein. Es ist die unabhängige Grundlage der anderen drei Ebenen.

Das OM

Die Herz-Meditation

In den *Veden* bedeutet Herz-Meditation: nach innen lauschen, in die Stille sinken. Herz (Hridayam) steht für den unveränderlichen, unabgrenzbaren Bewusstseinsraum, in dem alle Wahrnehmungen auftauchen und verschwinden. Das Selbst befinde sich im Herzen, kleiner als ein Hirsekern und größer als der Himmel, heißt es in der *Chandogya-Upanishad*. Im Yoga-System der Chakras, der Energiezentren, gilt das vierte Chakra als Herz-Zentrum. Es wird Anahata, «das Unberührte», genannt.[5]

Neti-Neti ist die Methode des Ausschließens. Nicht dies, nicht das. Brahman-Atman, das Selbst, lässt sich nicht definieren. Es ist weder männlich noch weiblich, weder gut noch böse, weder groß noch klein. Rein formal-logisch kann man diese Methode der Verneinung leicht an allen möglichen Sätzen ausprobieren:

«Ich bin müde.»

«Nein, du als das wahre Selbst bist weder müde noch nicht müde!»

Doch in der Praxis der Selbsterforschung geht es darum, Anhaftungen zu durchschauen, die ständig «ganz automatisch» geschehen und sich ebenso «selbstverständlich» und unhinterfragt in der Sprache und im Denken ausdrücken. Jedes Problem lässt sich darauf zurückführen, dass ich – in Wahrheit Atman – mich mit einem Körper, einem Ding, einem Ereignis (äußerlich oder innerlich) identifiziere.

DAS bist du

«DAS bist du!» (Tat Tvam Asi.) Ein bedeutender Lehrsatz (Mahavakya) der Advaita-Vedanta-Philosophie. «DAS» steht für das Absolute, für Brahman. «Tat Tvam Asi» kommt in der *Chandogya-Upanishad* häufiger am Schluss einer Unterweisung vor.[6] Der Guru hat seinem Schüler an Beispielen zu zeigen versucht, was das Selbst ist. Logisch betrachtet widerspricht das der Neti-Neti-Methode – das Selbst hat ja keine Eigenschaften. Doch worauf der Lehrer hinauswill, ist kein logisches Verstehen, sondern ein Begreifen jenseits aller Worte und Konzepte. Er kann zum Beispiel immer wieder demonstrieren: «Du bist nicht dies, du bist nicht das», und schließlich fragen: «Was bleibt übrig?» Der Schüler weiß nichts mehr zu sagen und mag seinen Lehrer entgeistert anblicken. Da ist *nichts*. «Ja, DAS bist du!», sagt der Guru, wenn er die Erkenntnis heraufdämmern sieht. Verblüfft ruft der Schüler: «Ich bin Brahman!» (Aham Brahamsi). Er hat die Identität von Brahman und Atman in sich selbst realisiert, wenn auch vielleicht nur für einen kurzen Moment.

Die folgenden Texte aus den *Upanishaden* können uns auf die richtige Spur führen.

> Wer bewegt denn den Geist und entsendet ihn? Wer bringt den Lebensatem als erster hervor? Wer bewegt die Menschen dazu, Worte zu reden? Wer, welcher Gott lenkt Auge und Ohr? Das Gehör des Ohres ist er, der Geist des Geistes, das Wort des Redens, der Atem des Atems, er ist die Sehkraft des Auges.
> Was man durch Worte nicht aussprechen kann, das, durch das Worte ausgesprochen werden, das sollst du als Brahman erkennen, nicht das, was hier verehrt wird.
> Was man durch Denken nicht denken kann, das, durch das das Denken möglich wird, das sollst du als Brahman erkennen, nicht das, was hier verehrt wird.
> Was man durch das Auge nicht sehen kann, das, durch das das Auge sieht, das sollst du als Brahman erkennen, nicht das, was hier verehrt wird.
> Was man durch das Ohr nicht hören kann, das, durch das das Ohr hört, das sollst du als Brahman erkennen, nicht das, was hier verehrt wird.
> Was man durch Atmen nicht einatmen kann, das, durch das das Atmen möglich wird, das sollst du als Brahman erkennen, nicht das, was hier verehrt wird.[7]

> Alle fühlenden und nicht fühlenden Dinge in diesem sich stets wandelnden Universum sind flüchtig und verschwinden mit der Zeit. Doch Gott, der in allem ist, wirkt und regiert, ist ewig und unvergänglich. Setze alles daran, diese ewige Wahrheit zu erkennen, und lass dich nicht in die Welt hineinziehen. Genieße die Schönheit der Natur, doch wisse dabei, auch sie ist vergänglich. Verschreibe dich nicht weltlichem Reichtum. Wem gehört denn dies alles? Sicher keinem Menschen. Wir bringen doch nichts mit in dieses Leben und nehmen auch nichts mit, wenn wir es verlassen. Doch Ihm, dem Grund der Wirklichkeit, gehört alles. Wir sind dazu da, seine Reichtümer zu hüten.[8]

Und schließlich ein zentraler Aspekt der Advaita-Lehre, von Paul Deussen in poetischer Form wiedergegeben:

> Gesinnung ist der Samsara,
> sie soll man reinigen mit Fleiß;
> wie du gesinnt bist, so bist du, –
> ein Rätsel und doch ewig wahr!
> Der Gesinnung Zur-Ruhe-Kommen
> hebt gutes Werk und böses auf,
> wer, ruhig selbst, im Selbst feststeht,
> erlangt Glück, unvergängliches.[9]

Samasara ist der Kreislauf von Geburt, Tod und Wiedergeburt. Was uns darin verhaftet sein lässt, sind unsere Gedanken und Vorstellungen. Jenseits oder «unterhalb» davon sind wir, was wir schon immer waren und sein werden: das in sich erfüllte Sein.

Die *Upanishaden* bieten außer den tiefsinnigen Lehrsätzen und Gedichten auch Geschichten und Parabeln. Einige der berühmtesten möchte ich im Folgenden nacherzählen. Sie weisen auf ihre ganz besondere Art auf die Wahrheit.

Wie Nachiketa dem Herrn des Todes begegnete

Nachiketa war der einzige Sohn eines reichen Brahmanen namens Uddhalaka. Der Tod eines Freundes hatte ihn wachgerüttelt, hatte ihm bewusst gemacht, wie schnell das Leben vergeht. Ganz plötzlich, wie aus heiterem Himmel, kann es beendet sein. Äußerer Reichtum bietet da keinerlei Schutz.

Als Nachiketas Vater der Aufforderung eines Brahmanenpriesters folgte und einen Teil seines Vermögens in einem pompösen Ritual vor applaudierendem Publikum opferte, um sich eine gute Wiedergeburt im nächsten Leben zu sichern, war dem Jungen dieses ganze Getue zuwider: «Was gibst du da schon her, Vater, das ist doch kein wirkliches Opfer! Warum opferst du nicht mich?» Der Vater empfand das als unerhörte Beleidigung und rief empört: «Nun gut, ich opfere dich – und zwar Yama, dem Gott des Todes!»

Das war nicht wirklich ernst gemeint, denn es gab keine Menschenopfer mehr. Doch Nachiketa nahm es ernst, auf seine Weise. Er ging allein in die Wälder und wartete in stiller Meditation auf Yama. Man könnte auch sagen, er reiste wie die Schamanen in die «nichtalltägliche Wirklichkeit», in das Reich des Todes. Zunächst erschienen Yamas drei Assistenten, Krankheit, Hunger und Krieg. Sie waren recht höflich und erklärten, der Herr des Todes sei auf Reisen und habe viel zu tun: viele Kriege, reiche Ernte. Nachiketa sagte: «Ich warte!» Er verharrte drei Tage und drei Nächte bewegungslos sitzend. Und Yama kam tatsächlich, verwundert über diesen jungen Mann, der ihm nicht, wie alle anderen, ausweichen wollte, sondern die Begegnung suchte – und mit welcher Hingabe!

«Da du drei Tage auf mich gewartet hast, werde ich dir drei Wünsche erfüllen», sagte er zu Nachiketa.

Der antwortete: «Als Erstes wünsche ich mir, dass mein Vater mir vergibt.»

«Ein weiser Wunsch, mein Sohn», lobte Yama. «Und was möchtest du noch?»

«Ich möchte das Feuer der Leidenschaft – für die Suche nach der Wahrheit.»

Yama schmunzelte. «Gewährt! Und dein dritter Wunsch?»

«Ich wünsche mir Unsterblichkeit.»

Schweigen. Dann: «Hast du dir das auch gut überlegt? Bedenke, dies ist dein letzter Wunsch. Warum wünscht du dir nicht ein langes, gesundes Erdenleben mit viel Reichtum, Ruhm, wunderschönen Frauen, vielen Kindern?»

«Werde ich nicht all das schon sehr bald wieder an dich abtreten müssen, wenn ich sterbe?»

Yama war beeindruckt. Dieser junge Mann hatte bereits tiefe Einsichten gewonnen. Als Antwort überreichte er ihm einen Spiegel. «Ich kann dir die Unsterblichkeit nicht schenken, Nachiketa. Du musst sie selbst entdecken, in dir. Forsche, wer du wirklich bist – jenseits von Geburt und Tod.» Und Nachiketa schaute in den Spiegel, der ihm sein wahres, unsterbliches Wesen zeigte.

Die Geschichte von Nachiketa und Yama, dem Gott des Todes, zieht sich in unterschiedlichen Versionen durch die ganze klassische indische Literatur: vom *Rigveda* über die *Upanishaden* (besonders die *Katha-Upanishad*), das *Mahabharata*-Epos und Shankara bis heute. Was in fast allen Varianten gleich bleibt, ist das Profil eines Wahrheitssuchenden, der selbst den Tod nicht scheut und sich durch die drei Wünsche den Reiseproviant besorgt – das heißt die für die Erreichung des Ziels nötigen Eigenschaften. Jack Kornfield, der bekannte amerikanische Buddhist, verstand die Geschichte als eine allgemein gültige Initiation und beschrieb verschiedene Stadien der Suche:[10]

- *Ernüchterung*: Nachiketa durchschaut die üblichen Rituale der Religion als hohl, unaufrichtig und sinnlos. Sie dienen dem Ego. Die Revolte gegen alte Opferrituale ist typisch für die *Upanishaden* und für jede spirituell aufrüttelnde Botschaft.
- *Sich dem Unbekannten stellen:* Nachiketa repräsentiert den Archetypen des Helden, der das Unmögliche wagt. Risiko bedeutet hier Meditation: sich in sein Alleinsein hineinfallen lassen.
- *Vergebung:* Nachiketas erster Wunsch zeigt bereits, dass er nicht mehr aus Trotz gegen seinen Vater handelt. Auf der Reise zum Selbst ist Loslassen gefordert. Es liegt an uns, wenn wir an unseren Emotionen festhalten. Je weniger Gepäck, desto besser.
- *Enthusiasmus:* Damit ist die Leidenschaft gemeint, sich unvoreingenommen auf Neues einzulassen und auf dem Weg zu bleiben, durchzuhalten. (In der vedischen Version bezieht sich Nachiketas zweiter Wunsch konkret darauf, das Feueropfer richtig ausführen zu können, um die Ebene der himmlischen Götter zu erreichen.)
- *Selbsterforschung. Das Unvergängliche finden:* In der *Katha-Upanishad* fragt Nachiketa, ob die Seele nach dem Tod weiterlebt. Yama leitet seinen jungen Schüler daraufhin an, das unsichtbare Ich zu erkennen, die Aufmerksamkeit auf sich selbst, den Wahrnehmenden, zurückzulenken (Atmanvidyia). Kornfield verwendet die Metapher des Spiegels. Doch darin spiegelt sich ja zunächst einmal nur das Gesicht, der Körper. Das ist nicht der Atman. Die tiefer führende Frage lautet: Wer blickt in den Spiegel? Wir werden später sehen, dass es einen «neuzeitlichen» Nachiketa gab, nämlich Ramana Maharshi. Seine eigene Initiation in jungen Jahren – die «Todesmeditation» – und seine spä-

tere Lehre der Selbsterforschung erscheinen wie die Umsetzung des alten Nachiketa-Mythos.

Wie Indra vom Schöpfergott belehrt wurde

> Das Selbst, das vom Bösen befreit ist, das alterslose, todlose, kummerlose, hungerlose, durstlose, dessen Wünsche wahr werden, dessen Vorstellungen wahr sind – das muss man suchen, das muss man zu erkennen trachten. Alle Welten erlangt der und alle Wünsche, der dieses Selbst findet und erkennt.[11]

So sprach Prajapati, der Schöpfergott, und es klang verlockend, fanden die Himmlischen und die Dämonen. Götterkönig Indra und Oberdämon Virochana machten sich auf zu Prajapati, um seine Schüler zu werden. Sie wohnten – so erzählt die Legende – zweiunddreißig Jahre bei ihm, bis der Guru ihnen eine erste Antwort auf ihre Frage gab, was das Selbst sei: «Das Selbst ist jener Mann, den man im Auge sieht. Der ist das Unsterbliche, das Ungefährdete. Der ist das Brahman.» Eine mysteriöse Antwort, die sich allerdings leicht erklären lässt. Mit dem Mann im Auge ist die Reflexion des eigenen Körpers in der Pupille des Gesprächspartners gemeint.[12] Prajapati sagte also etwas ganz Einfaches: «Schaut doch in den Spiegel. Was seht ihr da?» Und seine Schüler antworteten: «Als unseren vollständigen Körper sehen wir, Ehrwürdiger, unser Selbst. Es entspricht ihm bis zu den Haaren und Nägeln.»[13]

Ein weiterer Test mit prunkvollen Gewändern überzeugte Indra und Virochana vollends. Sie sagten: «Ja, das bin ich!» Zufrieden zogen sie ab, um den ihren diese Erkenntnis zu verkünden: «Der Körper ist das Selbst.» Der Guru schaute ihnen kopfschüttelnd nach. «Wir kann man nur so dumm sein!»

Dämonenkönig Virochana blieb bei seiner Überzeugung, die er weithin verbreitete. Die Dämonen verehren seitdem den Körper als das wahre Selbst und geben den Verstorbenen Schmuck und schöne Kleider mit auf den Weg, damit sie es auch in der anderen Welt gut haben. Indra dagegen kehrte schon auf dem Heimweg um und ging zum Guru zurück. Was der gelehrt hatte, reichte zu kurz. Er sagte: «Schön und gut: Wenn mein Körper reich geschmückt ist, ist auch das Spiegelbild reich geschmückt. Doch was ist, wenn er alt und verstümmelt ist? So wie sich der Körper auflöst, löst sich mein Spiegelbild auf. Das kann niemals das unsterbliche Brahman sein!»

«Ganz recht. So ist das Selbst, wie ich es dir bisher erklärt habe», antwortete Prajapati. «Bleibe weitere zweiunddreißig Jahre bei mir, und ich werde dich tiefer in die Natur des Selbst einführen.»

«Das Selbst ist jener Seelenmann, der sich im Traumschlaf umhertreibt», eröffnete der Guru seinem Schüler Indra schließlich. «Der ist das Unsterbliche, das Ungefährdete. Der ist das Brahman.»[14]

Indra war zunächst überzeugt. Doch bald kamen ihm Bedenken: Es stimmt zwar, der Körper kann lahm, blind, alt, ja sogar tot (im Koma) sein, das Selbst im Traum bleibt davon unbeeinflusst. Aber träume ich nicht auch Unangenehmes? Werde ich im Traum nicht manchmal sogar getötet? Was nützt mir dann die Erkenntnis, ein solches Selbst zu sein? Mit diesen Argumenten suchte er Prajapati erneut auf. Der gab ihm auch diesmal Recht und versprach, ihm nach weiteren zweiunddreißig Jahren die volle Wahrheit zu sagen. Und die lautete: «Wenn dieses eintritt: eingeschlafen, gesammelt, frei von Trübung, erkennt der Mensch kein Traumgesicht. Das ist das Selbst.»[15]

War es das? Nein. Indra tauchte bald wieder beim Guru auf. «Das Selbst, das du beschrieben hast, weiß im Tiefschlaf doch gar nichts von sich. Es weiß nicht: Dies bin ich! Es weiß auch nichts von anderen Lebewesen. Es hat sich geradezu in Nichts aufgelöst. Was soll mir das nutzen?»

«Nun, bleib noch fünf Jahre, und ich werde es dir genauer erklären. Aber Tatsache ist: Das Selbst ist so, wie ich es dir zuletzt beschrieben habe.» Nach insgesamt hundertundeinem Jahr Lehrzeit vernahm Indra die abschließende Erklärung seines Lehrers. Prajapati verkündete:

> König Indra! Dieser Körper ist sterblich. Das unsterbliche Selbst wohnt nur vorübergehend in ihm. Wer einen Körper hat, ist in Besitz genommen von Liebem und Unliebem. Wer

ohne Körper ist, den berührt weder Angenehmes noch Unangenehmes. Der Wind ist körperlos, ebenso die Wolken, das Wetterleuchten und der Donner. So wie sie sich aus dem Raum erheben und, nachdem sie zum höchsten Licht geworden sind, in der ihnen jeweils eigenen Gestalt zur Entstehung kommen, so kommt die Trübungslosigkeit (die innere, klare, stille Ruhe), nachdem sie sich aus dem Körper erhoben hat und zum höchsten Licht geworden ist, in der ihr eigenen Gestalt zur Entstehung. Diese Gestalt ist die Höchstseele. Sie wandert nun außerhalb des Körpers umher, scherzend, spielend, sich ergötzend mit Frauen, oder mit Wagen, oder mit Verwandten, ohne sich an das, was ihr im früheren Körper widerfuhr, zu erinnern. Alle Welten erlangt der und alle Wunschgegenstände, der dieses Selbst findet und erkennt.[16]

Diese Geschichte ist in den entscheidenden Passagen wörtlich den *Upanishaden* entnommen – in einer klassischen deutschen Übersetzung. Da vermischt sich tiefe Wahrheit mit einigen Ungereimtheiten, vor allem in Prajapatis abschließender Erklärung. Und manches erscheint zunächst geradezu kindlich naiv. Wir mögen über den Götter- und den Dämonenkönig lachen. Wie Kinder vergleichen sie sich mit ihrem Spiegelbild und glauben, an der äußerlichen Übereinstimmung ihr wahres Selbst erkennen zu können. Aber seien wir ehrlich: Genau das tun wir doch täglich! Der morgendliche Spiegelcheck: «Mein Gott, wie sehe ich aus!» Wann taucht schon mal der Gedanke auf: «Das Gesicht dort bin ich nicht, nicht in Wahrheit»? Tagsüber, wenn wir nicht schlafen, sind wir fest davon überzeugt, dieser Körper zu sein. Alle Welt bestätigt das.

Manche Menschen erleben sich außerhalb des Körpers, zum Beispiel bei einem fast tödlichen Unfall. Die Erkenntnis «Ich bin nicht dieser Körper!» ist ein starker Einschnitt. Unvergesslich. Das kommt selten vor – doch wir erfahren die Unabhängigkeit vom Körper auch jede Nacht im Traum. Wir sind nur zu sehr daran gewöhnt, um die Bedeutung dieses Phänomens klar einschätzen zu können. Natürlich interpretieren wir das im Traum Erlebte anschließend mit dem Verstand des Wachbewusstseins. Und da ordnen wir es in bestimmte Auffassungen von der Welt ein, wie sie heute geläufig sind. Vor dreitausend Jahren in Indien waren sie es nicht, und in dreitausend Jahren werden sie es wohl auch nicht mehr sein.

Ob nun Sigmund Freud oder Carl Gustav Jung zur Deutung herangezogen werden – eines bleibt meist unhinterfragt: Der schlafende Körper wird weiterhin als Grundlage der Realität angenommen. Das erlebende Traum-Ich bewegt sich, daran angebunden, wie eine Art Luftballon-Geist, der bei dem kleinsten verdächtigen Geräusch der äußeren Wirklichkeit in sich zusammenfällt und in den Körper zurückhuscht. Von außen betrachtet stimmt das ja auch. Doch wer ist der erlebende Beobachter? Ich bin doch das Selbst – und ich träume gerade von einer schönen Reise, fliege über ein blaues Meer. Der auf dem Bett schlafende – oder gar im Koma liegende – Körper existiert für mich in diesem Moment nicht.

Der querschnittsgelähmte Schauspieler Christopher Reeves – er spielte unter anderem Superman – bekannte in einem Interview:

> Ich träume oft, wie ich Tennis spiele und segele. Welch ein herrliches Gefühl von Freiheit – bis mich dann das morgendliche Aufwachen in die schockierende Realität holt.

Der Traum ist eine faszinierende Welt. Ich bin … und das so anders als sonst! In den *Upanishaden* erscheint das Traum-Ich oft als Kandidat für das unsterbliche Selbst. Da spielt eine besondere Art von Traumforschung mit hinein, die etwa zeitgleich auch im alten Ägypten zu den streng gehüteten Geheimnissen der Priesterschaft gehörte. Das Traum-Ich kann durch bestimmte Methoden bewusst aus dem Körper treten und sich frei durch Raum und Zeit bewegen, auch zu den Sternen reisen. Von dieser Bewusstseinsebene her betrachtet *bin* ich, auch wenn der physische Körper tot ist. Das ist ein rein subjektives, inneres Wissen – wie sollte es auch wissenschaftlich objektiv festgestellt werden? Aber ist dieser «Seelenmann» das wahre Selbst?

Prajapati lässt seine Schüler in die Falle tappen. Sie müssen schon selbst herausfinden, was an seinen Behauptungen dran ist. Und was Indra zweifeln lässt, ist so sympathisch menschlich! Immer wieder, von Anfang an, fragt er nach dem Nutzen. Was bringt mir dieses Selbst überhaupt? Genauso denken wir auch. Wir können nicht anders denken. Wir wollen dieses Selbst sein, um es so schön wie möglich zu haben. Alle Freiheiten, alle Freuden! Jedes Wesen möchte unsterblich und glücklich sein und sucht den Weg dorthin. Liegt das Ziel im Reich der Träume? Nein, findet Indra – und wir werden ihm da zustimmen. Im Traum erleben wir ja oft grauenhafte Sachen. Das wollen wir nicht! Doch immerhin, der Traum ist ein wichtiger Schlüssel zu der Erkenntnis: Ich bin, ich erlebe mich, auch ohne diesen Körper. Nur geht es mir dabei nicht immer gut.

Der nächste Schritt im Erkenntnisprozess dieser Geschichte führt in den traumlosen Schlaf. Hier hat sich das Ich scheinbar aufgelöst. Für unsere heutige westliche Wissenschaft war dieser Schlaf bisher kaum Thema, abgesehen davon, dass er nötig ist, wenn man gesund bleiben will. In der spirituellen Tradition Indiens kommt jedoch das wahre Selbst gerade dort zur Geltung, wo das persönliche Ich am wenigsten in Erscheinung tritt – im traumlosen Schlaf. Ja, was bringt mir das? Genau an diesem Punkt beginnt Advaita. Hier öffnet sich die Tür zum völlig Unbekannten.

In diesem Text der *Chandogya-Upanishad* beginnen hier allerdings auch die Unstimmigkeiten und faulen Kompromisse. Man erwartet noch einen weiteren Erkenntnisschritt. Prajapati müsste nun eigentlich erklären, dass und wie das Selbst sich seiner selbst auch im traumlosen Tiefschlaf bewusst ist. Doch da kommt nichts. Stattdessen geht er in seiner abschließenden Rede wieder einen Schritt zurück und beschwört die Vorzüge einer Astralseele, die sich alle Wünsche erfüllen kann. So wie sich Wolken im Licht (Blitz) entladen, so wird die körperlose Seele selbst zum Licht. Die Nahtodforschungen von Elisabeth Kübler-Ross scheinen das zu bestätigen. Auch im Tibetischen Totenbuch (*Bardo Thödol*) finden sich Parallelen. Doch was kommt nach der Auflösung im Licht?

Prajapati, der Gott der Schöpfung und der Zeugung, behauptet, die Seele komme «in der ihr eigenen Gestalt zur Entstehung. Diese Gestalt ist die Höchstseele.» Vielleicht wollte der unbekannte Verfasser dieses Textes eine bestimmte Ideologie, eine sehr menschliche Hoffnung aufrechterhalten. Nämlich dass ich als individuelle

Seele in einem ewigen Himmel weiterleben darf – wie bisher, nur viel besser. In den *Upanishaden* treten aber auch Weise auf, die keine Kompromisse machen. Yagnavalkya, der Held unserer nächsten Geschichte, sagt klipp und klar: nach dem Tod bleibt kein individuelles Bewusstsein.

Die Geschichte von Indra und Prajapati bringt uns jedenfalls auf eine Spur: Das Selbst wird umso deutlicher, je weniger das persönliche Ich die Kontrolle hat. Und das geht mit einem Begriff von Wirklichkeit und Wahrheit einher, der unserem westlichen, materialistisch-rationalen Denken völlig fremd ist: Der Tiefschlaf hat mehr Wahrheit oder Selbstpräsenz als das Wachbewusstsein. Wir werden diese ungewöhnliche Spur weiterverfolgen.

Wie Maitreyi von ihrem Mann die Wahrheit erfuhr

Yagnavalkya war bereit, seine Rolle als Familienvater und Ehemann aufzugeben und in die nächste Phase seines Lebens einzutreten. Er wollte nun, wie es das spirituelle Leben eines Brahmanen vorsah, abgeschieden im Wald meditieren. Seine beiden Ehefrauen, Maitreyi und Katyayani, würden für den Rest ihres Lebens versorgt sein. Maitreyi, das wurde beim Abschied deutlich, war jedoch in ihrem Herzen längst für die Wahrheit entflammt. Sie war nicht um materielle Sicherheit besorgt und konnte den Ehemann auch ziehen lassen. Sie wusste, vielleicht besser als all die gelehrten Brahmanenkollegen ihres Mannes, dass Yagnavalkya das Selbst erkannt hatte. Beim Abschied nutzte sie diese letzte Gelegenheit, ihn zu fragen: «Was kannst du mir über die Unsterblichkeit sagen?»

«Du warst mir stets teuer und lieb», sagte Yagnavalkya.

> Doch dein aufrichtiges Verlangen nach Wahrheit macht mein Herz erst richtig glücklich. Denn das, worum es in jeder Beziehung wirklich geht, ist das Selbst. Was der Mann an der Frau und die Frau am Mann liebt, was den Eltern an ihren Kindern liegt, ja auch den Bauern an ihrem Vieh oder den Priestern an den *Veden*, das ist in Wahrheit immer das Selbst, Brahman. Denn ob einer nun Menschen liebt oder Schriften,

seinen Brahmanen- oder seinen Kriegerstand – das alles wird ihn verlassen. Nur das Selbst bleibt.

Und er fuhr fort:

> So wie sich ein Salzklumpen im Wasser auflöst und das Wasser überall gleich salzig schmeckt, so löst sich das individuelle Bewusstsein (Jiva) nach dem Tod des Körpers auf. Doch die reine Qualität von Intelligenz, die das Selbst ist, bleibt erhalten.

Maitreyi war bestürzt, betroffen und völlig durcheinander. Was bedeutete das? Würde sie, wenn dieser Körper starb, auch verschwinden? «Es gibt keinen Grund zur Beunruhigung», erklärte Yagnavalkya.

> In dieser Welt der Erscheinungen, der Dualität, ist es eben so, dass man sich gegenseitig sieht, berührt, zueinander spricht, einander zuhört, über andere nachdenkt, einander kennt. Doch was ist, wenn alles zu einem selbst geworden ist? Wie könnte man da noch etwas als getrennt von sich sehen, hören, fühlen? Und wie können wir DEN wahrnehmen und erkennen, der alles wahrnimmt und erkennt? Das Selbst kann nur so beschrieben werden: Neti-Neti – weder dies noch das! Es ist unbegreiflich, unzerstör- und unberührbar. Es leidet nicht. Es ist ewig. Dies ist meine Lehre für dich, Maitreyi. Meditiere darüber!

Mit diesen Worten verließ er sein Haus für immer.[17]

Wie Shvetaketu das Nichts entdeckte

Die Bienen sammeln den Nektar von vielen Blüten. Im Honig lässt sich nicht mehr unterscheiden, von welcher Blüte oder welchem Baum welcher Teil kommt. Und wenn die Flüsse ins Meer strömen, vermischt sich das Wasser, und man kann den einen Fluss nicht mehr von einem anderen unterscheiden. So ist es auch mit den Menschen, wenn sie das Sein im tiefen Schlaf erreichen. Doch sie wissen es nicht. Die feinste Essenz der Welt ist das Selbst und du bist DAS (Tat Tvam Asi), Shvetaketu!

So sprach der Weise Uddhalaka zu seinem Sohn. Und er bat ihn, die Frucht eines nahe stehenden Nyagrodha-Baumes zu holen.

»Öffne die Frucht, mein Sohn!»
«Schon geschehen, Vater.»
«Und was siehst du?»
«Kleine Samen.»
«Öffne einen dieser Samen, mein Sohn. Was siehst du?»
«Ich sehe nichts, Vater.»
«Aus dem, was du nicht sehen kannst, ist der große Nyagrodha-Baum entstanden. Und so ist das Selbst, aus dem die ganze Welt entsteht. Und das bist du, Shvetaketu!»[18]

2 Karma – bewusstes Handeln: *Die Bhagavad-Gita*

Krishna und Arjuna

Zwei große Heere stehen sich gegenüber. Ihre Anführer kennen einander gut. Sie gehören zur selben Familie, erlebten gemeinsam Kindheit und Jugend. Nun kämpfen sie um die Thronnachfolge im südindischen Stadtstaat Hastinapura.

Die Hauptgegenspieler heißen Duryodhana und Arjuna. Gott Krishna hat beiden Parteien seine Hilfe angeboten. Sie durften wählen: entweder Krishnas Krieger oder Krishna selbst, ohne Waffen. Arjuna hat sich für Krishna entschieden. Der Gott wird sein Wagenlenker und Guru.

Um die Lage besser überschauen können, lässt sich Arjuna von Krishna zwischen die Fronten fahren. Als er seine Verwandten im gegnerischen Heer erkennt, ist er verzweifelt. Warum nur soll er seine nächsten Verwandten und Freunde bekämpfen? Er will den Krieg abblasen und sich fortan als Meditierer (Sannyasin) zurückziehen.

Mit dem Kapitel «Arjunas Verzweiflung» beginnt die *Bhagavad-Gita*. Sie ist im 6. Buch des *Mahabharata*-Epos enthalten, mit achtzehn Kapiteln und siebenhundert Versen nur ein kleiner Teil des insgesamt über einhunderttausend Verse umfassenden indischen Nationalepos. Das gewaltige Werk entstand zwischen dem fünften vorchristlichen und dem zweiten nachchristlichen Jahrhundert. Es wird einem Weisen namens Vyasa zugeschrieben. *Vyasa* bedeutet «Sammler». Die indische Tradition kennt viele solcher Vyasas. Der Kultstatus des *Mahabharata*-Epos ist in Indien ungebrochen. Es wird in Auszügen regelmäßig an vielen Orten aufgeführt und auch immer wieder verfilmt. Die Theater- und Filmfassung des britischen Regisseurs Peter Brook zählt im Westen zu den Filmklassikern.

Die *Bhagavad-Gita* überstrahlt alle anderen Verse in ihrer poetischen Form und ihrem philosophischen Gehalt. In Deutschland wurde sie erstmals durch die lateinische Übersetzung von August Wilhelm Schlegel (1823) bekannt. Wilhelm von Humboldt erhob diese Gita zum «Schönsten, das alle uns bekannten Literaturen aufzuweisen haben».[19] Der zeitgenössische italienische Advaita-Meister Raphael wählte für seine (von ihm aus dem Sanskrit übersetzte und kommentierte) Ausgabe den Untertitel *Gesang des Glückseligen.*[20]

Die Ausgangssituation ist alles andere als glückselig. Und auf der äußeren Ebene, dem Schlachtfeld dieser Welt, ändert sich daran auch nichts. Arjuna erfüllt seine Pflicht als Krieger schließlich. Die Verwandten und Freunde töten sich gegenseitig. Der Glückselige, Bhagavan, das ist Krishna. Er hat gut singen. Für ihn ist der Körper nur eine Verkleidung. Er singt aus dem Raum vollkommener Freiheit.

Das Handbuch des Yoga

Kaum ein Text ist so oft und so unterschiedlich interpretiert und kommentiert worden wie die *Bhagavad-Gita.* Für Mahatma Ghandi war sie die Bibel der Gewaltlosigkeit:

> Gewalt ist schlichtweg nicht möglich, wenn jemand nicht angetrieben ist von Aversion, von unwissender Liebe und von Hass. Die Gita aber will, dass wir der Aversion unfähig werden.[21]

Der Religionswissenschaftler Alois Payer dagegen sieht in ihr ein Kriegspamphlet, Propaganda gegen Aussteiger, ein Instrument der Herrschenden, um den damaligen Status Quo, speziell das Kastensystem, zu erhalten.[22]

Fast jede indische spirituelle Richtung oder Yoga-Tradition kann mit einer Gita-Interpretation aufwarten. Für die durch Paramahansa Yogananda bekannt gewordene Tradition des Kriya-Yoga stellt sie als «Handbuch des Yoga» die Essenz des Kriya-Yoga dar.[23] Sri Aurobindo versteht sie als Integrales Yoga und Vorbereitung zum Übermenschen.[24] Sri Friedrich Schulz-Raffelt bietet sie im Rahmen des BDY (Bund Deutscher Yogalehrer) als Weg in schwierigen Situationen des Alltags an, als Karma-Yoga bzw. Yoga des Handelns.[25] Die Jünger der Hare-Krishna-Bewegung schwören auf die Interpretation ihres Meisters A.C. Bhaktivedanta Swami Prabhupada (1896–1977). Da steht Bhakti-Yoga im Mittelpunkt: die Anbetung von Krishna als Inkarnation Vishnus.[26]

Im Advaita-Vedanta von Shankara bis Raphael und Ramesh Balsekar werden jene Aspekte stärker herausgearbeitet, bei denen es um die Erkenntnis (Jnana) geht. Es gibt nur ein einziges allumfassendes Bewusstsein. Alle Wesen entstehen und vergehen in diesem Einen. Mit den *Upanishaden* hatte sich zwar unter den Brahmanen der Gedanke «Ich bin das Absolute» verbreitet. Doch das schien so abstrakt. Die Frage war: «Was kann ich tun, um das Selbst zu erkennen – und wer kann mich dorthin führen?»

Hier setzt die *Bhagavad-Gita* an. Jedes Kapitel behandelt eine bestimmte Art von Yoga. Karma-Yoga (Yoga des Handelns), Jnana-Yoga (Yoga des Erkennens), Dhyana-Yoga (Yoga der Meditation), Bhakti-Yoga (Yoga der Hingabe), Moksha-Yoga (Yoga der Befreiung) u. a. Mit den verschiedenen Yogas stellt die *Bhagavad-Gita* alle nur erdenklichen Wege zusammen, die zu Brahman, dem Absoluten und Unbedingten, führen können.

Yoga bezeichnete ursprünglich das «Joch», unter dem zwei Ochsen in eine Richtung geführt werden. Selbst heute, da Yoga als Entspannung im Rahmen von Wellness angeboten wird, denken wir dabei an Selbstdisziplin. Man/frau muss etwas tun, sich körperlich üben und geistig konzentrieren, um eine harmonische Balance zu erreichen. Und so ist auch der Yoga in der *Bhagavad-Gita* gemeint: Eine bewusste Anstrengung ist nötig, um die Wahrheit zu erkennen. Sätze wie «DAS bist du» führen nicht so ohne weiteres zu der tiefen, gefühlten Einsicht «Ich bin eins mit allem».

Was dieser Einsicht auf vielen Ebenen im Wege steht, ist das kleine Selbst, das Ego, das sich gegen den Rest der Welt behaupten will. Im Sanskrit heißt es *ahamkara*: «Ich sagen» (*aham* = «ich», *kara* = «tun, machen»). Raphael definiert in seinem Glossar zur *Bhagavad-Gita*:

> Ahamkar. Ich-Sinn, Ich-Bewusstsein; Individuationsprinzip, das Unterschiede erzeugt, indem es die Erfahrung und ihren Inhalt auf ein einzelnes Ich bezieht; es ist mit den *manas* verbunden; Gefühl, die Erfahrung auf ein bestimmtes Ich zu beziehen; dies oder jenes empfinde ich.[27]

Die *Bhagavad-Gita* lehrt die Überwindung des Ahamkara, des Ich-Sinns.

Die eigene Hilflosigkeit erkennen und eingestehen

In den meisten klassischen spirituellen Büchern ist der Kern bereits im Anfang, in der Exposition enthalten, wie ja auch in vielen Kunstwerken, die sich in der Zeit entfalten, sei es eine Sinfonie, ein Roman, ein Theaterstück oder ein Film. In der *Bhagavad-Gita* ist das nicht so offensichtlich wie in anderen vergleichbaren Werken, etwa der *Ashtavakra-Gita*, den *Yoga-Sutren* des Patañjali oder dem buddhistischen *Milindapanha*, wo die ersten Verse bereits die Quintessenz der Lehre auf den Punkt bringen. In der *Bhagavad-Gita* weiß der Leser nicht, wohin die Reise gehen, wie sich der Dialog entwickeln wird. Und das ist – dramaturgisch betrachtet – spannender. Wir werden da abgeholt, wo wir sind: in menschlicher Verstrickung.

Arjuna ist verzweifelt, weil er als Person gefühlsmäßig an seine Verwandten und Freunde im gegnerischen Lager gebunden ist. Wie menschlich! Können wir das nicht alle sofort nachempfinden? Und dann ist Arjuna auch noch im Recht! Sein Gegner hat die Macht widerrechtlich an sich gerissen. Um die Freundschaft, die Familie, den Frieden zu erhalten, will Arjuna dem Kampf entsagen. Welch eine edle Geste! Nein, sagt Krishna. Das ist alles nur persönliche Anhaftung, kein wahres Mitgefühl. Bei unbekannten ausländischen Feinden hättest du, Arjuna, als professioneller Krieger keine Skrupel, dein Land und deine Rechte zu verteidigen.

Das Schlachtfeld (Kuruksetra) in der *Bhagavad-Gita* wird von den meisten Interpreten als das innere Schlachtfeld der Emotionen und widerstreitenden Gedanken gedeutet. Ersetzen wir die Verwandten, die Arjuna nicht töten will, doch einmal durch unsere selbstsüchtigen Gewohnheiten. Welches Bild ergibt sich dann? Das wäre eine praktische Anwendung der *Bhagavad-Gita*. Und schon können wir erkennen, wie schwer dieser erste Schritt ist: sich von keiner persönlichen Anhaftung leiten zu lassen.

Arjuna gesteht:

> Mein ganzes Wesen ist dieser Gefühlsschwäche wegen verwirrt, und mein Verstand begreift die Pflicht nicht. (Daher) bitte ich dich, mir offen zu sagen, welche die beste Verhaltensweise ist. Ich bin Dein Schüler, in Dir suche ich Zuflucht: Unterrichte mich![28]

Hier geht es um eine innere Krise der besonderen Art. Arjuna fürchtet nicht um sein Leben. Er will auch nicht Anerkennung und Ruhm. Er weiß einfach nicht mehr, wem oder was er vertrauen und folgen soll.

Selbst wenn ein Wahrheitssuchender das Ego als Gegner erkannt hat, kann es zugleich untrennbar mit ihm verbunden scheinen. Wie soll er hier klar unterscheiden? Kennen wir das nicht? Nach einer tiefen und stillen Meditation kommen die Gedanken und Emotionen noch stärker hoch. Es scheint fast, als wollte sich das Ego dafür rächen, dass es vorübergehend nicht die Kontrolle hatte. Und das geschieht nicht nur zu Beginn eines spirituellen Weges. Je tiefer wir in uns selbst eintauchen, desto subtiler erscheint der Widerstand dieses Ichs, das sich gegen das Ganze behaupten will. Es ist wie eine eigenständige, gegnerische Kraft, ein Saboteur, der mit Depression, Angst, Wut, Verwirrung und Verzweiflung droht und operiert.

Der analytisch arbeitende Verstand ist nur ein Instrument mit begrenzter Kapazität, vergleichbar einem Computer. Er folgt dem jeweiligen Programm, der Software. Und die scheint von der marktbeherrschenden «Firma» EGO entwickelt worden zu sein. Der Computer weiß weder, wer ihn programmiert hat, noch, woher der Saft kommt, der ihn funktionieren lässt.

Arjuna sagt: «Mein Verstand begreift die Pflicht (das Dharma) nicht!» Das ist ein enormes Eingeständnis. Normalerweise folgen wir automatisch der Programmierung des Verstandes. Doch dann läuft das Leben plötzlich ganz anders als erwartet. Der Boden der Existenz beginnt zu schwanken. Ein Beben. Außen und innen. Der Computer stürzt ab. Wer oder was kann da helfen?

Karma-Yoga bedeutet in der *Bhagavad-Gita* keinesfalls: «Ich gleiche durch gute Handlungen mein schlechtes Karma aus.» Nein, der erste und entscheidende Schritt liegt in der Erkenntnis und im Eingeständnis der Hilflosigkeit: «Ich weiß nicht mehr weiter.» Die feste Überzeugung, dass ich mein Leben in der Hand habe, greift nicht mehr. Nun kann sich eine neue, bisher unentdeckte Dimension öffnen. Die dichte Wolkendecke des «Ich mach das alles!» reißt auf. Und da ist der Himmel, unermesslicher Raum, tiefblau oder schwarz, leuchtend. Vielleicht nur ein kurzes Aufleuchten. Genug, um zu erkennen, was wirklich zählt: die Wolkendecke oder der unendliche Himmel? Das Bewusstsein, Atman, ist der unbewegte Raum, in dem die Gedanken und Gefühle und ebenso alle äußeren Erscheinungen entstehen und vergehen.

Die *Bhagavad-Gita* betont die Bedeutung eines Gurus und wurde auch deshalb zum «Evangelium der Hindus». Krishna steht für das Selbst. In Wahrheit geschieht die Erkenntnis allerdings immer «innen», ob mit oder ohne äußeren Guru. Sie kann jederzeit aus dem Selbst (dem Atman) ins Wachbewusstsein aufsteigen. Wird die eigene Hilflosigkeit eingestanden, ist das leichter, weil das Ego weniger Halt hat. Fühlt sich das Ego dagegen stark und sicher, stößt auch ein Krishna auf taube Ohren.

Uneigennützig handeln

Arjuna möchte sich lieber in die Meditation zurückziehen, statt in der Welt zu kämpfen – nach dem Motto: Wenn ich nichts tue, bin ich aus dem Schneider. Wir kennen diesen Gedanken ganz gut, oder? Der Krishna der *Bhagavad-Gita* hält nichts davon. Auf ihn lassen sich Eigenschaften wie Passivität und Fatalismus, die dem Hinduismus oft vorgeworfen werden, nicht zurückführen. Doch natürlich rät Krishna auch nicht zu blindem Aktivismus. Was er zum Thema Handeln und Nicht-Handeln sagt, ist vielschichtig – und er bemerkt: «Selbst die Weisen sind in diesem Punkt ratlos.» Gleich darauf folgt sein berühmter Ausspruch:

> Wer das Nicht-Handeln (Akarma) im Handeln (Karma) sieht und das Handeln im Nicht-Handeln, der ist der Weiseste unter den Menschen, einer, der den Yoga verwirklicht hat, der alles vollendet hat.[29]

Das klingt wie ein Rätsel. Zunächst: Was bedeutet es, das Handeln im Nicht-Handeln zu sehen? Ganz einfach: wenn ich vollkommen still in einer Yogaposition verharre – also von außen betrachtet nicht handele – und dabei an irgendetwas denke, zum Beispiel, wie ich anschließend gestärkt und voller Energie den Tag bestreite. Der Wunsch, etwas zu erreichen, ist Handlung (Karma).

Das Nicht-Handeln (Akarma) im Handeln (Karma) zu sehen ist vielleicht schwerer. Gemeint ist ein Handeln, das weder auf persönlichen Erfolg ausgerichtet ist noch überhaupt als «meine» Handlung verstanden wird. Wer das Geschehen, die Aktion, ohne emotionale Anhaftung bewusst wahrnimmt, der ruht in Brahman.

Krishna gibt Hilfestellungen. Uneigennütziges Handeln können wir im Opferritual üben. Was seinerzeit noch jedem Menschen durch die *Veden* vertraut war, liegt uns heute fern. «Opfern?» Ein Fremdwort. Und das können wir hier einmal hinterfragen: Ist da ein Widerwille mit diesem Begriff verbunden? Und wenn ja, woran liegt das? Der Begriff des Opferns ist in der menschlichen Geschichte immer wieder, ja man muss leider sagen überwiegend, furchtbar missbraucht worden. «Opfert euer Leben für das Vaterland, die Religion!» usw. Etwas ganz anderes ist es, wenn wir diesen Widerstand zu opfern spüren und dabei eigentlich ganz genau wissen, dass es jetzt richtig wäre, etwas aufzugeben, beispielsweise einen Standpunkt.

Karma bedeutet ursprünglich Handlung und speziell Opferhandlung. In der vedischen Tradition wird in täglichen Ritualen den Tieren, den Vorfahren, den Weisen, unseren Nächsten und den Göttern geopfert. Allen anderen Wesen innerlich einen tiefen Respekt zu bezeugen ist sicher eine gute Übung der Selbstaufgabe oder «Ich-Opferung». Was seit den *Upanishaden* ebenfalls als Opfer, ja als sehr hohes Opfer angesehen wird, das ist die Selbsterforschung, die schließlich zur Aufgabe oder Auflösung des Ego führt. Krishna sagt:

> Wer jede Verhaftung an die Früchte des Handelns aufgibt, ist immer in Frieden, daher sucht er keine Zuflucht in irgendetwas; er erzeugt keinerlei Handeln, obwohl er (effektiv) handelt.
> Ohne Begehren, Herr über den Verstand und das eigene Ich, führt er, nachdem er jedes Verlangen aufgegeben hat, ohne zu irren (nunmehr) die Handlung nur in Bezug auf den physischen Körper aus.
> Zufrieden mit dem, was ihm der Zufall bringt, frei von Gegensätzen, ohne Neid, gleichmütig bei Erfolg und bei Misserfolg, ist er, obgleich er handelt, nicht (an die Früchte) gebunden.
> Für den, der verhaftungslos ist, der befreit ist, dessen Verstand fest in der Erkenntnis verankert ist und dessen Handlung ein Opfer darstellt, löst sich das Karma (als karmische Kette von Ursache und Wirkung) restlos auf.
> Brahma ist die Opferhandlung, Brahma ist die Opfergabe. Von Brahma (selbst) werden sie (Opferhandlung und Opfergabe) ins Opferfeuer gegeben, das Brahma ist. Brahma ist das Ziel desjenigen, der am Werk ist, denn Brahma ist dieses Werk.[30]

Als Handlung verstehen wir normalerweise eine zielgerichtete Aktion, eine Aktion, für die eine Person die Verantwortung übernimmt. Nur so kann ein Gericht entscheiden, ob jemand schuldig oder unschuldig ist. Das Urteil wird möglichst alle Faktoren berücksichtigen. Gab es Momente, in denen der Angeklagte nicht wusste, was er tat? In einem solchen Fall wird er mehr oder weniger der Verantwortung enthoben. Er gilt nicht als voll zurechnungsfähiger Täter. Je nachdem, wie stark die Umstände, äußerer oder innerer Druck, die Tat beeinflussten, gibt es Strafmilderung.

In unserem menschlichen System der Bewertungen müssen wir Kriterien haben, um unwillkürliche, unbewusste Bewegungen von zielgerichteten Handlungen, das heißt von Taten, unterscheiden zu können. Der griechische Philosoph Aristoteles, dessen Metaphysik und Ethik noch unser heutiges Denken mitbestimmen, nutzte dabei die Logik unserer Sprache. Ein simples Beispiel aus seiner *Metaphysik*: von A nach B gehen. Die Handlung ist definiert durch ein Ziel und erst abgeschlossen, wenn das Ziel erreicht ist. Dasselbe gilt für einen Mord. Der Täter führt seine Absicht aus bis zum Erreichen des Ziels. Auch ein Opferritual ist durch ein Ziel definiert. Es ist erst dann beendet, wenn die Opfergaben tatsächlich auf den Altar gelegt worden sind. Wir führen verschiedene Bewegungen aus, um eine Handlung zu ihrem Abschluss zu bringen, und sind uns dessen bewusst. Wir können gar nicht anders, als zielgerichtet vorzugehen. Das wusste Krishna sicher so gut wie Aristoteles – und jeder von uns.

Doch wir können gezielt handeln und dabei ganz in der Gegenwart sein. Wir müssen nicht an die «Frucht», an einen persönlichen Erfolg oder Misserfolg, an Vor- oder Nachteil, denken: «Was bringt mir das? Wie werden die anderen mein Verhalten finden?» Wir können es selbst ausprobieren, zum Beispiel beim Kartenspiel oder beim Sitzen in Meditation, beim Putzen, Kochen oder Musizieren.

Wir müssen zwei Ebenen unterscheiden. Die eine betrifft die Logik von Handlung ganz allgemein. Jede Handlung hat ein Ziel. Sie muss eine Abfolge von Bewegungen einhalten, um zum Abschluss zu kommen. Wir können diesen Prozess in jedem Moment aufmerksam verfolgen. Doch das wird sehr schwierig, wenn wir dabei an uns selbst denken. Das ist die zweite Ebene, die des Ego. Sie legt sich wie ein Nebel über die Handlung selbst. Da kommen dann eben all diese Gedanken ins Spiel: «Wie wirke ich, was habe ich davon, was ist, wenn …?»

Das Ego möchte seine Bedeutung unterstreichen und kommt mit vielen Argumenten, die alle auf die «Freiheit des Willens» pochen. Eines dieser Argumente lautet: «Wenn ich nicht auf die Früchte meines Handelns achte, bin ich nicht mehr motiviert. Wozu soll ich dann überhaupt noch etwas tun? Das ist doch reiner Fatalismus!» Eine Antwort von Krishna lautet ganz lapidar: «Für das Wesen, das einen Körper besitzt, ist es wahrhaft unmöglich, vollkommen auf Handlung zu verzichten.»[31]

Der indische Advaita-Lehrer Ramesh Balsekar kommentierte:

> Das fatalistische Argument mündet in die Frage: Wenn ich nicht von den Früchten meiner Arbeit motiviert werde und wenn meine Handlungen nicht meinem freien Willen unterliegen, warum sollte ich dann überhaupt arbeiten? Die Antwort ist verblüffend einfach: Sie sind unfähig, für längere Zeit untätig zu sein, weil die Energie im Organismus Sie zwingt, entsprechend zu agieren, zu agieren in Übereinstimmung mit den natürlichen Charaktermerkmalen des jeweiligen Organismus. Mit anderen Worten liegt es nicht in Ihrer Hand, nicht zu agieren.[32]

Wer ohne Begehren ist, achtet nur noch auf die Bedürfnisse seines Körpers. Diese zunächst eigenartige Behauptung Krishnas wird von vielen Erwachten bestätigt. Der Zen-Meister Rinzai soll auf die Frage, was Erleuchtung bedeute, gesagt haben: «Wenn ich hungrig bin, esse ich, wenn ich müde bin, schlafe ich.» Klingt so einfach und selbstverständlich. Es bedeutet nicht, dass mich nur noch mein Essen und Schlafen interessiert und mir alles andere egal ist. Im Gegenteil. Was «mich» betrifft, folge ich den ganz natürlichen Bedürfnissen. Essen, trinken, schlafen, das Notwendige erledigen. Das sind keine persönlichen Interessen. Ich will nicht mehr, als da ist und für das Überleben getan werden muss. Da wird viel Zeit und Aufmerksamkeit frei für wahres Mitgefühl.

In den zitierten Sutras beschreibt Krishna die Einstellung eines Yogi, der bereits die Einheit mit allem erkannt hat. Wenn alles Brahma, DAS ist – die Opfergabe, das Opfern, die Quelle und das Ziel –, dann gibt es keine Anspannung mehr. Handlung, Handelnder und Ziel sind eins. Doch das kann ich nicht «machen». Selbst wer sich ständig einredet, alles ist Gott, alles ist Brahman, wird diese Freiheit, diesen tiefen Frieden nicht erreichen. Shankara sagt:

> Eine Krankheit verschwindet nicht, indem man einfach den Namen der Medizin ausspricht; man muss sie einnehmen. Hoffe also nicht, dass du allein durch die Wiederholung des Namens *Brahman* das Selbst erkennen kannst.[33]

Osho erzählte in einem seiner Vorträge von einem alten, gläubigen Hindu, der sein Leben lang ständig als Mantra sagte: «Alles ist Gott.» Und doch kam dieser Mann mit einer Frage zu ihm: Er wollte wissen, ob er auf dem richtigen Weg sei. Osho riet ihm, diese Methode einige Zeit nicht anzuwenden. Der Mann befolgte den Rat und beschwerte sich schon nach wenigen Tagen: «Mein ganzes Gottvertrauen ist verschwunden. Seit ich nicht mehr sage, ‹Alles ist Gott›, empfinde ich Trennung. Die Welt erscheint mir fremd und unfreundlich!» Der Mann war ehrlich. Er hatte sich beherzt und aufrichtig dem Experiment, diesem für ihn doch ungeheuerlichen Vorschlag, geöffnet.

Und nun geschah das Wunder – ohne die Mantra-Hilfe sah der alte Mann selbst, aus dem tiefsten Inneren: Ja, alles ist Gott! Diese Erkenntnis bedurfte dann keiner weiteren Wiederholung.

Wer oder was handelt?

Das ist die zentrale Frage der *Bhagavad-Gita*. Krishna sagt:

> Wer sich vereinigt hat und wer die Essenz der Erscheinungen kennt, muss sagen: Ich tue in Wirklichkeit nichts. Während er sieht, hört, berührt, riecht, isst (schmeckt), geht, schläft, atmet, spricht, abführt, greift, die Augen öffnet und schließt, muss er sagen: Die Sinne bewegen sich zwischen den sinnlich wahrnehmbaren Objekten.[34]

Betrachten wir einmal die Beispiele, die Krishna hier für Handlung gibt. Sind das alles zielgerichtete Handlungen? Sicher nicht. Vieles davon läuft automatisch und unbewusst ab. Was tun wir bewusst? Sehen, hören, berühren, riechen, essen und schmecken, atmen? Dies alles geschieht bei fast jeder, selbst der allerkleinsten und kürzesten alltäglichen Handlung – auch bei einem kurzen Gebet, das so bewusst wie möglich ausgeführt wird. Worauf will Krishna hinaus? Er löst jede Handlung in unzählige Sinneswahrnehmungen auf, die wir unmöglich alle beherrschen können. Wer oder was tut also irgendetwas?

«Ich übergebe meiner Geliebten jetzt diesen Blumenstrauß als Zeichen meiner Zerknirschung und bedingungslosen Liebe – ein echt vedisches Opfer!» «Mitnichten!» würde Krishna sagen. «Was da abläuft, ist ein derart vielschichtiges Ereignis, das kann dein Verstand, dein Wachbewusstsein, dein Ich-Gefühl (Ahamkara) gar nicht erfassen. Da sind die Sinne, die Gedanken und Gefühle im Spiel, in jeder Sekunde. Und du behauptest einfach: ‹Ich tue dies, tue das, habe meiner Freundin verziehen, geschmeichelt, sie beruhigt, indem ich …›? Alles Einbildung, zumindest was *deine* Leistung betrifft!»

Wenn es darum geht, herauszufinden, wer oder was eigentlich handelt und somit gutes oder schlechtes Karma anhäuft (oder auch nicht), ist es sinnvoll – ganz im Sinne der *Bhagavad-Gita* und der heutigen empirischen Wissenschaften – ins Detail einer Handlung vorzudringen. Was unterliegt tatsächlich *meiner* bewussten Kontrolle? Was mache *ich*?

Gut, ich bin nicht verantwortlich für das, was bei der Verdauung oder der Blutzirkulation geschieht. Aber für meine Gedanken bin ich doch wohl zuständig? Schließlich denke *ich*, oder? Nisargadatta Maharaj, ein Advaita-Meister des 20. Jahrhunderts, meinte in seinem Werk *Ich bin* (Teil 1): «Für mich laufen die Gedanken so ab wie die Verdauung. Ich kümmere mich nicht darum. Sie sorgen für sich selbst.» Er identifizierte sich weder mit körperlichen noch mit mentalen Prozessen. Die laufen eben nach bestimmten Gesetzen ab. Neti–Neti. Ich bin weder dies noch das! Und was bin ich wirklich? DAS – und das kann nie zum Objekt werden.[35]

Was Krishna Arjuna in seinen Unterweisungen zumutet, sprengt unser normales Selbst-Verständnis. Wir halten uns für ein Individuum, das frei entscheiden und handeln kann. Doch warum heißt es dann im Vaterunser, «Dein Wille geschehe»? Bitten wir darin nicht um die Bereitschaft, unseren eigenen Willen aufzugeben? Hier reagieren, wie beim Begriff des Opferns, viele Menschen mit Widerstand: Ich soll meine Entscheidungsfreiheit und Verantwortung abtreten? Wozu? An wen? An Gott? Wer ist das? Oder an seine so genannten Stellvertreter und Vermittler auf Erden?

Krishna preist sich als überpersönliche Instanz an, der wir getrost alle Verantwortung übergeben können. Wollen, können, dürfen wir das tun? Da könnte doch jeder «selbst ernannte» Guru kommen und uns seinen Willen aufzwingen! Wann immer die Medien über «Sekten» und «Gurus» berichten, wird genau dieses Schreckgespenst beschworen: Wer da mitmacht, gibt seinen Verstand, seine Entscheidungsfreiheit, sein wertvolles, eigenständiges Ich ab. Er wird zum willenlosen Werkzeug.

Die Wahrheit ist, laut *Bhagavad-Gita* und vielen Weisheitstraditionen, viel radikaler: Wir sind von vornherein ein willenloses Werkzeug – nicht das eines anderen Menschen oder einer Organisation, sondern das Instrument Gottes, des Lebens, des unbegreiflichen Ganzen. Ramesh Balsekar bezieht sich in seiner Interpretation der *Bhagavad-Gita* mehrmals und an zentralen Stellen auf den indischen Heiligen Ramakrishna (1836–1886), der zu sagen pflegte:

> Sei Dir absolut sicher – akzeptiere völlig –, dass Du eine Maschine bist, die von Gott gesteuert wird, und dann tue, was immer Dir gefällt.[36]

Ramakrishna wird unter anderem deshalb so verehrt, weil er den verschiedenen Wegen der Religionen – auch der christlichen – bis zur Erleuchtung folgte. Wir sollten jedoch nichts glauben, sondern uns um ein tiefes Verstehen bemühen.

Bhakti-Yoga: Hingabe

Arjuna bittet Krishna, sich ganz zu offenbaren, sich mit all seinen übermenschlichen Eigenschaften zu zeigen. Das vermittle ihm mehr Mut und Vertrauen. Krishna erfüllt ihm diesen Wunsch. «Nie hat ein Mensch mich in meiner Wahrheit gesehen, doch du sollst sie als einziger erfahren.» Die menschliche Gestalt von Krishna, dem Wagenlenker, löst sich auf. Eintausend Arme, Gesichter und Münder mit zermalmenden Zähnen erscheinen vor Arjunas innerem Auge, dem «dritten Auge Shivas».

«Da sah der Pandava das ganze Universum als Eines-Vieles im großen Körper des Gottes der Götter.»[37] Diese Schau geschieht in einem Raum, der weder außen noch innen ist. Krishnas Körper verwandelt sich nicht etwa in eine Leinwand, auf der ein Film erscheint. Vielmehr verschwindet die äußere, sichtbare Welt, wie in einem Traum. Was dann im Bewusstsein erscheint, wird als Wirklichkeit jenseits von jeder Trennung zwischen Außen und Innen wahrgenommen.[38]

Arjuna sagt:

> Während ich deine Münder mit den Furcht erregenden Zähnen ansehe, ähnlich den verschlingenden Flammen der Zeit, fühle ich mich verloren und finde keinerlei Halt mehr. Sei gütig, oh Herr der Deva, Stütze des Universums.[39]

Er fleht Krishna an, die Demonstration abzubrechen. Es reicht! Der Gott erscheint wieder in menschlicher Gestalt als Wagenlenker. Arjuna atmet auf. Aber er weiß nun aus eigener Erfahrung, was hinter diesem Wagenlenker wirklich steckt, ja mehr noch, er hat erlebt, was in ihm selbst verborgen ist: die Unendlichkeit. Ewiges Leben. In diesem gewaltigen Strom ist Arjunas individuelles Leben mit all den Eindrücken von der Geburt bis zum Tod nur noch ein winziger Moment.

Krishna hatte zuvor schon mehrmals erklärt: «Deine Freunde müssen sowieso sterben. Sie sind so gut wie tot. Und das, was nicht sterben kann, kannst du nicht töten. Also warum verzweifeln?» Nun erfährt Arjuna die Flüchtigkeit des individuellen Lebens in sich selbst. Er versteht, wenn Krishna sagt:

> Ich bin die Zeit. … Auch ohne dein Eingreifen werden sich diese in gegnerischen Heeren aufgestellten Krieger auslöschen.[40]

Sich diesem Krishna hinzugeben, das ist schon eine enorme Herausforderung! Wie passen dazu die niedlichen hinduistischen Bildchen von einem jugendlichen Gott Krishna, der Hirtenmädchen mit der Flöte bezirzt? Oder auch unsere Jesusbildchen mit Herz und Lamm? Solche Bilder haben ihren Sinn und ihre Berechtigung. Sie spenden Millionen Menschen Trost und Zuversicht. In gewisser Weise stellen sie den stabilisierenden gegenüber dem auflösenden Pol (Shiva) dar.

Auch Arjunas Vision ist ein Pol in der Dualität, nicht das Absolute. Es sind immer noch Formen («tausend Arme, Münder ...»), die da als endlose Leben vorbeiziehen. Eine vorübergehende Erfahrung. Der letzte Erkenntnisschritt bleibt aus. Er bedeutet keine Synthese wie in der Dialektik. Es ist ein radikaler Sprung. Vom Beobachteten zum Beobachter. Wer sieht die vielen Leben vorbeiströmen? Worin erscheint das Gefühl von Endlosigkeit, die Angst, in die Leere zwischen Tod und Leben geraten zu sein?

Das ist der nichtwahrnehmbare Beobachter. Brahman nirguna, das Selbst ohne Eigenschaften. Das sei schwer zu verwirklichen, meint Krishna, weil das menschliche Bewusstsein nun einmal so stark auf Formen fixiert sei.[41] Er rät Arjuna daher, sich auf das Brahman saguna, den Gott mit Eigenschaften (Ishvara, den Schöpfergott) zu konzentrieren. Ein Krieger sollte selbstlos für das Gute und Wahre kämpfen – für den «universalen Dharma». Dem entspricht in etwa die christliche Auffassung von einem gerechten, gütigen und allmächtigen Gott, für den der Gläubige sein Leben zu opfern bereit ist. Christus hat dabei eine ähnliche Funktion wie Krishna: «Ich bin der Weg, die Wahrheit und das Leben.» Die Frage ist nur: Worauf bezieht sich das vieldeutige Personalpronomen «ich»?

Was uns wie handeln lässt

Kapitel XI, «Die Schau der universalen Form», ist der dramatische Höhepunkt der *Bhagavad-Gita*. Es folgen weitere sieben Kapitel. Und in fast allen geht es überwiegend (wie schon vorher) darum, zu erkennen: «Ich bin nicht der Handelnde.» Krishna sagt:

> Aber jene, die Mir ergeben sind, die unaufhörlich mit Hingabe über Mich meditieren, *die Mir alle Handlungen überlassen*, jene, deren Verstand auf Mich konzentriert ist, die befreie Ich unverzüglich aus dem Ozean von Geburt und Tod.[42]

An einer anderen Stelle heißt es:

> Wer den Herrn überall fest verankert wohnen sieht, läuft nicht Gefahr, sich durch eigenes Wirken (als Ich) zu verlieren, deshalb erlangt er das höchste Ziel. Wer begreift, dass alle Handlungen nur von der Prakriti erzeugt werden, und wer außerdem versteht, dass das Selbst nicht-handelnd ist, der sieht wirklich.[43]

Im letzten Vers markiert der Begriff «Prakriti» einen unvermittelten Wechsel vom Yoga der Hingabe zum Yoga der Erkenntnis. *Prakriti* bedeutet «(Ur-)Materie». Die Aufmerksamkeit wendet sich von Krishna, dem Ideal und Objekt der Hingabe, ab und ist nun auf den Körper, die eigenen Verhaltensmechanismen gerichtet. Wie funktioniere ich?

Aus der Prakriti entstehen die drei Gunas. Das sind Eigenschaften oder Tendenzen, die das Handeln bestimmen. Die sattvischen Gunas fördern die Weisheit, die rajasischen sind feurig-emotional, die tamasischen stehen für Dumpfheit, Unwissenheit und Trägheit. Jedes Lebewesen ist durch eine individuelle Mischung dieser drei Grundenergien definiert. Darauf baut auch Ayurveda auf, die inzwischen im Westen so populär gewordene yogische Wissenschaft des Lebens und der Gesundheit.

Um herauszufinden, welcher Typ wir sind, wo unsere Schwächen und Stärken liegen, was unserem Körper und unserer Seele gut tut und was nicht, sollten wir die Gunas, d. h. unsere individuellen Anlagen und Neigungen, erforschen. Das ist gar nicht so leicht bei all den Ideen, wie wir sein könnten oder sollten. Arjuna ist ein Beispiel dafür. Er möchte lieber den meditativen Weg des Brahmanen gehen. Krishna sagt dagegen:

> Besser ist die eigene Pflicht (die der eigenen Natur innewohnt), selbst wenn sie unvollkommen ausgeführt wird, als die gut verrichtete Pflicht eines anderen.[44]

Man kann diesen Satz so verstehen, dass er das Kasten- oder irgendein anderes Einordnungssystem zementieren soll. Doch Advaita-Lehrer wie Raphael interpretierten ihn anders. Die Pflicht (Dharma) ist nicht von anderen, von der Gesellschaft diktiert, sondern erwächst aus den natürlichen, Gott gegebenen Anlagen. Und die legen sogar fest, was wir glauben und was nicht. Krishna sagt:

> Der Glaube eines jeden entspricht der eigenen Natur. Der Mensch wird durch seinen Glauben geformt. Wie sein Glaube ist, so ist auch er.[45]

Wer davon überzeugt ist, seine Berufung als Künstler zu finden, sollte sich nicht von seinem Vater dazu überreden lassen, Bankkaufmann zu werden. Nun, das ist ein weites Feld, mit dem sich unzählige Ratgeber befassen: Wie finde ich meinen eigenen Weg? In der *Bhagavad-Gita* geht es nur am Rande darum, seine individuellen Neigungen zu entdecken und im Alltag umzusetzen. Krishna möchte, dass wir darüber hinausgehen. Dass wir bei der Erforschung unseres kleinen, programmierten Ichs erkennen, die von Gott geschaffenen Gunas sind für unser Verhalten und Handeln verantwortlich, nicht wir persönlich.

> Wenn der Seher begreift, dass die einzig Handelnden die guna sind, und wenn er auch das begreift, was jenseits der guna liegt, geht er in meine Essenz ein.[46]

Jedes Wesen, jeder Mensch ist einzigartig. Jeder unterscheidet sich von allen anderen durch seine Genstruktur, seine Erziehung und viele andere Einflüsse der Umwelt. Diese Individualität anzuerkennen ist wichtig und gut. Doch wer hat sie geschaffen? Ich? Können wir uns daran erinnern, wie wir uns selbst als einmaliges Individuum erschaffen haben? Ziemlich lächerliche Vorstellung. Und doch tun wir stets so, als wäre es unsere ureigenste Entscheidung, in jeder beliebigen Situation *so* zu handeln und nicht anders. Jedes Handeln ist durchaus individuell, sagt Krishna. Doch in einem ganz anderen Sinn, als wir normalerweise annehmen. Die Handlung geschieht gemäß der jeweiligen Zusammensetzung der Gunas. So wird «unsere» Bestimmung erfüllt, ob wir wollen oder nicht. In dem Moment, wo dies erkannt wird, ist das Ego, das persönliche Ich, arbeitslos, völlig überflüssig. In dieser natürlichen Entspanntheit kann der Beobachter («was jenseits der guna liegt») in seiner Präsenz spürbar werden. Er – das Atman – ist an keiner Handlung beteiligt.

Krishna sagt:

> Man muss erkennen, dass alles, was zu den Zuständen von Sattva, Rajas und Tamas gehört, von Mir kommen muss. Sie sind in Mir enthalten, doch Ich bin nicht in ihnen enthalten. Die ganze Welt wird von Stimmungen und mentalen Zuständen – dem Ausdruck dieser drei Gunas – in die Irre geführt. Daher nimmt Mich die Welt nicht wahr, wie Ich wirklich bin: Als das unsterbliche Höchste bin Ich außerhalb von all diesen.[47]

3 Moksha, das Glück der Freiheit: *Die Ashtavakra-Gita*

Ein Krüppel als Guru

Ashtavakra gilt als Lehrer Patañjalis, des berühmten Verfassers der *Yoga-Sutren* (etwa 2. Jh. v. Chr.). Er wurde der Legende nach als Krüppel geboren – *ashta vakra* bedeutet «achtmal verbogen». Bereits als Ungeborener im Mutterleib soll er seinen Vater, einen Schriftgelehrten, bei der Auslegung der *Veden* kritisiert haben und daraufhin von ihm verflucht worden sein. «Möge dieses ungehorsame Kind als Krüppel geboren werden!»

Eine andere Geschichte erzählt von einem Wettstreit der Philosophen am Hofe König Janakas. Der verkrüppelte Zwölfjährige habe dort seinem diskutierenden Vater beistehen wollen und durch seine Erscheinung allgemeines Gelächter erregt, dabei aber selbst auch mitgelacht. Auf die Frage des Königs, warum er lache, soll Ashtavakra laut Ramesh Balsekar (Einleitung zu *Duett der Einheit*) erwidert haben:

> Ich lache, weil hier über die Wahrheit entschieden werden soll, in dieser Versammlung von Flickschustern, die nur auf das Äußere sehen. Sie können die Präsenz innerhalb des physischen Körpers nicht erkennen. Wenn der irdene Topf zerbricht, zerbricht dann auch der Raum innerhalb des Topfes? Wenn der Topf verformt ist, ist dann auch der Inhalt des Topfes verformt? Mein Körper mag deformiert sein, aber Ich bin unendlich und grenzenlos.

Der König bat Ashtavakra am folgenden Tag heimlich um eine spirituelle Unterweisung, und so entstand ein Dialog, der uns in dreihundert zweizeiligen Versen überliefert ist.

Wieder eine andere Legende erzählt, dass Janaka zu einer kleinen Gruppe von Ashtavakras Schülern stieß und dort zum Neid der anderen bevorzugt behandelt wurde. Als der junge Guru behauptete, er habe in einer Vision gesehen, wie die Stadt, aus der seine Schüler kämen, in Flammen aufgehe, eilten alle fort, um ihr Hab und Gut zu retten. Alle bis auf Janaka. «Warum rettest du nicht deinen Besitz?», fragte der Guru. «Mein einziger Schatz bist du!», erwiderte Janaka. Die beiden sahen sich tief in die Augen. «Hol die anderen zurück», sagte Ashtavakra. «Es war nur eine Probe.»

Zwei erwachte Meister unserer Zeit, Osho und Ramesh Balsekar, interpretierten die *Ashtavakra-Gita* – unabhängig voneinander, aber fast zeitgleich – als reinsten Ausdruck von Advaita überhaupt und stellten diesen wenig bekannten Text in seiner Bedeutung noch über die *Veden* und die *Bhagavad-Gita*.[48]

Der relativ kurze Text ist revolutionär und kompromisslos. Schon allein der äußere Rahmen: Ein zwölfjähriger Krüppel wird zum Guru eines großen und berühmten Königs! Das ist außergewöhnlich. Wie leicht lassen wir uns von imposanten Gestalten beeindrucken – in der Politik ebenso wie in der «spirituellen Szene». Jeder hat so seine Vorstellung, wie ein Erleuchteter auszusehen hat. Die einen halten sich an das Statuen-Vorbild des meditierenden Buddha. Andere spüren Ehrfurcht gebietende Weisheit und Präsenz, wenn jemand mit weißem Gewand und wallendem Bart würdevoll zum Altar oder Mikrofon schreitet. Sollte ein angeblicher Guru eine Zigarette rauchen oder ein Glas Wein trinken, ist das für manche bereits Grund genug, ihm jegliche Weisheit abzusprechen. Sogar dann, wenn sie vorher tief berührt waren von seinen Worten, die sie in einem Buch gelesen oder irgendwo gehört hatten.

Genauer betrachtet sind es viele äußere Faktoren, die uns zu einem Lehrer hinziehen oder uns von ihm abstoßen. Würde jemand wie Ashtavakra in einem uns passenden Rahmen als erwachtes Wunderkind präsentiert werden, würden wir auf jedes seiner Worte achten.

Doch so wird Ashtavakra hier nicht eingeführt. Der Ruf eines sagenhaften Gurus eilt ihm keineswegs voraus. Ein Junge, auffällig nur durch seine körperlichen Gebrechen, allenfalls zu bemitleiden. Und dann wagt er es auch noch, öffentlich in diesem Rat der Weisen zu sprechen. Alle lachen ihn aus. Auch König Janaka lacht zunächst, doch er beobachtet zugleich. Wie wird Ashtavakra auf diese Provokation reagieren? Und dieser seltsame Junge antwortet, als würde ihn das ganze Spektakel überhaupt nicht berühren. Was da aus ihm spricht, ist wie aus einer anderen Welt – frei, gelassen, unerschütterlich.

Dieser Auftritt des verkrüppelten Jungen ist nicht in der *Ashtavakra-Gita* überliefert. Die Legende kann uns allerdings bewusst machen, dass jedes Wesen aus ein und derselben Essenz lebt, denkt, fühlt und handelt. Dabei gibt es wenigstens zwei verschiedene Aspekte.

Der erste betrifft die Frage: Wer oder was ist der Guru? Er entspricht oft nicht unseren Vorstellungen – weder in seinem Aussehen noch in dem, was er tut und sagt. Sogar ein betrunkener Bettler am Hauptbahnhof kann Krishna sein. Gerade die indische Tradition kennt viele solche Geschichten und Parabeln, wo sich Krishna oder ein «Erwachter» verkleidet. Jeder beliebige Obdachlose *könnte* Krishna – oder Jesus – sein. Wichtig ist, auf die Zeichen und Worte zu achten, die mich als Suchenden leiten.

Der zweite, weitaus umfassendere Aspekt zeigt sich wohl erst, wenn wir die Vorstellung von einem Guru, der uns durch «seine» Gottverwirklichung helfen kann, ganz fallen lassen: Die Wahrheit spricht immer und überall, aus jedem und allem. Es gibt nur ein Selbst, das sich in allem offenbart. Jeder Bettler am Bahnhof *ist* Krishna, *ist* Jesus. Was immer er sagt, ist wahr, weil es ein Ausdruck des Seins ist. Haben wir das einmal verstanden («Realisation»), warten und lauschen wir nicht mehr auf Antworten auf unsere Fragen.

Jesus sagt: «Was du einem meiner geringsten Brüder tust, das hast du mir getan.» Im Christentum ist daraus geworden: «Sieh in möglichst jedem Bettler Jesus, dann fällt es dir leichter, ihm etwas zu geben.» Doch geht es nicht um Karitas. Wir kommen der Wahrheit näher, wenn wir uns fragen: Was hat uns das Eine (Brahman, Krishna, Christus) zu sagen – in den Worten und Gesten jedes beliebigen Menschen, mich selbst inbegriffen? Und noch tiefer: Wer spricht und wer hört? Ist es nicht ein und dasselbe?

In der *Ashtavakra-Gita* geht es schon in den ersten Versen zur Sache. Osho und Ramesh Balsekar, deren Kommentare ich im Folgenden mit einbeziehen möchte, lagen unterschiedliche Übersetzungen vor (Oshos ist in Klammern gesetzt, danach zitiere ich ausschließlich die auf Deutsch vorliegende Balsekar-Fassung).

> Janaka fragte:
> (Oh Herr und Meister, bitte sag mir:) Wie kann Wissen (Weisheit) erlangt werden? Wie kann Befreiung erreicht werden (geschehen)? Wie kann Entsagung (Nichtanhaftung) geschehen (erreicht werden)?
> Ashtavakra antwortete:
> Mein Kind (Geliebter), wenn Du Befreiung suchst, dann meide die Sinnesobjekte (Leidenschaften) wie Gift; suche Vergebung (Vergeben können), Ernsthaftigkeit (Unschuld), Freundlichkeit (Mitgefühl), Zufriedenheit und Wahrheit – so wie Du Nektar suchen würdest.
> Du bist weder Erde noch Wasser, noch Feuer, noch Luft, noch Raum (Äther). Du bist der Beobachter dieser fünf Elemente als Bewusstsein. Dies zu verstehen, ist Befreiung.
> (Um Freiheit zu erlangen, werde Dir Deiner selbst als das beobachtende Bewusstsein all dieser bewusst.)
> Wenn Du Dich von der Identifikation mit dem Körper befreist und entspannt in und als Bewusstsein verweilst (ruhst), wirst Du in genau diesem Moment glücklich sein, in Frieden, frei von Bindung.[49]

Die Fragen des Königs zielen auf den Kern all dessen, was in den heiligen Schriften Thema ist. Sie erscheinen auf Anhieb «spiritueller» und tiefgründiger als zum Beispiel Arjunas Fragen zu Beginn der *Bhagavad-Gita*. Den Guru interessiert aber nur eines: Was bewegt den Fragenden wirklich? Wie dringlich ist sein Anliegen? Arjunas Fragen kommen aus echter Verzweiflung. König Janaka dagegen ist vielleicht einfach nur sehr belesen und will Ashtavakra prüfen, ob der die richtigen Antworten weiß.

Osho und Balsekar gingen in ihren Kommentaren zunächst darauf ein, worauf ein wahrer Guru achtet, wenn er antwortet.

> Jemand, der die Wahrheit realisiert hat – ein Meister –, beantwortet nicht *deine* Frage, er antwortet auf *dich*. Er interessiert sich wenig für das, was du fragst. Er befasst sich vielmehr mit dem Hintergrund der Frage, mit dem, was sich dahinter im Unbewussten verbirgt.[50] (Osho)

> Der *guru* ist nicht wirklich an der Beantwortung der Frage des Schülers interessiert, sondern er interessiert sich ernsthaft für die Konditionierung, unter der der Schüler leidet. Die Fragen des Schülers offenbaren diese Konditionierung, und der *guru* möchte sie beseitigen.[51] (Balsekar)

Ashtavakras Antwort zeigt, dass er in seinem Schüler einen Mumukshu sieht, einen, der sich aufrichtig nach Befreiung sehnt und dessen Frage nicht intellektuell ist.[52]

Der Beobachter

Ashtavakras dreiteilige Antwort enthält bereits die Essenz aller Weisheit.

Die erste Antwort

Askese, Vergebung, Mitgefühl und Wahrheitsliebe, diese von allen Religionen hoch gelobten Tugenden, sind keine Pflichtübungen, sondern Nektar. Man kann sich und anderen tausendmal einreden, dass Selbstüberwindung gut und Hass schlecht ist. Das nützt wenig, wenn der Geschmack des Nektars fehlt. In den *Upanishaden* und anderen Schriften wird die Wahrheit mit einer Medizin verglichen, die anfangs bitter schmeckt wie Gift und sich am Ende als süßes Elixier erweist. Janaka hat wohl bereits einen Geschmack von der Wahrheit bekommen und lechzt nach mehr. Er sehnt sich nach der Quelle. Doch er hat auch gemerkt, dass er nicht ohne weiteres aus eigener Kraft und Fähigkeit herankommt. Dennoch: Für diese

Art von Sucht gibt der Guru grünes Licht: Folge der Spur des Nektars!

Haben wir das nicht schon selbst erfahren? Diese Erleichterung, nachdem wir «unseren» Anspruch, «unser» Recht aufgegeben haben, nicht in ohnmächtiger Wut oder in einer alle Gefühle verdrängenden Gleichgültigkeit, sondern mit dem tiefen Begreifen, dass es so richtig ist? In einer Situation, in der wir es nie für möglich gehalten hätten, haben wir uns offen und verletzlich gezeigt. Es geschah einfach, ganz entgegen unseren Absichten und Vorstellungen. Und wir fühlten einen wunderbaren Frieden. Das ist der Nektar, von dem Ashtavakra spricht. Die Freiheit, wenn die stets auf Vorteile bedachte Person «Ich» nicht mehr die Kontrolle hat.

Die Welt bietet viele «High-Macher»: Erfolg, Sex, Drogen jeder Art. Können wir aus eigener Erfahrung bestätigen, dass es einen besonderen Nektar gibt, der aus einer ganz anderen Quelle kommt? Etwas Unvergleichliches, sehr Feines, unkäuflich, nicht manipulierbar? Spüren wir dem nach! Was ist das?

Ramesh Balsekar versteht den ersten Teil von Ashtavakras Antwort so:

> Schon mit den allerersten Worten gibt Ashtavakra eine erstaunlich einfache Formel für das Glücklichsein in dieser Welt! Glücklichsein ist wichtig, denn wenn du in dieser Welt unglücklich bist, wird es unmöglich sein, den Zustand der «Befreiung» zu erlangen. Tatsächlich bedeuten die verschiedenen Qualitäten oder Tugenden, die er aufgezählt hat, die Stufen einer Leiter, die schließlich zur Wahrheit führen. Ashtavakra sagt seinem intelligenten Schüler, dass die Wurzel aller Schwierigkeiten, die uns davon abhält, die Wahrheit zu sehen, das «Verlangen» ist. Im weiteren Verlauf des Dialoges macht er klar, dass Verlangen in jeder Form das einzige Hindernis ist, selbst wenn es sich um das Verlangen nach Befreiung handelt! Die Grundlage des Verlangens nach Befreiung ist die Unwissenheit über die Wahrheit, d. h. dass es niemals eine Bindung, von der Befreiung angestrebt werden könnte, gegeben hat. Verhaftung ist ein Konzept, daher ist die Befreiung ebenfalls ein Konzept.[53]

Die zweite Antwort

Nun springt Ashtavakra von der Ebene des Wahrnehmbaren zur Ebene des Beobachtens. Ging es vorher noch darum, wie «selbstloses Handeln» den Nektar des Friedens schmecken lässt, so wird nun alles Handeln, ja jedes Geschehen – auch die Empfindung von Nektar – zu einem flüchtigen Objekt. Wer nimmt das alles wahr?

Osho schrieb:

> Der Beobachter ist der Schlüssel. Sei der Beobachter! Was immer geschieht, lass es geschehen. Es gibt keine Notwendigkeit, da einzugreifen. Der Körper ist zusammengesetzt aus Erde, Luft, Feuer, Wasser und Äther. Du bist das Licht im Inneren, durch das all diese Elemente angestrahlt werden. Du bist der Beobachter. Geh da tief hinein. Dies ist der bedeutendste Satz überhaupt: Sei Beobachter. Dadurch werden Weisheit, Nichtanhaftung und Befreiung geschehen. Die Eine Antwort auf drei Fragen.[54]

Die dritte Antwort

Die Befreiung kann jetzt, in diesem Moment geschehen – ohne lange Yoga-Erfahrung. Einfach durch die tiefe Entspannung. Osho brachte in seinem Kommentar die Quintessenz von Advaita auf den Punkt:

> Es gibt nichts zu tun, denn du bist bereits das, was du suchst, du hast es nie verloren. Du kannst es nicht verlieren, denn es ist deine wahre Natur. Du bist göttlich. Ana'l haq – Du bist Wahrheit. Welchen Ort suchst du, wo läufst du hin, auf deiner Suche nach dir selbst? Stopp. Entspann dich. Göttlichkeit kann durch keine Art von Machen und Tun erreicht werden, denn sie ist in dem versteckt, der macht und tut. Um Göttlichkeit zu erfahren, muss nichts getan werden: Du bist Das.[55]

Hier spannte Osho den Bogen vom Tat Tvam Asi («Du bist Das») der *Upanishaden* bis hin zum islamischen Märtyrer Mansoor, der für seinen ekstatischen Ausruf «Ich bin die Wahrheit!» zu Tode gefoltert wurde. Es kommt darauf an, wie die unbezweifelbare Tatsache des «Ich bin» erlebt wird – ob sie durchschlägt wie ein Blitz oder nur als Selbstverständlichkeit im alltäglichen Einerlei untergeht.

Im weiteren Verlauf des Dialogs erklärt Ashtavakra dem König, dass der innere Zeuge oder Beobachter nichts mit der relativen Ebene zu tun habe.

> Du gehörst nicht irgendeiner Kaste an, wie die der Brahmanen, noch bist du irgendeiner Lebensstufe (Ashrama) zugehörig. Du bist nicht das Objekt irgendwelcher Sinne. Losgelöst und formlos, bist Du der Beobachter des gesamten Universums. Wisse dies, und sei glücklich. (Vers 5)
> Richtig und falsch, Glück und Sorgen sind Attribute des Verstandes, und nicht die deinen. Oh, alles durchdringende Einheit. Du bist weder der Handelnde noch der Genießer, Du, der Du immer und ewig frei von all diesen Verhaftungen gewesen bist. (Vers 6)
> Du bist der eine Beobachter, und als solcher warst Du in der Tat immer frei. Deine einzige Bindung war, dass Du jemanden anderen für den Beobachter hieltest. (Vers 7)[56]

Den anderen als Beobachter sehen. Das ist ein ganz wichtiger Punkt, den jeder in seinem Alltag überprüfen kann. Osho ging in seinem Kommentar darauf ein, dass und wie wir von klein auf konditioniert und darauf fixiert sind, wie uns andere sehen. Das bestimmt unser Selbstwertgefühl. Wir registrieren den geringsten Anflug von Gering- oder Wertschätzung im Gesicht des anderen, achten auf kritische oder anerkennende Untertöne im Gespräch, unterscheiden sehr feinfühlig Zuneigung und Ablehnung.

Das mag alles noch so sensibel sein, es ist letztlich immer auf mich persönlich bezogen. *Ich* bin im Zentrum der Aufmerksamkeit. Und das stimmt ja auch. Schließlich bin ich es, der dies alles erlebt. Die Frage ist: Wem gebe ich die Macht und die Autorität, mir zu offenbaren, wer oder was ich bin?

Die anderen spiegeln mein Verhalten wider. Das kann durchaus zu Einsichten führen, die mich etwas erkennen lassen, was ich mir nie eingestehen wollte. Wenn wir auf die Reaktionen der anderen achten, macht uns das bewusster, meist jedoch in einer sehr verkrampften und oberflächlichen Art. Wir achten genauer darauf, wie wir den anderen erscheinen. Das englische Wort dafür ist *self-conscious*. Es bedeutet nicht etwa «selbstbewusst», sondern «unsicher, gehemmt». Je mehr wir die Blicke, Worte und Gesten anderer zum Maßstab dafür machen, wie wir uns zu verhalten haben, desto unsicherer und gehemmter sind wir.

Dabei ist doch sowieso alles unsere eigene Interpretation. Wer ist es denn, der den Blicken der Partygäste, irgendeinem Getuschel oder Gekichere Bedeutung beimisst? Stellen wir uns einmal vor, wir wären ein unsichtbarer Geist, der wie mit einem Kamera-Auge durch einen Raum wandert, in dem eine Party stattfindet. Die Blicke der Menschen mögen direkt in die Kamera, also scheinbar auf uns gerichtet sein. Doch sie können unmöglich uns gelten, denn wir sind ja unsichtbar. Eine gute Übung, um einmal die üblichen Überlegungen («Was denkt er wohl gerade von mir?») auf Distanz zu halten. Bei genauerer Betrachtung wird sich herausstellen, dass die anderen viel mehr mit sich selbst beschäftigt sind als mit uns. Wenn die eigenen Projektionen nachlassen, ist das deutlich zu sehen, auch in den Reaktionen der anderen.

Das ist allerdings nur eine Art Vorübung. Tatsache ist: Ich bin im Zentrum der Aufmerksamkeit. Doch nicht von außen, sondern von innen betrachtet. Ich selbst und nur ich bin es, der all das wahrnimmt: die Gesichter, die Blicke, das Gerede ebenso wie die Interpretationen, Gedanken und Gefühle als Reaktion darauf. Mit dem Wechsel der Perspektive entsteht ein völlig anderes Gefühl von «In-der-Welt-Sein». Ich nehme mich wie eine Figur in einem Film wahr. Diese Figur denkt, fühlt, reagiert, doch irgendwie losgelöst von mir. Ich bin der Zuschauer.

Ramesh Balsekar unterschied in seinem Kommentar zwischen zwei Ebenen des Beobachtens, der individuellen und der universalen. Auf der ersten halten wir uns für den subjektiven Beobachter, sind aber tatsächlich nur ein Objekt unter allen anderen Objekten. Wir «bemächtigen uns der Subjektivität des einen absoluten Subjektes». Das absolute Subjekt hat keinen Standpunkt. Es ist in jedem Wesen dasselbe. Das relative Subjekt dagegen hat ein Empfinden von Besonderheit. Es beurteilt und wertet. Wird diese Illusion durchschaut, lösen sich die Bindungen auf,

Erleuchtung geschieht. Das Ego verschwindet, und an seiner Stelle leuchtet das «Ich» auf, als das eine formlose, ewige Beobachtersubjekt.[57]

Falsche Überzeugung?

Ashtavakra sagt:

> Du bist von der tödlichen, schwarzen Schlange des Ego gebissen worden und glaubst deshalb, der Täter zu sein. Trinke den Nektar des Vertrauens, dass du nicht der Handelnde bist, und sei glücklich. (Vers 8)
> Nachdem Du das Dickicht der Unwissenheit mit dem Feuer der Überzeugung «Ich bin das Eine, Reine Bewusstheit» niedergebrannt hast, lass allen Kummer gehen und sei glücklich. (Vers 9)
> Du bist jenes Bewusstsein – höchste Glückseligkeit –, in dem diese Welt erscheint, so wie die Illusion von der Schlange als Seil. Lebe glücklich. (Vers 10)
> Wer sich selbst für frei hält, ist in der Tat frei. Wer sich gefangen glaubt, bleibt gefangen. «Was man denkt, das wird man» ist sicherlich ein wahrer Ausspruch. (Vers 11)[58]

Wir begrenzen uns selbst durch Vorstellungen und Überzeugungen. Das leuchtet ein. New-Age-Lehrer raten zum positiven Denken und zu täglichen Affirmationen wie «Ich (Name) bin grenzenlos!» Ob Ashtavakra das meint? Ganz sicher nicht. Denn gerade die Verbindung von Ich und Name bedeutet ja die Begrenzung des reinen Gewahrseins, das ich in Wahrheit bin – ohne Name, ohne Form. Textstellen wie diese – selbst Buddhas Ausspruch «Wir sind, was wir denken» – können leicht missverstanden werden. Aus dem ganzen Zusammenhang ist klar, dass das, was wir wirklich sind – der Zeuge und Beobachter –, niemals durch irgendeinen Gedanken beeinflusst werden kann. Denn jeder Gedanke, auch «Ich bin grenzenlos!», ist und bleibt ein Objekt. Der Gedanke kommt und erlischt, und das relativ schnell. Es geht also nicht darum, sich ständig einzureden, grenzenlos zu sein. Oder: «Ich bin nicht der Handelnde!» Der Spruch «Ständige Wiederholung wird zur Wahrheit» mag in der Welt der Politik und Werbung gelten, doch nicht bei der Selbsterforschung.

Dennoch stimmt es: Wir sind, was wir zu sein glauben. Nicht wirklich, sondern nur für uns selbst. Wir glauben, begrenzte, sterbliche Einzelwesen zu sein. Wir glauben, unser Körper zu sein. Das sind die tief greifenden Konditionierungen, die uns unglücklich machen und die der Guru – wie Ramesh Balsekar sagte – aufdecken und beseitigen möchte. Ashtavakra schlägt als Heilmittel keine Affirmationen vor. Das scheint nur so, wenn der Zusammenhang außer Acht gelassen wird.

Balsekar kommentierte den «Schlangenbiss des Ego» so:

> Die einzige Übung, die einen Menschen von dem Gift der Täterschaft befreien kann, ist die Auflösung der Identifikation mit einem bestimmten Objekt als einem Ego. Solch eine Auflösung kann nur durch das klare und tiefe Verstehen – dem Vertrauen darauf – stattfinden, dass der freie Wille oder das Gefühl der Täterschaft nur eine Schlussfolgerung ist, denn es gibt in Wirklichkeit keine Wesenheit, die diesen Willen ausüben könnte. Die Menschen mögen glauben, dass sie ihr Leben «leben», aber tatsächlich wird ihr Leben als ein Teil des gesamten Ablaufs dieser totalen phänomenalen Manifestation gelebt.[59]

Die Welt erscheint mit mir als vermeintlich handelndem Subjekt darin. Worin erscheint das alles? Im Raum des einen, unpersönlichen, eigenschaftslosen Bewusstseins.

Ashtavakra sagt:

> Atman ist der einzige Zeuge, das alles durchdringende, vollkommen freie Bewusstsein – tatenlos, ungebunden, wunschlos und in Frieden mit sich selbst. Nur in der Illusion scheint er in der Welt verstrickt zu sein. (Vers 12)
> Gib die Illusion auf, ein individuelles Selbst zu sein, zusammen mit allen äußeren und inneren Selbst-Veränderungen,

> und meditiere über Atman, dem unveränderbaren, nichtdualen Bewusstsein. (Vers 13)
> Liebes Kind, lange warst Du in den Fesseln der Identifikation mit dem Körper gefangen. Durchschneide sie mit dem Schwert des Wissens und sei glücklich. (Vers 14)
> Du bist ungebunden, aktionslos, von innen strahlend, makellos. Tatsächlich ist es Deine Meditation, die Deine Bindung erzeugt. (Vers 15)[60]

«Du bist ungebunden, aktionslos, von innen strahlend, makellos», sagt der Guru. Wunderbar! Wozu dann noch meditieren? Was will ich mit meinem Stillsitzen noch verbessern? «Gib die Illusion auf, ein individuelles Selbst zu sein, mit allen äußeren und inneren Selbst-Veränderungen.» Ich praktiziere Yoga und Meditation, um mich zu verändern. Um etwas zu erreichen. Was? Bessere Lebensumstände? Mehr innere Ruhe, Gelassenheit, Frieden im Alltag? Ist das wirklich sinnvoll und nötig? Ja und nein. Es kommt ganz auf das Verständnis von Meditation an. Solange ich glaube, mich durch «meine» Meditation in irgendeiner Weise «verbessern» zu können, unterliege ich einem mehrfachen Irrtum.

- Erstens identifiziere ich mich mit einem Objekt, während ich in Wirklichkeit das bin, was dieses Objekt einfach nur beobachtet – ohne jedes Urteil, jeden Kommentar, jegliche Einmischung.
- Zweitens halte ich es – vermutlich aufgrund bestimmter äußerer Einflüsse, guter Ratschläge, gesellschaftlicher Konventionen – für nötig, dieses Objekt, das ich zu sein glaube, «zum Positiven zu erheben».
- Drittens übersehe ich völlig die Umstände meiner Existenz. Habe ich mich etwa erschaffen, so wie ich bin? Warum sollte ich etwas verbessern wollen, das gar nicht meinem Einfluss unterliegt?
- Viertens: Wer meditiert? Wer ist der Handelnde? Woher kommt der Gedanke «Jetzt will ich mal wieder still sitzen»? Dies alles ist – wie schon in den *Upanishaden* und in der *Bhagavad-Gita* deutlich gesagt wird – Gottes Wille, nicht mein persönlicher. Wenn also Meditieren geschieht – wunderbar. Ich brauche mir aber

nicht einzubilden, ich wäre spirituell und in der Bewusstseinsentwicklung weiter als jemand, der gerade vor dem Fernseher oder in einem Fußballstadion oder in einer Kneipe sitzt. Genau den kann das viel beschworene Erwachen heimsuchen.

- Fünftens: Der Gedanke, ich müsste oder könnte mich verbessern, sei es durch Meditation, Sport oder sonstige Weiterbildung, verhindert die Erkenntnis «Ich bin DAS!» Ich begrenze mich in meiner Vorstellung zu diesem und jenem, zu einem Objekt, und glaube, durch Verbesserung des Objekts das reine Subjekt erreichen zu können. Ein logischer Fehler. Denn ganz gleich, wie sich die beobachtete Person entwickelt, sie kann niemals zum Subjekt werden, das sie wahrnimmt.

Das, was mich selbst als «einziger Zeuge» beobachtet, ist das Atman, das wahre Selbst. Und darüber, sagt Ashtavakra, sollen wir meditieren. Wir können uns dieses Zeugen in jedem Moment gewahr werden. Wir sind DAS, genau jetzt. Wie könnten wir sonst wissen, was gerade geschieht – und was jetzt ist?

Ashtavakra sagt:

> Du bist es, der das gesamte Universum durchdringt, und dieses Universum existiert in Dir. Deine wahre Natur ist das reine Bewusstsein. Sei nicht kleinmütig. (Vers 16)
> Verweile in jenem Bewusstsein, das du bist – unkonditioniert, unveränderlich, formlos, gelassen, unerschütterlich, von unergründlicher Intelligenz. (Vers 17)
> Wisse, dass das, was eine Form besitzt, nicht real ist und dass das Formlose real ist. Wenn du dieses Prinzip verstanden hast, gibt es keine Wiedergeburt mehr. (Vers 18)
> So wie die Oberfläche eines Spiegels innerhalb und außerhalb des reflektierten Bildes im Spiegel existiert, so existiert das höchste Selbst sowohl innerhalb und außerhalb des Körpers. (Vers 19)
> So wie der alles durchdringende Raum sowohl innerhalb als auch außerhalb des Topfes ist, so ist das ewige und alles durchdringende Bewusstsein allen Wesen und Objekten innewohnend. (Vers 20)[61]

Diese zwanzig Verse sind Ashtavakras Antwort auf Janakas erste Frage. Insgesamt umfasst die *Ashtavakra-Gita* 298 Verse. Das Wichtigste ist laut Balsekar in diesen ersten Versen enthalten. Auch Osho beschränkte seinen Kommentar auf sie und die sich anschließende Antwort Janakas, auf die ich gleich eingehe. Es lohnt sich, den weiteren Verlauf des Dialogs nachzulesen. Selten sind die essenziellen Fragen nach der Wahrheit, die ein spirituell Suchender seinem Guru stellen kann, so offen und klar dargestellt worden wie hier.

Das Bewusstsein ist wie ein Spiegel. Dieser Vergleich, dieses Bild begegnet uns in den spirituellen Schriften immer wieder – von den *Upanishaden* bis zum Zen-Buddhismus. Wir können, ja sollten es intellektuell ausschöpfen, darüber nachdenken, es in seiner Tragweite überprüfen. Und dabei zugleich wissen: Es ist nur ein Bild, ein Konzept. Nicht die Wahrheit selbst.

Eine bekannte Zen-Geschichte lautet wie folgt: Der Abt eines berühmten Klosters wollte einen würdigen Nachfolger finden. Jeder Mönch konnte sich durch einen besonders weisen Vers um die Nachfolge bewerben. Der Hauptanwärter schrieb auf eine Wand: «Das Bewusstsein ist ein Spiegel, den man täglich durch Meditation putzen sollte, um Klarheit zu erlangen.» Der Küchenjunge bat einen Schreibkundigen, darunter zu schreiben: «Es gibt keinen Spiegel. Putzen ist sinnlos.» Als der Abt das las, wusste er, wer sein Nachfolger und Linienhalter sein würde.

Die Erkenntnis

Auf Ashtavakras kompakte Einführung in die Essenz von Advaita antwortet König Janaka in vierundvierzig Versen. Darin bekundet er ein spontanes Verstehen, das von Osho und Ramesh als Erleuchtung eingeschätzt wurde. Er bestätigt, was der Guru zu zeigen versuchte, in eigenen Worten und voller Verwunderung.

> Ich bin wahrlich das fleckenlose, glasklare Bewusstsein, völlig getrennt vom phänomenalen Universum. Wie lange hat mich doch die Illusion unnötigerweise verwirrt! (Vers 21)
> So wie Ich selber diesen Körper erstrahlen lasse, so offenbare

> Ich auch das ganze Universum. Daher ist das gesamte Universum allein Mein, oder nichts ist Mein. (Vers 22)
> Wird der Körper zusammen mit dem Rest der Manifestation aufgegeben, wird wie durch ein Wunder das höchste Selbst wahrgenommen. (Vers 23)[62]

Man könnte dies für einen Ausdruck von Größenwahn halten. Doch «Ich» bezieht sich hier nicht auf das, was wir normalerweise meinen, wenn wir «ich» sagen: «Gestern traf ich …, morgen fahre ich nach …» Dieses «kleine» oder «empirische» Ich, von dem wir ständig reden, kann unmöglich «das ganze Universum offenbaren». Dennoch, die Frage bleibt: Gibt es einen gemeinsamen Nenner zwischen dem einen und dem anderen Ich? Das ist das Mysterium, dem wir in diesem Buch auf der Spur sind: In der Essenz muss ich, der ich diese Zeilen gerade lese (und außerdem ständig von mir rede, mich erinnere, plane und mache) genau der sein, von dem Janaka spricht.

Ramesh Balsekar kommentierte:

> Janaka hat plötzlich erkannt, dass man Befreiung oder Erleuchtung nicht wie ein Objekt erlangen kann. Er erkennt, dass die Aufgabe der Identifikation als ein getrenntes Wesen das einzig Notwendige für das augenblickliche Erkennen der Realität ist.[63]

Es gibt nichts zu erreichen. Es geht nur darum, ein falsches Bild von sich selbst zu durchschauen. Dann eröffnet sich eine völlig neue, überwältigende Perspektive. Die Erkenntnis «Ich bin das unbegrenzte, wahre Selbst!» lässt Janaka ekstatisch ausrufen:

> Oh welches Wunder Ich bin! Ich grüsse Mich Selbst, der keinen Verfall kennt und selbst die Zerstörung des gesamten Universums, vom Schöpfer Brahman bis zum kleinsten Grashalm überlebt. (Vers 31)
> Oh welches Wunder Ich bin! Ich grüsse Mich Selbst, der, obwohl mit einem Körper versehen, nirgendwo hingeht und von nirgendwo kommt, sondern immer in Ruhe verweilt, das Universum durchdringend. (Vers 32)[64]

4 Maya – die Illusion durchschauen: *Shankaras Lehre*

Leben und Werk Shankaras

Shankara gilt als der bedeutendste und einflussreichste Advaita-Lehrer Indiens. Wann er genau lebte, ist nicht geklärt. Die offiziellen Daten sind 788–820. Etliche Forscher meinen, seine Lebenszeit liege einhundert bis einhundertfünfzig Jahre früher, einige indische Gelehrte glauben sogar, er habe eintausenddreihundert Jahre früher gelebt. Sein Name bedeutet «Friedensstifter» und ist einer der eintausend Namen Shivas, als dessen Inkarnation Shankara verehrt wird.

Sein relativ kurzes Leben wird in verschiedenen Biografien, den Shankara-Vijayas, mit vielen Legenden ausgeschmückt. So soll er als Kind von einem Krokodil angefallen worden sein. Seiner hilflos am Ufer stehenden Mutter habe er zugerufen: «Wenn du mir sofort erlaubst, Sannyasin (ein der Welt entsagender Mönch) zu werden, werde ich am Leben bleiben!» Seine Mutter tat es. Shankara sprach ein Mantra, und das Krokodil verschwand im trüben Flusswasser.

Shankara soll die *Veden* bereits als Achtjähriger auswendig gekannt haben. In diesem Alter verließ er sein Heimatdorf in Kerala (Südindien) und zog nach Norden – auf der Suche nach einem Guru. Er fand ihn in Govindapada, einem Schüler des berühmten Gaudapada. Gaudapadas Lehre vom «Yoga ohne Stützen» (Aparsa-Yoga) und seine Kommentare zu den *Upanishaden* (speziell die *Mandgogya-Karika*) gelten bis heute als bedeutender Beitrag zur Advaita-Philosophie. Govindapada saß meditierend in einer Höhle und fragte zur Begrüßung: «Wer bist du?» Shankara antwortete, indem er aus einer alten Schrift zitierte, der *Dasha-Shloki*: «Ich bin weder Erde noch Luft … ich bin Shiva.» Daraufhin wurde er als Schüler akzeptiert.

Einige Jahre später geschah das Erwachen zum wahren Selbst.

Auf Geheiß seines Gurus ging der sechzehnjährige Shankara nach Varanasi (Benares), wo er einen Kommentar zum *Brahma-Sutra* schreiben sollte. Diesem ersten großen exegetischen Werk folgten in kurzer Zeit Interpretationen der wichtigsten *Upanishaden* und der *Bhagavad-Gita*. Er schrieb philosophische Abhandlungen wie die *Upadesha-Sahasri* («Tausend Unterweisungssprüche») und die *Drig-Drishya-Viveka* («Unterscheidung zwischen Selbst und Nicht-Selbst»). Etliche seiner leidenschaftlichen Hymnen wurden vertont. Sein *Bhajan Govindam* wurde sogar zu einem Kinderlied, obwohl es da um einen alten Mann geht, dem angeraten wird, sich auf die Wahrheit zu besinnen, statt weiterhin nur Schriften zu studieren. Einige der Shankara zugeschriebenen populären philosophischen Werke stammen wohl von seinen bekanntesten Schülern. In jedem Fall verdrängte seine Lehre vom Gott ohne Eigenschaften (Brahman nirguna) den geistig verwandten Buddhismus aus Indien.

Shankara zog mit seinen Schülern in ganz Indien und Nepal umher und stellte sich anderen spirituellen Lehrern in einem öffentlichen «Diskussionswettstreit». Solche Debatten konnten tagelang dauern. Die Gegner boten all ihre Energie auf. Der Verlierer wurde – das war damals so üblich – mitsamt seinen Anhängern Schüler des Gewinners. Shankara gewann alle Dispute. Ein Wettstreit wird besonders hervorgehoben. Ubhaya Bharati, die Frau des Gelehrten Mandana Misra, soll den Disput mit Shankara weitergeführt haben, nachdem ihr Mann sich bereits geschlagen gegeben hatte. Sie habe, so erzählt die Legende, Shankara mit detaillierten Fragen zu Ehe und Sex in Verlegenheit gebracht. Er sei daraufhin in den Körper eines Königs geschlüpft, habe im Liebesspiel mit dessen Frauen die nötigen Erfahrungen, die ihm bislang verwehrt gewesen waren, gesammelt und so den Wettstreit schließlich gewonnen.

Shankara gründete den Dashanami-Orden mit vielen Klöstern (Matha) in ganz Indien. Die vier nach den Himmelsrichtungen angelegten Hauptklöster existieren heute noch: im Süden Sringeri (im Bundesstaat Karnataka), im Norden Jyotir (Badarinatha in Uttar Pradesh), im Westen Dvaraka (in Gujarat) und im Osten Puri (in Orissa). Ihre spirituellen Leiter gelten als Shankaras Nachfolger und werden ebenfalls «Shankara» oder «Shankaracharya» genannt. Für die Hindus sind sie höchste Autoritäten.

Maharishi Mahesh Yogi, der die Transzendentale Meditation (TM) im Westen populär machte, nannte als seinen Guru Brahmananda Saraswati, den Shankaracharya des Klosters von Jyotir. Die erste deutsche Vedanta-Gruppe, 1933 in Wiesbaden gegründet, wurde vom Leiter des Mylapore Math in Madras, Swami Yatiswarananda, geleitet.[65]

Shankaras Lehre lässt sich in einem Satz zusammenfassen: *«Brahma satyam jagan mithya»* – «Der göttliche Urgrund ist wirklich, die Welt ist illusorisch». Das mag nach allem bisher Ausgeführten weder neu noch originell erscheinen. Aber sollte es das sein? Zeichnet sich die Wahrheit nicht gerade dadurch aus, dass sie unveränderlich ist? Bei uns im Westen wird als Genie gefeiert, wer mit einer scheinbar ganz neuen Sicht der Dinge aufwarten kann – sei es in Wissenschaft, Kunst oder Mode.

In der indischen Tradition ist das anders. Shankara gilt dort als ein Weiser, weil ihn die in den Schriften überlieferte Wahrheit von innen durchdrungen hat. Er bietet keine Weiterentwicklung des Advaita. Wie könnte zum Beispiel das, was wir von Ashtavakra in seiner Gita vernommen haben, an Wahrheitsgehalt übertroffen werden? Shankara betrachtet die Sache auch nicht aus einem anderen Blickwinkel. Denn von Brahman aus gesehen gibt es nur eine Rundumsicht.

Und dennoch: Shankara war ein philosophisches Genie – auch im westlichen Sinne. Er löste eine eigentlich unmögliche Aufgabe, nämlich die Dualität in der Einheit auch für den Intellekt zu erklären. Meist Schritt für Schritt, manchmal auch unmittelbar, führt er uns zu einem Verstehen an der Grenze des Verstandes. Er regt den Eifer des Forschenden in uns an.

Die Kunst der Unterscheidung

Shankara vertritt in seinen Schriften den Weg der Erkenntnis: Jnana-Yoga. Dieser Weg bezieht viele Möglichkeiten ein, die ein echtes Verstehen auslösen könnten. Regelmäßiges stilles Sitzen in

Meditation kann in tiefe Versenkung bis hin zu Samadhi führen. Manchmal sind es auch ein treffender Vergleich, ein einziger Satz, eine Fragestellung, die plötzlich die Einsicht auslösen. (Im Zen entspricht die Übung mit einem Koan dem Jnana-Yoga). Doch Shankara holt uns zunächst da ab, wo wir glauben, besonders geschickt zu sein: bei der Fähigkeit zu unterscheiden. Ausgerechnet der berühmteste Lehrer des Advaita behauptete: Wer richtig unterscheiden kann, der entdeckt die Einheit.

Wir sind allerdings nicht aufgefordert, zwischen verschiedenen Dingen, Personen, Gefühlen oder Gedanken zu unterscheiden. Das erledigt unser Verstand «mit links». Nein, wir sollen zwischen Wirklichem und Unwirklichem unterscheiden. Und wirklich ist nur Brahman, das unveränderliche Eine. Unwirklich ist unsere gesamte Erfahrungswelt mit ihrer Dualität von Objekt und Subjekt, mit Außen und Innen, du und ich.

Um diese beiden Ebenen – das Wirkliche, Absolute und Unveränderliche auf der einen, das Unwirkliche, Relative und Veränderliche auf der anderen Seite – unterscheiden zu können, lieferte Shankara ein Modell:

> Die grobstoffliche und feinstoffliche Welt haben keine Wirklichkeit, so wie die Schlange nicht wirklich ist, die wir statt dem Seil sehen – so wie der Traum unwirklich ist.[66]

Das Bild vom Seil, das als Schlange gesehen wird, ist wohl die am häufigsten benutzte Metapher in der hinduistischen (Advaita-) Philosophie. Vielleicht haben gerade Inder da einschlägige Erfahrungen. Doch auch wer noch keine Schlange gesehen hat, kann das ganz gut nachvollziehen: Ich betrete einen dunklen Schuppen und da – eine Schlange! Diese Interpretation kann alle möglichen Reaktionen in Gang setzen. Ich laufe weg, rufe um Hilfe, ergreife eine Schaufel, bin wie erstarrt oder beobachte einfach. Der Irrtum wird bald offensichtlich. Nur ein Seil.

Das Bild ist sehr anschaulich. Doch was bedeutet es? Wie lässt es sich übertragen? Was genau repräsentiert das Seil, was die Schlange?

Jede Analogie, jedes Bild, jede Metapher, jedes Modell hat immer nur einige Eigenschaften mit dem gemein, was repräsentiert, worauf gezeigt, was erkannt werden soll. Im Atommodell des Physikers Niels Bohr zum Beispiel sollen die Kugeln nicht bedeuten, dass der Atomkern und die ihn umkreisenden Elektronen tatsächlich die Gestalt einer Kugel haben. Doch sie sind kleiner als der Kern und umkreisen ihn. Shankaras Analogie von Seil und Schlange soll einen noch umfassenderen, noch schwerer vorstellbaren Sachverhalt darstellen als das Atommodell. Sie soll das Verhältnis zwischen dem Absoluten und dem Relativen verdeutlichen.

Shankara benutzte diese Analogie, um zu zeigen, dass die Dualität eine Illusion ist. Wirklichkeit (Seil) und Illusion (Schlange) sind keine echten Gegensätze. Sie lassen sich nicht einmal getrennt und unabhängig voneinander wahrnehmen. Entweder sehe ich das Objekt als Seil *oder* als Schlange. Beides zugleich ist nicht möglich. Dieses Phänomen wird auch als «Überlagerung» bezeichnet. Die eingebildete Schlange «überlagert» das wirkliche Seil. In jedem Fall ist etwas da. Es handelt sich nicht um eine Halluzination.

Doch alle Methoden, die eingebildete Schlange zu verscheuchen, erweisen sich als unangemessen. Damit sind wir beim wohl wichtigsten Aspekt dieser Analogie. Das, wofür die Schlange steht – Dualität und Ego –, sollte nicht behandelt werden wie etwas, das es zu überwinden gilt. Wer versucht, das Ego zu bekämpfen, es durch Askese gleichsam auszuhungern oder sonstwie zu vertreiben, hat nicht verstanden, dass es sich dabei um reine Einbildung handelt.

So wie jemand, der ein Seil für eine Schlange hält, erschrickt, glauben wir, sterben zu müssen, weil wir die objektive Welt mit uns als Personen darin für wirklich halten. Die Analogie kann zeigen, wie wir darauf kommen, die Welt (immer uns selbst als Person inbegriffen) als das «Andere», ja als tödlichen Feind zu sehen. Hier spielen auch psychologische, emotionale Aspekte eine Rolle. Eine Schlange erzeugt Angst, ein Seil nicht.[67]

Shankara sagt:

> Die Avidya oder Maya (verhüllende, metaphysische Unwissenheit), auch das Undifferenzierte (Avyakta) genannt, ist die Macht des Herrn (Ishvara). Sie existiert von Ewigkeit her. Die drei Gunas gestalten sie, und als Erstursache steht sie über

> allen Folgewirkungen. Der mit Intelligenz und Geistesklarheit begabte Mensch kann von diesen Wirkungen ausgehend durch Rückschlüsse bis zu ihr gelangen. Er versteht dann, wie sie das ganze Universum zum Objekt machen konnte.[68]

Rollen wir dieses auf Anhieb wohl kaum verständliche Zitat von hinten auf. Mit «Intelligenz und Geistesklarheit» können wir durch «Rückschlüsse» zum Ursprung der Illusion (Maya) gelangen. Wie jemand, der zunächst unwillkürlich das Seil als Schlange sieht und dann stutzig wird. «Die bewegt sich ja gar nicht! Ist das wirklich eine Schlange?» Er beobachtet und stellt weitere Merkmale fest, die dafür sprechen, dass es sich hier nicht um eine Schlange handeln kann. So könnte ich – in Analogie – meinen Körper mit all seinen Reaktionen genau beobachten und vielleicht mit Verwunderung bemerken, dass nicht ich – das kleine, individuelle Selbst (der Jiva) – diesen Organismus dirigiert, sondern eine davon unabhängige, universale Lebenskraft. Auch die Empfindungen und Gedanken laufen «wie von selbst» ab – bis in subtile, «feinstoffliche» Bereiche.

Shankara bezog sich – wie schon Krishna in der *Bhagavad-Gita* – auf fünf Hüllen (Koshas), die das Zentrum des Bewusstseins (Atman) umgeben. Die äußerste Hülle ist der grobstoffliche, physische Körper, den wir im Wachzustand wahrnehmen (Annamayakosha). Er unterliegt dem Einfluss des feinstofflichen Körpers, der wiederum aus drei Schichten besteht: dem Pranamayakosha mit seinen Energiezentren oder Chakras, dem Manomayakosha, der uns Dinge unterscheiden lässt, und dem Buddhimayakosha, der uns zu universalen Einsichten befähigt, die über das Ego (Ahamkara) hinausgehen. Diese drei feinstofflichen Ebenen werden dem Traum-Bewusstsein zugeordnet. Der Anandamayakosha schließlich, die innerste Hülle, steht für Glückseligkeit jenseits von Raum und Zeit und entspricht dem Tiefschlaf.[69]

Der Yogi erforscht die Koshas, diese sich durchdringenden Energiefelder, von innen heraus. Die westliche Wissenschaft hat sich bisher vor allem mit der äußersten Hülle befasst. Doch etliche Forschungsergebnisse bestätigen bereits, worauf es in diesem Zusammenhang ankommt: Ich persönlich bin weder der Dirigent noch der Besitzer dieses komplexen organischen Orchesters. Das bilde ich mir nur ein.

Zunächst einmal ist die Täuschung laut Shankara zwangsläufig. Sie ist ein Werk des Schöpfergottes Ishvara. Wir können das an der Entwicklung eines Babys beobachten. Der kleine Körper wird zunehmend von einer Intelligenz, einem individuellen Bewusstsein durchdrungen, kontrolliert und in Besitz genommen. Einige Menschen können sich sogar daran erinnern, wie sie das von innen erlebt haben. Die Natur sorgt jedenfalls dafür, dass wir uns mit einem bestimmten Körper, den Empfindungen und Gefühlen identifizieren. Hunger – schreien. Das bin ich! Ich habe Hunger, ich schreie, ich mache mich bemerkbar, um zu erreichen, dass die Not ein Ende hat. Und nun bin ich ein Körper, vergänglich, ein Spielball der Triebe und Überlebensängste.

Shankara und die Advaita-Tradition einschließlich des Buddhismus sprechen hier wertneutral von einer Täuschung (Maya) und von Unwissenheit (Avidya). Sie sind weder gut noch böse. Sie sind natürlich. Doch sie bedeuten eine leidvolle Einschränkung, die wir als göttliche Wesen nicht hinnehmen müssen, sondern kraft der uns innewohnenden Intelligenz (Buddhi) durchschauen können. Wir können erkennen: Ich bin der Beobachter, der Zeuge des ganzen Geschehens.

In diesem Punkt kann die Analogie von der Schlange, die in das Seil projiziert wird, in die Irre führen. Seil und Schlange sehen ähnlich aus. Doch der Beobachter, der sich mit einer bestimmten Person in dieser Welt identifiziert und somit das Seil als Schlange sieht, hat nicht die geringste Ähnlichkeit mit dem, wofür er sich fälschlicherweise hält.

Die *Drig-Drishya-Viveka* («Unterscheidung zwischen Selbst und Nicht-Selbst»), das Shankara zugeschriebene Grundlagenwerk der hinduistischen Philosophie, beginnt so:

> Ein Form-Objekt wird wahrgenommen, und es ist das Auge, das wahrnimmt. Das Auge wiederum wird vom Verstand, vom Denkorgan, wahrgenommen, das zum wahrnehmenden Subjekt wird. Schließlich wird das Denkorgan mit seinen Veränderungen vom Denker-Betrachter wahrgenommen,

> der seinerseits nicht mehr Gegenstand der Wahrnehmung sein kann.[70]

Dieser Gedankengang ist logisch und kann zugleich jederzeit durch die eigene Erfahrung bestätigt werden. Ich lese jetzt diese Buchstaben und Zeilen. Meine Augen nehmen die Schrift auf, der Verstand macht daraus einen Sinn. Ich weiß zugleich, ich bin es, der jetzt dieses Buch liest. Ich bin interessiert oder gelangweilt. Ich bin das Subjekt, das Buch ist das Objekt. Ich mache einen Unterschied zwischen mir, meinen Empfindungen, Gedanken und dem Buch. Ich bin nicht das Buch, oder?

Nun kommt der entscheidende Schritt: Wie immer ich diese Situation interpretiere – laut Shankara interpretiert das Denkorgan! –, dieses vielschichtige Verhältnis zwischen einzelnen Objekten und mir – einem bestimmten Subjekt im Unterschied zu allen anderen – wird ebenfalls wahrgenommen. Was ist sich dessen bewusst? Es ist jedenfalls keine Person und kein Mensch. Es ist das, was nie zum Objekt gemacht werden kann. Westliche Philosophen wie Kant und Hegel definierten es als das «Ding an sich», als das «transzendentale Subjekt», und rückten es in eine abstrakte Ferne. Doch es ist jetzt hier. Es kann nur jetzt und hier sein!

Shankara sagt (bereits vier Verse weiter):

> (5) Es (das Bewusstsein) entsteht nicht und vergeht nicht, es nimmt nicht zu und wird nicht weniger. Es ist auf immer selbst-leuchtend und vermag ohne jede Hilfe alle Dinge zu erleuchten.
> (6) Ein Widerschein des reinen Bewusstseins durchstrahlt Buddhi (Individuationsfaktor) und gibt ihr (d. i. Buddhi) so Unterscheidungsvermögen. Buddhi zeigt sich in zweierlei Art: einmal als Individuationsfaktor und dann als inneres Organ (Antahkarana).[71]

Das natürliche Empfinden, ein individuelles Bewusstsein zu sein, ist nicht etwa «meine» Errungenschaft, ebenso wenig die Fähigkeit zur Unterscheidung zwischen mir und anderen. Diese Buddhi ist ein Aspekt des wahren Selbst, des reinen Bewusstseins. Vergleichbar einem Strahl der Sonne, in dem ich nur als Staubpartikel aufscheine. Erst ist da das reine Bewusstsein (die Sonne), dann die Intelligenz mit ihrem Unterscheidungsvermögen (der Sonnenstrahl), schließlich komme ich (der Staubpartikel). Doch dummerweise bin ich davon überzeugt, an erster Stelle zu stehen. So erkläre ich die Sonne zum Teil eines Staubpartikels. Ich ziehe – natürlich nur für mich, in meiner Illusion, nicht wirklich – das Ewige auf meine begrenzte Ebene von Zeit und Raum herunter. Eine völlige Umkehrung der Verhältnisse.

Raphaels Kommentar:

> Wir verwechseln das Seil mit der Schlange, und solange die Illusion anhält, glauben wir wirklich, dass der Jiva mit seinen Körper-Hüllen die Wirklichkeit ist und nicht der ewige nicht handelnde Atman, der unbewegte Zeuge.[72]

Was ist die unmittelbare Erfahrung?

Die Analogie vom Seil, das für eine Schlange gehalten wird, betrifft jeden Moment unserer Erfahrung. Denn wir «überlagern» ja ständig unsere Sinneseindrücke und Empfindungen mit unseren Interpretationen. Das geschieht auf vielen Ebenen. Zum Beispiel wird ein und dieselbe Person von verschiedenen Menschen ganz unterschiedlich eingeschätzt. Das setzt bereits voraus, dass ein sinnlicher Eindruck überhaupt als ein vom Betrachter unabhängig existierendes Objekt interpretiert wird.

Wir «objektivieren» unsere unmittelbaren Empfindungen und unterscheiden so zwischen einer Außen- und einer Innenwelt, zwischen Objekt und Subjekt. Wir sehen und empfinden uns als bestimmte Personen in einer Welt, die unabhängig von uns existiert. In ihr bewegen wir uns, agieren und reagieren, werden geboren und sterben. Das alles «erschaffen» wir durch Interpretationen. Ein neugeborenes Kind ist dazu – soweit wir das von außen beurteilen können – nicht in der Lage.

Was Shankara zu vermitteln sucht, widerspricht unserem «gesunden Menschenverstand». Er dreht unser gesamtes Weltbild und

Selbstverständnis um. Nicht wir bewegen uns in der Welt, sondern die Welt bewegt sich in uns. In uns? Nein, hier muss ich im Singular, ganz bei mir selbst bleiben. Die Welt bewegt sich in mir. Sie verschwindet, wenn ich nachts einschlafe, und entsteht jeden Morgen neu beim Aufwachen. Ist das nicht die unmittelbare Erfahrung?

Mit einem einfachen Test können wir nachvollziehen, um welche Art von Interpretation es hier geht. Schließen wir für ein paar Sekunden die Augen. Während dieser Zeit ist die Welt zumindest in all ihren sichtbaren Aspekten verschwunden. Bleiben wir ausschließlich bei den Eindrücken, aus denen sich unsere Wirklichkeit zusammensetzt, während die Augen geschlossen sind! Alle Gedanken und Vorstellungen, die die objektive Existenz eines visuellen Raums suggerieren, sind jetzt nur Annahmen, die durch die momentane, authentische Erfahrung nicht bestätigt werden.

Könnte es nicht sein, dass diese sichtbare Welt jetzt gar nicht existiert? Das würde allen unseren Überzeugungen widersprechen, ist jedoch rein logisch möglich. Überprüfen wir es doch noch einmal mit geschlossenen Augen – sind wir davon überzeugt: «Wenn ich im nächsten Moment die Augen öffne, erscheint die Außenwelt, das Zimmer mit all den Dingen und mir selbst darin»? Worauf genau beruht diese Überzeugung? Was wäre, wenn wir die Augen öffneten, und da wäre nichts?

Der berühmte englische Philosoph und Mathematiker Bertrand Russell befasste sich mit der Frage, ob die Erinnerung ein Beweis für die Existenz der Vergangenheit sein kann, und kam zu dem Schluss: Nein. Rein logisch betrachtet kann die gesamte Welt, wie sie bis vor einer Sekunde erlebt und von allen Seiten bestätigt, ja selbst durch neueste wissenschaftliche Erkenntnisse nachgewiesen wurde, reine Einbildung sein. Ob da nun die Astrophysiker behaupten, das Universum sei aus dem Urknall (Big Bang) vor fünfzehn Milliarden Jahren entstanden, oder ob Archäologen an Tonscherben ein Alter von wenigstens zwanzigtausend Jahren nachweisen – all das kann eine Erfindung des Geistes sein, aus diesem Moment heraus.

Wenn die Vergangenheit womöglich unsere Erfindung ist, dann gilt das erst recht für unsere Zukunft. Der nächste Moment kann all unseren bisherigen Erfahrungen widersprechen. Wir wiegen uns in der scheinbaren Gewissheit, es werde schon so laufen wie bisher, und wissen doch, tief innen, dass der nächste Moment in Wahrheit unkalkulierbar ist. Für diese Angst steht der Tod. Ahnen wir nicht, dass sich spätestens im Moment unseres körperlichen Todes offenbaren wird, dass die Zukunft völlig unbekannt ist?

Doch Shankara sieht nicht nur die Vergangenheit und Zukunft als Illusion. Er behauptet: Selbst jetzt, während ich diese Zeilen lese, ist die äußere Welt nur Täuschung – wie die Schlange im Seil. Soll ich das etwa einfach so glauben? Keinesfalls. Shankara leitet zur Erforschung des Bewusstseins an. Zunächst appelliert er an die intellektuelle Fähigkeit der Unterscheidung. Da gibt es überprüfbare Fakten. Alles verändert sich – doch für wen? Für den Beobachter. Der muss unveränderlich derselbe bleiben, sonst könnte ja gar keine Veränderung festgestellt werden. Das kann ich alles nachvollziehen, rein logisch und sogar in meiner eigenen Erfahrung: Ja, ich bin derselbe, der vor zwanzig Jahren dies und jenes erlebte und nun etwas ganz anderes. Alles verändert sich um mich herum, inklusive aller Gedanken und Empfindungen, doch ich bin das stets gleich bleibende, unveränderliche Zentrum der Wahrnehmung.

Auch wenn ich das verstehen kann – bin ich vollkommen überzeugt? Fühle ich mich frei? Habe ich keine Angst mehr? Der analytische Weg kann durchaus zu tiefen Einsichten führen. Doch Shankara baut nicht darauf. Er sieht den Weg der Unterscheidung als Vorbereitung. Die wahre Erkenntnis vollzieht sich auf einer anderen Ebene – jenseits von Verstand und Intellekt.

Samadhi

Shankara bezeichnet diese Ebene als «Samadhi». Wörtlich übersetzt bedeutet der Sanskritbegriff «fixieren, festmachen». Die Aufmerksamkeit wird derart auf ein Objekt fixiert, dass das Denken aufhört. Schließlich kommt es dabei zu einer Art «Verschmelzung» von Subjekt und Objekt. Es sind etliche Geschichten von Yogis und Heiligen überliefert, die über viele Tage, ja sogar Jahre reglos in tiefer Versenkung, in Samadhi verharrten. Ein westlicher Mediziner würde solche Fälle vielleicht als Koma einstufen. Die Verbindung zur Außenwelt scheint völlig abgebrochen. Doch in der indischen Yoga-Tradition gilt Samadhi als höchster, glückseliger Bewusstseinszustand.

Shankara beschreibt sechs Stufen von Samadhi. Er unterscheidet dabei zwei Arten: mit Objekt (Savikalpa) und ohne Objekt (Nirvikalpa). Zur ersten Art gehört zum Beispiel die meditative Versenkung in den heiligen Klang OM. Bei der zweiten Art richtet sich die Aufmerksamkeit auf das, was prinzipiell nie zum Objekt werden kann: das wahrnehmende Bewusstsein selbst. Diese Art der Hinwendung zum Selbst (Atman) erklärt Ramana Maharshi gut eintausend Jahre nach Shankara zur wichtigsten Methode überhaupt. Darauf werde ich später ausführlich eingehen.

Shankara sagt:

> (21) Reines Sein (Sat), reines Bewusstsein (Chit) und reine Glückseligkeit (Ananda) sind unterschiedslos sowohl im Raum (Akasa), in der Luft, im Feuer, im Wasser, in der Erde als auch in den Göttern, Tieren, Menschen usw. vorhanden. Nur die (vom Verstand geschaffenen) Namen und Formen lassen ein Wesen von einem anderen unterschiedlich sein.
> (22) Wenn man gegenüber der Welt der Namen und Formen gleichgültig geworden und dem Sat-Cit-Ananda ergeben ist, soll man ununterbrochen Kontemplation üben über das Zentrum des Herzens oder über einen außerhalb liegenden Gedankensamen.[73]

Das hört sich nach allerhöchster Yoga-Klasse an. Wer kann schon von sich behaupten, dass er «gegenüber der Welt der Namen und Formen gleichgültig geworden und dem Sat-Chit-Ananda ergeben» ist? Doch statt hier das Bild eines Fakirs zu beschwören, der sich jahrzehntelang in strenger Askese geübt hat, sollten wir ganz pragmatisch untersuchen, was der eigentliche Punkt von Shankaras Aussage ist. So viel ist wohl klar: Hier geht es nicht um die erfrischend-entspannende Fünf-Minuten-Meditation für gestresste Hausfrauen oder Manager, wie sie seit einiger Zeit in allen möglichen Hochglanzmagazinen und Ratgebern angeboten wird. Diese Art von Meditation hilft zwar nachweislich bei vielen Problemen, doch sie dient eben einem Zweck, der vom Verstand vorgegeben ist. Mehr Leistung, bessere Gesundheit, mehr Ausstrahlung usw. Aber auch wer meditiert, um das klassische Ziel der Erleuchtung oder Befreiung zu erreichen, sitzt in derselben Falle.

Bedeutet nicht jede Art von Ziel – ob nun mehr Leistung im Beruf oder die endgültige Befreiung vom Leiden in der Welt – eine Überlagerung dessen, was jetzt ist? Was jetzt ist (Seil), wird von einer Erwartungshaltung (der eingebildeten Schlange) überlagert. Deshalb ist für die tiefe Versenkung eine besondere innere Einstellung nötig. Keine Erwartung, kein «um zu». Nur so kann in jedem Moment alles so wahrgenommen werden, wie es ist. Jedes Geräusch, jede Empfindung, jeder Gedanke. Wir lassen den Verstand, der ständig alles einordnen will, einfach mal beiseite, lassen ihn vor sich hinreden. Wir sinken in die Stille, in das «Zentrum des Herzens».

Sat-Chit-Ananda (Sein-Bewusstsein-Glückseligkeit) ist eine Beschreibung des Brahman seit den *Upanishaden*. Das mag unerreichbar erhaben klingen. Eine übermenschliche Ekstase, die Göttern und Erleuchteten vorbehalten ist. Oder als müsste man sich wenigstens dreißig Jahre ausschließlich auf das Absolute konzentriert haben, um auch nur eine Ahnung davon zu bekommen. Doch Shankara sagt: Es ist überall – in den Elementen, in den Bäumen, den Tieren, den Menschen. Es ist in jedem Moment hier und jetzt wirklich und gegenwärtig. Wir fühlen es als Sein – meist leider nur unbewusst, weil unsere Vorstellungen, Wünsche und Ängste dieses «Sat-Chit-Anand» überlagern. Es ist das Nächstliegende und Unauffälligste überhaupt, das, was wir immer sind. Wir sollten also nicht etwa nach dem ultimativen Kick, der alles in den Schatten stellenden Ekstase Ausschau halten, sondern uns des Allergewöhnlichsten bewusst werden: der reinen Tatsache des «Ich bin». Des stets gleich bleibenden Grundgefühls, zu sein.

Das kann es nicht sein! Da muss es mehr, Tieferes geben! Immer wieder kommen wir mit dieser Forderung nach mehr. Mehr Glück, mehr Einsicht, mehr Freiheit! Samadhi bedeutet schließlich das Bewusstsein der Einheit. Kein Objekt – kein Subjekt. A-dvaita. Nicht-Zwei. Erkenntnis jenseits jeden Zweifels! Doch die Disziplin liegt darin, auf alle Vorstellungen und Ideale zu verzichten. Ja, nach innen geht es immer tiefer, unendlich. Ausgangspunkt ist aber dieser Moment und das, was ich jetzt bin. Ich lasse mich in dieses Empfinden zu sein hineinsinken. Daraus entsteht eine innere Gewissheit jenseits aller Logik.

Diese Gewissheit ist von anderer Qualität als das, was die westliche Philosophie und die Naturwissenschaften zum Maßstab für Gewissheit gemacht haben: Prinzipien und Axiome, die in sich logisch und unabhängig von der Erfahrung gültig sind. Etwa der Satz der Identität, A = A oder 1 = 1. Dieser Satz gilt immer, gleichgültig wer das unter welchen Umständen behauptet – oder ob es überhaupt irgendein Mensch durch sein Nachdenken bestätigt.

Shankara möchte ebenfalls zu einer Erkenntnis anregen, die universell gültig ist und jede individuelle Erfahrung übersteigt. Doch sie ist nicht mathematisch-logisch wie 1 + 1 = 2, sie ist existenziell. Das wahre Selbst ist Sat-Chit-Ananda: bewusstes, glückseliges Sein. Das geht über den Satz der Identität (A = A) weit hinaus. Es kann nicht durch Nachdenken, sondern nur durch die Erfahrung bestätigt werden. Und dafür steht in der östlichen Tradition die Meditation. Sie ist eine empirisch-wissenschaftliche Methode, ganz so, wie es westliche Wissenschaftler wünschen.

Prof. Dr. John Lilly, der berühmte amerikanische Delfinforscher, entwickelte in den Sechzigerjahren des 20. Jahrhunderts den «Samadhi-Tank». In einem schallisolierten Eisentank, der zur Hälfte mit Salzwasser gefüllt ist, liegt der Proband für wenigstens neunzig Minuten. Das Salzwasser trägt den Körper. Wie im Toten Meer, nur total dunkel und still. In diesem «Setting» wird das Bewusstsein von keinen äußeren Reizen abgelenkt und kann sich auf sich selbst richten. Lilly erlebte in seinen Experimenten jene universale Einheit, die in der indischen Tradition Samadhi genannt wird. Und viele erfuhren nach ihm Ähnliches. Dies ist eine Möglichkeit, den experimentell-naturwissenschaftlichen Aspekt von Meditation in die Praxis umzusetzen. Es geht darum, die optimalen und stets wiederholbaren Bedingungen dafür zu schaffen, dass sich das Bewusstsein auf sich selbst konzentrieren kann. A = A – die Identität mit sich selbst soll hier nicht nachgedacht, sondern erlebt werden.

Mit Shankara endet die indische Tradition von Advaita nicht. Teil IV dieses Buches, «Ramana Maharshi und die Selbsterforschung», knüpft direkt an Shankara an. Doch zunächst wollen wir fragen, ob Advaita in den großen Weltreligionen und in der westlichen Philosophie des Bewusstseins eine Rolle spielt – und wenn ja, welche.

II

DAS EINE IN DEN RELIGIONEN

Bisher habe ich die Philosophie des Advaita anhand von Texten dargestellt, die als Grundlage des Hinduismus gelten. Ist das, was hier angesprochen wird, nicht auch in anderen spirituellen Traditionen und Religionen das zentrale Thema? Und kommt das hier überlieferte Wissen nicht immer aus ein und derselben Quelle der Erkenntnis?

Alle Religionen befassen sich ursprünglich mit dem, was unvergänglich und ewig ist. Die Weltreligionen – Hinduismus, Buddhismus, Judentum, Christentum und Islam – haben ihre Wurzel in einer mystischen Erfahrung der Einheit. Dennoch wurden und werden auf der Erde im Namen der Religion die grausamsten Kriege geführt und die schlimmsten Gräueltaten begangen. Von Einheit, Glück und Frieden weit und breit keine Spur. Wie ist das möglich?

Die Weisen aller Zeiten haben sich und uns dieselbe Frage gestellt. Ihre Antwort läuft immer auf denselben Punkt hinaus: Wenn in einer Religion die Nebensache, die Rituale, zur Hauptsache werden, dann hat sie ihren Sinn verfehlt und ihren Kern verleugnet. Sie wird zur Krankheit statt zum Heilmittel. Das Absolute («das Seil») wird vom Relativen und Vergänglichen («der Schlange») überlagert.

Die berühmte Buddhistin Ayya Khema sagte:

> Auf der Ebene der relativen Wahrheit gibt es keine Spiritualität, keine Religiosität. Das ist der Grund, warum die Religionen nicht funktionieren. Sie haben alle versucht, sich auf der relativen Ebene aufzubauen. Doch da gibt es nichts. Da gibt es keine Erfüllung.[1]

Man kann das Absolute unterschiedlich benennen: Brahman, Buddha-Natur, Jahwe, Gott-Vater oder Allah. Solange die Einsicht oder wenigstens die Ahnung da ist, dass es hier um das Eine-ohne-ein-Zweites geht, gibt es kein Problem. Man wird zum Beispiel nicht auf einem bestimmten Namen oder einer bestimmten Form der Anbetung bestehen. Denn das gehört ja zur Ebene der Dualität.

Doch sowie Symbole und Riten, Verhaltensweisen und Dogmen in den Mittelpunkt rücken, gibt es Probleme mit schwer wiegenden Konsequenzen. Jemand spuckt auf das Kreuz, auf den Koran oder auf eine Buddha-Statue. Ein unbeteiligter Beobachter würde meinen: «Na und? Das ist doch nur ein Ding!» Die Fanatiker aber rasten aus, schwören tödliche Rache, rufen den «heiligen Krieg» aus. Sie fühlen sich in ihrem tiefsten Wesen verletzt und missachtet. Ihr Irrtum besteht darin, dass sie das Absolute, ihre unsichtbare Essenz, zu einem Objekt reduziert haben.

Nun tun wir das ohnehin ständig, indem wir uns mit dem Körper, unseren Gefühlen und Gedanken identifizieren. Doch im Bereich der Religionen und Ideologien wirkt zusätzlich der Glaube, eine emotional geladene Überzeugung: «Dieses Ding, dieser Satz, dieser Mensch repräsentiert das Absolute!»

Der Kern der Weltreligionen ist A-dvaita, das Eine-ohne-ein-Zweites. Und jede Religion hat eine besondere Art, das zu vermitteln. Die Unterschiedlichkeit liegt logischerweise auf der relativen Ebene. Doch sie hat, sofern sie im Dienst der Erkenntnis der Einheit steht, noch nie Anlass zu Hass und Zwietracht gegeben.

Mir ist bewusst, dass ich hier etwas behaupte, das womöglich weder die Vertreter der verschiedenen Religionen – die Swamis, Mullahs, Priester und Theologen – noch die Anhänger und Gläubigen akzeptieren. Doch ich sehe in der folgenden Interpretation eine Möglichkeit, sich von Dogmen zu lösen, die einschränken, ja sogar Kriege auslösen können. Mir ist auch bewusst, dass ein Thema wie dieses – die Einheit der Religionen – weder auf zwanzig noch auf zweihundert Seiten erschöpfend dargestellt werden kann.

5 Buddhismus: *Nicht-Selbst und Leere*

Es gibt einen Weg, doch einen
Wanderer sieht man da nicht. Der Buddha

Die Geschichte Gautamas

Advaita-Vedanta gilt als die mystische Strömung des Hinduismus; nächster Verwandter ist der Buddhismus. Im Unterschied zum Hinduismus hat der Buddhismus einen historischen Begründer: Prinz Siddharta Gautama, 563 v. Chr. im heutigen Nepal als Sohn eines Fürsten aus dem Geschlecht der Shakyas geboren (daher die Bezeichnung «Shakyamuni Buddha»). Die Geschichte seines Lebens – vor allem bis zur Erleuchtung unter dem Bodhi-Baum – gehört zum Kanon des Buddhismus wie die Geschichte von Jesus zum Christentum und die Mohammeds zum Islam. Schon allein aus diesen «Biografien» lassen sich die Unterschiede und Gemeinsamkeiten der Religionen herauslesen oder besser noch: intuitiv erfassen.

Prinz Gautama war bis zu seinem achtundzwanzigsten Lebensjahr wohl behütet und mit allem Luxus versehen aufgewachsen. Er hatte alles «Glück dieser Welt». Doch als er die Vergänglichkeit des Lebens in Gestalt eines alten Bettlers, eines Kranken und eines Gestorbenen erkannte, war es vorbei mit der Illusion von Glück. «Wie ist das möglich?», dachte er. «Werde auch ich krank und alt? Muss ich etwa wirklich sterben? Ist das die Wahrheit? Gibt es keinen Ausweg?» Gautama sah und fühlte diese Tatsachen des Lebens ohne Ablenkung, ganz unmittelbar.

Da kam ein Yogi des Weges, der in seiner ganzen Haltung demonstrierte, dass ihn dieses Leben und Leiden nicht berührte. Prinz Siddharta ließ über Nacht seine Frau mit seinem noch ungeborenen Sohn und seine weltliche Karriere zurück, suchte sieben Jahre lang in strengster Askese nach der Wahrheit und fand schließlich den unerschütterlichen Frieden in einer Meditation unter dem Bodhi-Baum. Sein persönliches Ich war als Illusion erkannt. Es erlosch. Prinz Siddharta wurde zu Buddha, dem «Erwachten».

Buddhas Geschichte bis zu seiner Erleuchtung könnte auch in den *Upanishaden* überliefert sein. Die Legende zeigt die typischen Merkmale eines vedischen Helden wie etwa Nachiketa. Etliche dieser Helden erkennen schockiert ihre eigene Vergänglichkeit und suchen nach dem Unvergänglichen. Sie finden es durch Selbsterforschung und Meditation in sich selbst.

Buddhas Lehre bedeutete nicht zuletzt auch eine Kritik am Hinduismus und an der Vorherrschaft der Brahmanen. In seinem Sangha, der buddhistischen Gemeinschaft von Mönchen und Nonnen, gab es keine Kastenunterschiede. Jeder, auch ein Unberührbarer, war willkommen, schließlich sogar Frauen (ein peinliches Kapitel aller spirituellen Traditionen bis heute – die Herabsetzung des weiblichen Geschlechts). Die öffentlich praktizierte Nicht-Ausgrenzung von Menschen jeglicher Klassen führte mit dazu, dass der Buddhismus dem Hinduismus in Indien bis ins 10. Jahrhundert n. Chr ernsthaft Konkurrenz machte.

Rein philosophisch betrachtet hat all dies nichts mit der Essenz von Advaita zu tun. Ashtavakra betonte ja: «Dein wahres Selbst gehört keiner Kaste an.» Doch wie sah das in der religiösen Praxis aus? Buddha hatte den Mut, gegen das etablierte Kastensystem vorzugehen.

Gibt es das Selbst?

Worüber sich die Mönche und Gelehrten der buddhistischen und der Advaita-Vedanta-Schulen über die Jahrhunderte stritten, war eine metaphysische Frage. Gibt es Atman als das absolute Selbst oder nicht? Bei dieser Debatte wurde bereits vorausgesetzt, was für uns keinesfalls selbstverständlich ist, nämlich dass wir als individuelles Ich gar nicht existieren. Darin sind sich Advaita-Vedanta und Buddhismus einig. Unser kleines Selbst, das Ego, ist eine Illusion.

> Der Buddha wurde annatavadin genannt, Lehrer der annata, der Nicht-Selbst-Lehrer. Er hat einen Lehrkomplex aufgestellt, der zur Erkenntnis führt, dass es kein Ich gibt. Alle Me-

> thoden, die wir verwenden, alle Einsichten, die wir bekommen, zielen dort hin.[2]

Soweit es das persönliche Ich oder Ego betrifft, stimmt dies mit dem überein, was Krishna, Ashtavakra oder Shankara sagen. Selbsterforschung und Versenkung führen zu der Einsicht, dass es kein individuell handelndes Ich gibt. Dass gewisse Neigungen und kausale Abläufe das Handeln bestimmen. Genau das meint auch Buddha, wenn er sagt:

> Das Leiden gibt es, doch kein Leidender ist da. Die Taten gibt es, doch kein Täter findet sich. Erlösung gibt es, doch nicht die erlöste Person. Den Pfad gibt es, doch keinen Wanderer sieht man da.[3]

Was ist dann die umstrittene Differenz? Möglicherweise nur ein Missverständnis. Der Religionswissenschaftler Douglas E. Harding weist darauf hin, dass Prinz Siddharta während seiner Suche vermutlich auf ein recht weltliches Verständnis vom Selbst traf. Der Atman wurde oft noch als daumengroßer «Seelenmann» aufgefasst. Einem verwirklichten Guru vom Kaliber eines Yagnavalkya ist der suchende Siddharta anscheinend nie begegnet.

> So bestand Buddha darauf, dass es weder Atman noch Brahman, weder ein individuelles noch ein universelles Selbst gibt. Weil er aber ein praktischer Lehrer und kein Metaphysiker war, fügte er hinzu, dass jede Diskussion über diese letzten Dinge nichts als Spekulation und nutzlos sei. Das einzig Vernünftige sei, dem achtfachen Weg zu folgen, bis wir in der Lage sind, selbst zu *sehen*, wohin er führt, statt herumzustehen und zu vermuten.[4]

Buddhas erste Lehrrede, die «Rede von den vier edlen Wahrheiten, gehalten im Tierpark von Benares», beginnt mit einer kurzen Erläuterung des «mittleren Weges». Wer die Wahrheit suche, solle sich nicht in Extremen verlieren. Weder das Schwelgen in sinnlichen Genüssen noch eine radikale Askese führe zur Freiheit von Begierden. Der Weg zu Erkenntnis, Frieden und Verlöschen (Nirvana) liege in der Mitte zwischen den Gegensätzen. Dieser Weg sei der «Achtfache Pfad»: rechte Anschauung, rechte Gesinnung, rechtes Wort, rechte Tat, rechtes Leben, rechtes Streben, rechtes Überdenken und rechtes Sichversenken.

Anschließend skizziert Buddha ebenso knapp die «Vier Edlen Wahrheiten».

1. Die Wahrheit vom Leiden (Dukha). Ich leide bei der Geburt, im Alter, beim Sterben, wenn ich getrennt von meinen Liebsten bin und nicht bekomme, was ich will. Ich leide unter der Vergänglichkeit des Lebens.
2. Die Wahrheit vom Entstehen des Leidens. Die Ursache allen Leidens liegt im Begehren, im Drang, mich im Wechsel von Glück und Leid, von Angenehmem und Unangenehmen zu erfahren.
3. Die Wahrheit vom Vergehen des Leidens. Freiheit vom Verlangen zu existieren erfordert, sich von diesem Durst ganz und gar abzuwenden und ihm zu entsagen.
4. Die Wahrheit vom Weg, der zur Freiheit vom Unglücklichsein führt.[5]

Der Schlüssel zu all dem liegt, wie Buddha in seinen vielen späteren Lehrreden immer wieder ausführt, in der Erforschung des Ich. Schließlich leide *ich* unter der Vergänglichkeit, an der *ich* zugleich hänge und die *ich* nicht loslassen mag. Wer also könnte sich davon befreien, wenn nicht *ich? Ich* muss mich irgendwie davon distanzieren – doch wie? Eben durch den von Buddha vorgeschlagenen Achtfachen Pfad. Es ist der Weg der Mitte in seinen verschiedenen Aspekten. In jedem Fall lässt er *mir*, dem Ego, das sich von dem Hin und Her zwischen den Extremen geradezu ernährt, keinen Spielraum. Und immer wieder stellt sich die Frage: Wer oder was bin ich? Bin ich wirklich? Jetzt?

Buddha fordert uns auf, nach einem Ich zu suchen und genau zu prüfen, ob und wo es dieses Ich gibt. Was im Körper, in den Gedanken und Gefühlen zeigt auf sich, gibt sich als Ich zu erkennen? Wo ist dieses Ich, mit dem wir uns ständig selbst meinen? Wenn sich alles, was überhaupt beobachtet werden kann – das Lesen dieser Wörter, das Atmen, das Gefühl zu sein –, tatsächlich in der eigenen Erfahrung als «ich-loser» Prozess erweist, bleiben zwei Fragen: Worin, in welchem Raum geschieht das? Wer oder was ist sich dessen bewusst?

Buddha wurde oft gefragt: «Gibt es Brahman, das Absolute?» Doch was nutzte es dem Fragenden, wenn ihm mit Ja oder Nein geantwortet wurde? Zur Wahrheit können keine Spekulation und kein Glaube führen, sondern nur die eigene Erfahrung. Hier kommt die «rechte Versenkung» ins Spiel. Sie besteht aus «acht Vertiefungen», die durch beharrliches Üben in immer tiefere Ebenen des Bewusstseins führen. Schon auf der zweiten Stufe wird erkannt, dass Glück und Frieden nicht von äußeren Faktoren abhängen. Weist das nicht die Richtung? Ich versinke in das Sein, das ich bin. Die Gedanken und Sorgen, die um mich als Person kreisen – was ich zu tun und zu lassen habe –, bleiben wie auf der Oberfläche eines Sees als Schaum zurück. Das bin ich nicht! Spontan entsteht ein Empfinden von Erleichterung und Freiheit. Diese innere Freude hat keine äußere Ursache. Und da steigt ein Entzücken auf, verbunden mit dem inneren Wissen: Hier geht es endlos tiefer![6]

Buddha bedient sich der Methode der Negation, des Neti-Neti der *Upanishaden*. Er vermeidet die Bestätigung «DAS bist du!», Tat Tvam Asi. Das unterscheidet ihn von einem Advaita-Lehrer wie Ashtavakra, der zu seinem Schüler Janaka sagt: «Du bist DAS, was alles sieht.» Buddha würde Janakas ekstatische Erkenntnis «Ich bin Brahman» möglicherweise hinterfragen. Wer oder was ist dieses Ich, wer oder was ist Brahman?

Auf dieser Ebene radikaler Selbsterforschung, die jede Ich-Idee hinterfragt, ist Buddha als überaus weiser und zugleich pragmatischer Advaita-Meister wohl kaum zu übertreffen. Seine berühmtesten Unterweisungen wie etwa das *Herz-Sutra* («Form ist Leere, und Leere ist Form») gehören in die Kategorie reinste Nicht-Dualität.

Im Laufe seiner jahrzehntelangen Tätigkeit als Lehrer, Ordensgründer und -leiter stellte Buddha jedoch auch unzählige Regeln zur rechten Lebensweise auf. Was ein Mönch besitzen darf, wie er betteln, gehen, reden, denken soll. Das war nötig, damit sich die

Lehre überhaupt verbreiten konnte. Doch alle Regeln der Lebensführung betreffen nicht den Kern. Das hatte Buddha ja an seiner eigenen Suche erfahren. Er wusste es. Und er wusste auch, wie der Verstand im Dienste des illusionären Ich funktioniert. Das Machbare wird zur Hauptsache. Das Ego sagt: «Wenn ich mich an die Regeln halte, vier Stunden am Tag meditiere, nur eine Bettelschale mein Eigen nenne – ja, dann bin ich auf dem richtigen Weg zum Glück. Dann wird es mir wirklich gut gehen.»

Es kommt nicht so sehr darauf an, wie dieser Weg im Detail definiert wird – ob mit oder ohne Bettelschale. Die Frage ist: Kann es überhaupt einen Weg zum Erwachen, zur Wahrheit geben? Buddhas Antwort (noch einmal):

> Das Leiden gibt es, doch kein Leidender ist da. Die Taten gibt es, doch kein Täter findet sich. Erlösung gibt es, doch nicht die erlöste Person. Den Pfad gibt es, doch keinen Wanderer sieht man da.

Dieser Ausspruch ist nach unserer herkömmlichen Logik widersprüchlich oder widersinnig. Wenn es keine erlöste Person gibt, welchen Sinn hat dann überhaupt «Erlösung»? Was soll ein Weg, auf dem niemand geht? In gewisser Weise nimmt Buddhas Satz (von Ramesh Balsekar immer wieder als Quintessenz von Advaita angeführt) jene Zen-Koans vorweg, die mehr als eintausend Jahre nach Buddha von chinesischen und japanischen Meistern verwendet wurden. Es hat wenig Nutzen, darüber zu diskutieren. Eine solche Aussage ist eher wie eine wissenschaftliche Versuchsanordnung. Hier wird Sprache als Auslöser für Erkenntnisse (bzw. Ergebnisse) benutzt, die jenseits der Verstandesebene geschehen. Als würde der Verstand in eine bestimmte Schwingung versetzt – vergleichbar Metalldrähten, die mit Strom geladen werden –, um zu sehen, was dann geschieht.

Buddhismus und Advaita-Vedanta in heutigen Satsangs

Der Erkenntnisaspekt im Buddhismus entspricht in etwa dem Jnana-Yoga der *Bhagavad-Gita* und des Advaita-Vedanta. Doch der Buddhismus verbreitete sich im Osten wie im Westen vor allem dadurch, dass Buddha als Ideal verehrt wurde. Er wurde zu einer Erlöserfigur wie Krishna und Christus. Dies entspricht dem Weg der Hingabe, Bhakti-Yoga. Und zugleich wird mit dem Vorbild auch der dritte klassische Aspekt, der Weg des rechten Handelns (Karma-Yoga), in Erinnerung gerufen. Wir sollten uns bemühen, so bewusst und mitfühlend zu handeln wie der Buddha und ihn, wenn wir es nicht können, zumindest um Vergebung bitten und darum, uns die Kraft zu geben, gemäß seiner Lehre zu leben.

In den Unterweisungen (Satsangs) westlicher Advaita-Lehrer spielt allerdings weder die hinduistische noch die buddhistische Tradition eine ausdrückliche Rolle. Eine Ausnahme ist Pyar Troll, die wohl zurzeit bekannteste deutsche Satsang-Lehrerin. Sie zitiert und interpretiert in ihren Satsangs und Retreats immer häufiger und ausführlicher klassische Texte vor allem aus der buddhistischen Tradition, aber auch aus dem Taoismus, dem islamischen Sufismus und der christlichen Mystik. Dabei lässt sie sich zwangsläufig auf jene Frage ein, die heute im Zentrum der Satsang-Bewegung in der Auseinandersetzung mit allen spirituellen Traditionen steht: Kann es überhaupt einen Weg geben? Steht nicht genau diese Idee, dass «ich» etwas tun muss, ja überhaupt tun kann, der Erkenntnis im Wege, dass ich hier und jetzt bereits DAS bin? Buddhas Antwort ist ebenso umfassend wie einfach: «Es gibt einen Weg, doch einen Wanderer sieht man da nicht.»

Tatsache ist, unser individuelles Leben verläuft in der Zeit, inklusive der Suche nach der Wahrheit. Jede Kontemplation und Meditation geschieht in der Zeit. Und irgendwann, im Laufe dieser Zeit, kommt plötzlich die Erkenntnis: «Es gibt niemanden, der irgendetwas tut. Da ist kein Wanderer, kein Suchender. Es hat diese Person ‹Ich› nie gegeben.» Alles läuft weiter. Tun, entscheiden, reden, denken, fühlen, meditieren. Doch nun hat sich die zeitlose Dimension offenbart, in der all dies scheinbar geschieht. Sie ist mit Worten nicht zu erfassen. Man mag sie Selbst (Atman) oder Leere (Shunyata), Gott oder reines Bewusstsein nennen – der Verstand kann DAS nicht ergreifen.

6 Judaismus, Christentum, Islam: *Der eine Gott*

Das Alte Testament: «Ich bin, der ich bin.»

Christentum und Islam basieren, zumindest religionsgeschichtlich gesehen, auf der jüdischen Religion. Der Gott des Alten Testaments ist auch der, auf den sich der Jude Jesus bezog, als er sagte: «Ich und der Vater sind eins.» Es ist der biblische Gott, den Christen im Gebet mit «unser Vater» anreden. Seine Herrlichkeit und Allmacht verkünden die Propheten, deren letzter und bedeutendster dem Islam zufolge Mohammed ist. Juden, Christen und Moslems beten also zu ein und demselben Gott. Viele Gläubige scheinen das allerdings nicht zu wissen. Wie ist es sonst zu erklären, dass sie sich gegenseitig hassen?

In den Büchern Moses, der heiligen Thora der Juden, wird Gott mit vier hebräischen Buchstaben beschrieben: JHWH, «Jachwe» ausgesprochen. Martin Luther übersetzte sie mit «Ich bin, der ich bin». Ist das nicht ein recht ungewöhnlicher Name für Gott? Vor allem, wenn man den geschichtlichen Hintergrund bedenkt. Jahwe war zunächst nur der Kriegsgott eines Stammes, einer von vielen Göttern. Er sollte sich als einziger und allmächtiger Gott durchsetzen, um die zerstrittenen Nomadenstämme zu einen.[7]

Doch für einen solchen Zweck böten sich viel griffigere Namen Gottes an, etwa «Ich bin der Unbesiegbare». Und warum überhaupt die Ichform? «Der Unbesiegbare» – das wäre ein typischer und zugkräftiger Name. Aber «Ich bin, der ich bin»? Das klingt doch reichlich abstrakt. Lässt uns das nicht aufhorchen – gerade vor dem erläuterten Hintergrund von Advaita? Sollte es sich hier um einen Versuch handeln, Gott als das Absolute ohne Eigenschaften (Brahman nirguna) darzustellen? Und das zugleich als reine Subjektivität (Atman)? Bedenken wir auch, wie Gott mit Moses kommuniziert, wie Er ihm erscheint! Jedenfalls nicht als alter, weiser Mann mit Bart. Gott ist unsichtbar. Aus einem Dornbusch, der lichterloh brennt und dabei völlig unversehrt bleibt, vernimmt Moses Gottes Stimme. Spricht der Dornbusch etwa von sich? Woher genau kommt die Stimme Gottes? Von außen? Von innen? Aus einem Raum jenseits aller Unterscheidungen?

Der biblische Gott sagt: «Ich bin, der ich bin.» Eine andere Übersetzung, die von einigen westlichen Advaita-Lehrern verwendet wird, lautet: «Ich bin das ICH BIN.» Das «ICH BIN» steht hier für reines Gewahrsein. Der indische Weise Ramana Maharshi führte diesen Bibelsatz mehrmals als die Essenz von Advaita an. Was wäre, wenn «ICH» sich hier tatsächlich auf mich selbst – als Atman – bezieht? Vergleichbar etwa der *Bhagavad-Gita*, wo Krishna von sich spricht und zugleich den Atman meint, der die Essenz jedes Wesens ist? Sollten westliche Theologen die ungeheure Tragweite und Konsequenz des Satzes «Ich bin der (das) ICH BIN» erkannt haben, so ist dies jedenfalls bisher nicht an die Öffentlichkeit gedrungen.[8]

Martin Buber (1878–1965), der wohl bedeutendste jüdische Theologe des 20. Jahrhunderts, geht immerhin so weit, im «Ich» Jahwes die Aufforderung zum Dialog zwischen Gott und Mensch zu sehen. Gott sagt «Ich ...» und wird damit für uns Menschen zum Du, zum Dialogpartner. Ein persönliches Gegenüber.[9]

Die Advaita-Interpretation geht darüber hinaus. Juden, Christen und Moslems mag es als Gotteslästerung und Religionswissenschaftlern als haltlose Spekulation erscheinen, doch Advaita sagt: Ich und Du, eine solche Dualität, kann niemals die höchste Wahrheit sein.

Das Neue Testament: «Ich bin der Weg, die Wahrheit und das Leben.»

Wie kommt Jesus dazu, so etwas zu behaupten? Wie kann er – ein vergänglicher Mensch – sich erdreisten, sich selbst als das Absolute anzupreisen? Und es sind ja weitere Aussprüche von ihm überliefert, die nach den damaligen jüdischen Gesetzen als Gotteslästerung gewertet und mit der Kreuzigung bestraft wurden: «Ich und Gott Vater sind eins» oder «Ich bin, bevor Abraham war».

In der hinduistischen Advaita-Tradition sind solche Sätze nichts Besonderes. Mir ist kein Fall bekannt, bei dem jemand wegen derartiger Aussprüche in Indien zum Märtyrer geworden wäre. Die Geschichte der Religionen, die aus dem Alten Testament mit seinem «Ich bin, der ich bin»-Gott erwuchsen, ist dagegen voll von Heiligen, die zu Tode gequält wurden. Warum? Eben weil sie die Erkenntnis zum Ausdruck brachten: «Ich bin das ICH BIN» – «Ich bin DAS».

«Ich» ist der wohl am meisten missverstandene Begriff überhaupt. In der Regel meint der Sprecher damit sich als jemanden, der etwas erfährt oder tut (in der Vergangenheit, Gegenwart oder Zukunft). In einigen Ausnahmefällen – zu denen die gotteslästerlichen Aussprüche von Jesus gehören – meint er sich als das zeitlose, überpersönliche Gewahrsein. In beiden Fällen wird er von anderen als Objekt wahrgenommen: «Der spricht von sich, nicht von mir.» Bei einem Satz wie «Ich habe Bauchschmerzen» ist das richtig. Bei «Ich bin das ICH BIN» oder «Ich bin die Wahrheit» gilt eine andere Logik. Hier bedeutet Verstehen, das Ich auf mich als Subjekt zu beziehen. In diesem Sinne sagte der australische Advaita-Lehrer Barry Long:

> Wenn ich «ich» sage, projiziere dein Ich nicht auf mich, den Sprecher – mache Ich nicht zum Objekt. Ich ist ausschließlich in dem Körper, der jetzt diese Worte hört oder liest. Ich bin das Eine und Einzige, was als «die Vielen» erscheint. Ich komme von innen, vor jeglichem Objekt oder Körper. Seit Anbeginn der Zeit bin ich bestrebt, von innen in diesen und in jeden Körper zu kommen und ihn von meiner außergewöhnlichen Präsenz zu unterrichten.[10]

Jesus erkennt, was «Jahwe» – «Ich bin das ICH BIN» – wirklich bedeutet. Er macht Gott nicht zum Objekt, wie alle anderen. Er wird von der Präsenz des «ICH BIN» erfasst. Die Person verschwindet darin. Und doch gibt es bis zu seinem Tod am Kreuz immer beide Ebenen des Ichs, die menschlich-individuelle und die göttlich-universale. Unzählige haben wie Jesus «mich dürstet» gesagt. Dennoch ist das keine allgemein gültige, sondern eine menschlich-individuelle Wahrheit, eine vorübergehende Erfahrung. Dagegen ist «Ich bin der Weg, die Wahrheit und das Leben» immer wahr, unabhängig von Jesus. Denn hier ist das «Ich bin» universal gemeint im Sinne von: «Das ICH BIN ist der Weg, die Wahrheit und das Leben».

Bis heute wird die christliche Botschaft ganz anders verstanden. Jesus ist «Der Erlöser», ein Objekt. Der einzige Sohn Gottes. Selbst wer dabei an ein «Christusbewusstsein» denkt, trennt noch zwischen sich und einem besonders hohen Bewusstsein außerhalb seiner selbst.

Die Wahrheit des «ICH BIN» ist die Advaita-Essenz im Alten und im Neuen Testament. Im Alten Testament wird der Aspekt des Einen gegenüber dem Vielen betont, im Neuen die Intimität und Liebe, die durch die Erkenntnis der Einheit mit Gott, mit Allem, fühlbar und im täglichen Leben wirksam wird.

Christliche Mystik: Von der wahren Armut

In der Geschichte des Christentums entbrannten immer wieder heftige Debatten um folgende Frage: Worauf muss jemand, der Christus nachfolgt, verzichten? Immerhin wanderte Jesus (wie Buddha) ohne Einkommen oder Besitz umher. Wer sich an materielle Güter klammerte oder gar Geschäfte im Tempel betrieb, hatte bei ihm keine guten Karten. «Eher gelangt ein Kamel durch das Nadelöhr (gemeint ist das kleine Stadttor für Fußgänger neben dem großen für Kamelkarawanen) als ein Reicher ins Himmelreich!»

Die Kirche und ihre Repräsentanten waren im mittelalterlichen Europa reich und mächtig. Wer immer sie daran erinnern wollte, dass Jesus Besitzlosigkeit gelehrt hatte, wurde als Häretiker und Abweichler bekämpft. Franz von Assisi war eine Ausnahme. Es gelang ihm, einen eigenen Mönchsorden auf dem Grundsatz der Entsagung von jeglichem Besitz aufzubauen.

Doch dem heiligen Franziskus war klar: Es geht nicht darum, Reichtum abzuschaffen oder soziale Ungerechtigkeiten zu bekämpfen. Der Weg der Nachfolge Jesu ist individuell. Er bedeutet für den Einzelnen, jegliche äußere, scheinbare Sicherheit loszulassen und dem göttlichen Ruf ins Unbekannte zu folgen. Bedingungslos. Das betrifft die innere Welt, die geistige Einstellung. «Selig sind, die da geistig arm sind», sagt Jesus in seiner Bergpredigt. Ganz im Sinne jener Zen-Geschichte, in der der Meister die Teetasse seines Gastes, eines Professors, so füllt, dass sie überläuft, und dazu bemerkt: «So voll ist dein Kopf. Um die Wahrheit aufzunehmen, musst du leer werden.» Je weniger Ideen und Glaubenssätze, desto besser. Zu einer solchen «Armut im Geiste» ist das Ego grundsätzlich nicht bereit. Sie macht Angst und bedeutet die größte Herausforderung für jeden Suchenden.

Armut im Geiste – alles Wissen aufgeben, unwissend sein. Das ist das Stichwort für die christliche Mystik. Als ihr bedeutendster Vertreter gilt Meister Eckhart (1260–1328). Der Dominikanermönch machte in Paris seinen Magister (daher der Beiname «Meister»), lehrte in Paris und Köln, wurde Vorsteher («Provinzial») seines Ordens in Deutschland, durch seine leidenschaftlichen Predigten berühmt und schließlich wegen Ketzerei angeklagt.

Stellen wir uns vor: Da steht jemand auf der Kanzel im Kölner Dom und sagt:

> Ich habe neulich darüber nachgedacht, ob ich wohl von Gott etwas annehmen oder begehren wollte: Ich möchte mir das gar sehr überlegen, weil ich da, wo ich der von Gott Empfangende wäre, unter ihm oder unterhalb seiner stünde, wie ein Diener oder Knecht; er selbst aber ein Herr wäre durch sein Geben; und so soll es mit uns nicht stehen im ewigen Leben.
>
> Gott ist weder gut, noch besser, noch vollkommen. Wenn ich Gott gut nenne, so sage ich etwas ebenso Verkehrtes, als wenn ich das Weiße schwarz nennen würde.
>
> Die nach nichts trachten, weder nach Ehren noch nach Nutzen noch nach innerer Hingabe noch nach Heiligkeit noch nach Belohnung noch nach dem Himmelreich, sondern auf dieses alles verzichtet haben, auch auf das, was das Ihrige ist, – in solchen Menschen wird Gott geehrt.
>
> Alle Kreaturen sind ein reines Nichts: ich sage nicht, dass sie

> etwas Geringes oder überhaupt irgendetwas sind, sondern dass sie ein reines Nichts sind.[11]

Diese Passagen gehören zu den achtundzwanzig Sätzen Eckharts, die Papst Johannes XXII. 1329 für häretisch erklärte. Tatsächlich sind alle Predigten von Meister Eckhart von derselben radikalen Einsicht durchzogen. Dementsprechend wurde jede weitere Veröffentlichung verboten. Die Predigten kursierten noch einige Zeit anonym. Eckharts Schüler Tauler und Seuse sorgten für einen kleinen Strom deutscher Mystik, der im Laufe der folgenden Jahrhunderte zunehmend versickerte. Erst im 19. Jahrhundert wurde Eckhart wiederentdeckt.

Zu seiner Zeit waren die Menschen fasziniert von der kompromisslosen Wucht seiner Predigten. Das mag uns zu denken geben. Dieses Zeitalter war vielleicht nicht so dunkel, wie es seit der Epoche der Aufklärung dargestellt wird. Meister Eckhart lehrte Advaita, so rein und aus ureigenster Erfahrung heraus wie Yagnavalkya, Krishna, Ashtavakra, Shankara und Buddha. Die Essenz ist in seinen Predigten enthalten.[12]

Im Folgenden zitiere ich einige Auszüge aus Meister Eckharts Predigten. Sie weisen alle auf den Kern von Advaita, jene «geistige Armut», die Jesus in der Bergpredigt anspricht, das Loslassen von allem, was man zu wissen glaubt. Eckhart wusste sehr wohl, dass keine eigene Anstrengung, kein intellektuelles Verstehen zur höchsten Einsicht führen können. Er predigte trotzdem. Die Gnade Gottes kann jederzeit wirken.

> Zum ersten heißt der ein armer Mensch, der nichts will. Diesen Sinn verstehen etliche Leute nicht recht. Sie meinen, der sei ein armer Mensch, der nichts will, als den allerliebsten Willen Gottes zu erfüllen. Ein solcher Mensch hat aber nicht die Armut, von der wir reden wollen: denn er hat noch einen Willen, mit dem er dem Willen Gottes genugtun will. Und das ist nicht das Rechte. Denn wenn der Mensch wirklich arm sein will, so soll er seines geschaffenen Willens also ledig sein, wie er war, da er nicht war. Und ich sage euch bei der Ewigen Wahrheit: Solange ihr diesen Willen habt, den Willen Gottes

zu erfüllen, und etwa nach der Ewigkeit und nach Gott selbst begehrt, solange seid ihr nicht recht arm. Nur der ist ein armer Mensch, der nichts will, noch erkennt, noch begehrt.

Denn wer seinen Willen und sich selbst lässt, der hat alle Dinge so wirklich gelassen, als wenn sie sein freies Eigentum gewesen wären und er sie besessen hätte mit voller Verfügungsgewalt. Denn was du nicht begehren *willst*, das hast du alles hingegeben und gelassen um Gottes willen. Darum sprach unser Herr: «Selig sind die Armen im Geist» <Matth. 5,3>, das heißt: an Willen. Und hieran soll niemand zweifeln: Gäb's irgendeine bessere Weise, unser Herr hätte sie genannt, wie er ja auch sagte: «Wer mir nachfolgen will, der verleugne zuerst sich selbst» <Matth. 16,24>; daran ist alles gelegen. Richte dein Augenmerk auf dich selbst, und wo du *dich* findest, da lass von dir ab; das ist das Allerbeste.

Nicht gedenke man Heiligkeit zu gründen auf ein Tun; man soll Heiligkeit vielmehr gründen auf ein Sein.

Man soll Gott nicht als außerhalb von einem selbst erfassen und ansehen, sondern als mein Eigen und als das, was *in* einem ist; zudem soll man nicht dienen noch wirken um irgendein Warum, weder um Gott noch um die eigene Ehre noch um irgendetwas. Manche einfältige Leute wähnen, sie sollten Gott [so] sehen, als stünde er dort und sie hier. Dem ist nicht so. Gott und ich, wir sind *eins*. Durch das Erkennen nehme ich Gott in mich hinein; durch die Liebe hingegen gehe ich in Gott ein.

Und wenn Dionysius sagt: «Gott ist Nichts», so besagt das: irgendwelche «Dinge» gibt es bei ihm nicht! – Deshalb muss der Geist hinausschreiten über die Dinge und alle Dinglichkeit, über die Gestaltungen und alle Gestaltigkeit, selbst über das Wesen in seiner Wesensgeartetheit: dann wird in ihm aufgehen die volle Wirklichkeit der Seligkeit – die als Wesensbesitz nur zukommt der *Schaffenden Vernunft*!

Besäße ein Mensch ein ganzes Königreich oder alles Gut der Erde und gäbe das lauterlich um Gottes willen hin und würde der ärmsten Menschen einer, der irgendwo auf Erden lebt, und gäbe ihm dann Gott so viel zu leiden, wie er je einem Menschen gab, und litte er alles dies bis an seinen Tod, und ließe ihn dann Gott einmal nur mit einem Blick schauen, wie er in dieser Kraft ist: – seine Freude würde so groß, dass es an allem diesem Leiden und an dieser Armut immer noch zu wenig gewesen wäre. Ja, selbst wenn Gott ihm nachher nimmermehr das Himmelreich gäbe, er hätte dennoch allzu großen Lohn empfangen für alles, was er je erlitt; denn Gott ist in dieser Kraft wie in dem ewigen Nun. Wäre der Geist allzeit mit Gott in dieser Kraft vereint, der Mensch könnte nicht altern; denn das Nun, darin Gott den ersten Menschen schuf, und das Nun, darin der letzte Mensch vergehen wird, und das Nun, darin ich spreche, die sind gleich in Gott und sind nichts als ein Nun. Nun seht, dieser Mensch wohnt in einem Lichte mit Gott; darum ist in ihm weder Leiden noch Zeitfolge, sondern eine gleich bleibende Ewigkeit. Diesem Menschen ist in Wahrheit alles Verwundern abgenommen, und alle Dinge stehen wesenhaft in ihm. Darum empfängt er nichts Neues von künftigen Dingen noch von irgendeinem «Zufall», denn er wohnt in einem Nun, allzeit neu, ohne Unterlass. Solche göttliche Hoheit ist in dieser Kraft.[13]

Hingabe an das Absolute. Den Islam verstehen lernen

Man fragt mich immer wieder: «Weshalb lieben Sie den Islam?», und ich antworte für gewöhnlich: «Weil die Muslime Gott ernst nehmen; sie haben ein Bewusstsein dafür, dass Gott der Eine uns hier und jetzt nahe ist und dennoch nicht beschrieben werden kann, weder mit verstandesmäßigen noch mit jenseits des Verstandes liegenden Mitteln, dass er aber mit einem reinen und liebevollen Herzen erfahren werden kann …»

So schrieb Annemarie Schimmel, jahrzehntelang Professorin für Indo-Islamische Kultur an der Universität in Harvard, 1995 mit dem Friedenspreis des deutschen Buchhandels ausgezeichnet, in ihrem Vorwort zu dem Klassiker von Frithjof Schuon, *Den Islam verstehen*.[14]

Den Islam zu verstehen, erweist sich heute als politisch notwendig. Viel zu lange wurde der offene Dialog zwischen den drei westlichen Religionen vermieden. Die Wertvorstellungen und Lebensweisen von Christen und Juden im kapitalistischen Westen sind der islamischen Einstellung zutiefst zuwider. Moslems empfinden zum Beispiel die auch in ihren eigenen Ländern allgegenwärtigen TV-Werbespots mit nackten Frauen als grobe Verletzung ihrer Ethik. Sie fühlen sich von einem alles vereinnahmenden Materialismus überrannt und gedemütigt. Und sie werden vom Koran geradezu aufgerufen, sich dagegen zu wehren – durch den Dschihad, den «heiligen Krieg».

Das ist der zurzeit am häufigsten verwendete und bedrohlichste islamische Begriff. Im Koran bezieht er sich auf die Anstrengung der Gläubigen, allen Versuchungen und Anfechtungen innen und außen zu widerstehen. Die Betonung liegt auf «innen». Doch die Projektion auf äußere Feinde ist – wie wir alle aus Erfahrung wissen – stets nahe liegender und bequemer, als sich mit eigenen Emotionen wie Angst, Wut, Hilflosigkeit, Gier und Stolz auseinander zusetzen. Andererseits kämpfte Mohammed selbst auch mit dem Schwert und setzte dadurch den Islam in der Welt durch. Der berühmte Sultan Saladin bekämpfte die Kreuzritter unter dem Schlagwort Dschihad. Und nun verstehen Osama bin Laden und viele andere fundamentalistische Islamisten ihren terroristischen Kampf gegen die USA und den kapitalistischen Westen als «Neo-Dschihad».

Das Wort *Islam* bedeutet «Hingabe». Gemeint ist jedoch damit ausschließlich die Hingabe an den einen absoluten Gott. Ein Ausspruch wie Jesu «Wenn dich jemand schlägt, halte auch die andere Wange hin» hat im Islam keinen Platz. Das passt eher in den Buddhismus. Der Islam war von Anfang an eine stolze, kriegerische Religion.

Auch wenn im Koran Abraham, Moses und Jesus als Propheten

und Gesandte Gottes anerkannt und geehrt werden, sind sie nicht Gott, das Absolute. Ein realer Mensch oder ein geschichtliches Ereignis wie der Kreuzestod Jesu haben aus sich heraus niemals die Kraft, andere zu erlösen. Selbst der Prophet Mohammed kann das nicht. Im Islam gibt es weder Sakramente noch Priester wie in der christlichen Kirche. Wie könnte ein Priester die Seele durch das Sterbesakrament erlösen? Das liegt in Gottes Hand, und Er wirkt durch die Intelligenz, die Einsicht im Menschen. Nur die eigene Einsicht in das Absolute kann befreien, und diese Intelligenz ist dem Menschen von Gott mitgegeben. Der Mensch ist nicht auf Wunder, auf Gnade und Erlösung von außen angewiesen. In dieser Hinsicht gleicht der Islam den indischen Lehren der Nicht-Dualität.

Vielleicht lässt sich mit der unterschiedlichen Auffassung von Befreiung und Erlösung auch erklären, warum Moslems so viel eifriger in ihrer religiösen Praxis sind als die meisten Christen: Sie können und müssen selbst für ihr Heil sorgen – nach Gottes Plan, versteht sich.

Eine weitere Erklärung für die ungeheure Anziehungskraft des Islam mag in der Praxis des Gebets liegen. Das Gebet ist – fast wie im Hatha-Yoga – stark körperorientiert. Dazu sind saubere Kleidung, rituelle Reinigungen und eine Reihe von Körperhaltungen vorgeschrieben (Beugung, Kniefall, Sitzen). Fünfmal täglich zu den festgelegten Zeiten zu beten gehört zu den «Fünf Säulen des Islam». Die anderen vier sind: Schahada (das islamische Glaubensbekenntnis: «Ich bezeuge, dass es keinen Gott außer Gott gibt und Mohammed sein Gesandter ist.»), die Abgabe von Almosen an Bedürftige (2,5 Prozent des Einkommens), das Fasten (im Fastenmonat Ramadan) und der Hadsch (wenigstens einmal im Leben zur Kaaba in Mekka zu pilgern).

Wer mit dem ganzen Körper betet, der erdet sich, kommt aus dem Kopf heraus, ist dem Sein näher.[15] Es liegen mittlerweile viele Forschungsergebnisse über die Zusammenhänge zwischen bestimmten Körperhaltungen, Trance und religiösen Erfahrungen vor.[16] Die mystische Strömung des Islam, der Sufismus, hat die Praxis des Körpergebets besonders weit entwickelt. Der persische Dichter und Mystiker Jelaluddin Rumi (gest. 1273) begründete den Orden der tanzenden Derwische. Stundenlang drehen sich die Mönche um ihre eigene Achse und geraten so in eine Trance. Eine ähnliche Funktion hat der Zikhr, bei dem der Name Allahs ständig in Verbindung mit bestimmten Verbeugungen wiederholt wird.

Mystiker wie die Sufi-Heilige Rabia (gest. 801 n. Chr.), der Märtyrer Mansoor al-Hallaj (ermordet 922), der durch seine «Vogelgespräche» bekannte Fariduddin Attar (gest. um 1220), der berühmte Arzt Ibn ʿArabi (gest. 1240) oder eben auch Rumi hinterließen mit ihren Parabeln und Gedichten Zeugnisse von purem Advaita. Ihre Erkenntnis sprengten sicher den traditionellen Rahmen des Islam, so wie Meister Eckhart den Rahmen des offiziellen Christentums weit überschritt. Doch sie sahen keinen Grund, etwas gegen die Religionsgründer Mohammed oder Jesus zu sagen. Lassen wir zum Abschluss dieses Kapitels ein Gedicht von Rumi auf uns wirken.

DU und ICH
Herrlich ist der Augenblick,
in dem wir im Palast sitzen,
du und ich;
zwei Gestalten,
zwei Gesichter,
aber nur eine Seele,
DU und ICH.
Und die Blumen werden aufstrahlen,
und die Vögel werden rufen
und uns mit Unsterblichkeit überschütten
in dem Augenblick,
in dem wir den Garten betreten,
DU und ICH.
Welch ein Wunder,
du und ich,
eine Liebe,
ein Liebender,
ein Feuer,
DU und ICH.

⋆

Liebende finden sich nicht
irgendwann, irgendwo –
sie sind die ganze Zeit ineinander.

⋆

Die Stille bedeutet mehr
Als tausend Leben,
und diese Freiheit ist mehr wert
als alle Reiche der Welt.
Die Wahrheit in sich selbst erblicken,
für einen Augenblick,
gilt mehr als alle Himmel,
mehr als alle Welten,
mehr als alles, was es gibt.

⋆

Im Innern dieser neuen Liebe, stirb. Dein Weg beginnt auf der anderen Seite.
Werde der Himmel. Richte die Axt wider die Gefängniswand. Entkomme.
Tritt ins Freie, wie jemand, der plötzlich in Farbe geboren wird.
Tue es jetzt. Du bist von dichten Wolken eingehüllt.
Stiehl Dich seitlich hinaus. Stirb und sei still.
Stille ist das sicherste Zeichen, dass Du gestorben bist.
Dein altes Leben war eine fieberhafte Flucht vor der Stille.
Der sprachlose Vollmond kommt eben jetzt hervor.[17]

III

WESTLICHE PHILOSOPHIE DES BEWUSSTSEINS

7 Höhle und Matrix

Gebannt sahen die Zuschauer auf die Schattenfiguren, die sich vor ihnen hin und her bewegten. Dass sie selbst mit Seilen gefesselt waren und nicht einmal den Kopf drehen konnten, fiel ihnen nicht unangenehm auf. Sie kannten nichts anderes. Es war immer so gewesen.

Eines Tages wurde einer von ihnen von seinen Fesseln befreit. Mühsam stand er auf und blickte sich um. Was er sah, verwirrte ihn, machte zunächst überhaupt keinen Sinn. Da brannte ein helles Feuer, das ihn blendete. Davor bewegten sich Leute, die unterschiedliche Gegenstände hochhielten. Ihre Schatten waren verschwommen auf der Höhlenwand zu sehen. Den gefesselten Zuschauern erschienen sie als die einzige Wirklichkeit. Allmählich dämmerte es dem Befreiten, welch ein Schauspiel, welch ein Betrug hier ablief.

Doch nicht genug damit. Man führte ihn aus der Höhle hinaus. Es wurde immer heller. Das Licht tat seinen Augen weh. Alles erschien ihm fremd. Er hatte Angst und wäre am liebsten an seinen alten Platz in der Höhle zurückgekehrt. Doch als er draußen die Sterne, den Mond und schließlich die Sonne erblickte, sich allmählich an die unvorstellbare Helligkeit gewöhnt hatte, war seine Art zu sehen so völlig anders, dass er niemals mehr dort unten in der Dunkelheit leben wollte.

Doch irgendwann überwog sein Mitgefühl. Er wollte seinen früheren Leidensgenossen helfen, sie über ihre missliche Lage aufklären und aus der Höhle herausführen. Der Weg zurück war beschwerlich. Nun konnten sich seine Augen nicht an die Dunkelheit anpassen. Er tappte umher wie ein Blinder. Das, wovon er sprach, kam den anderen völlig verrückt vor. Sie wurden sogar wütend. Sie wollten in Ruhe gelassen werden …

Dies ist das berühmte Höhlengleichnis, das Sokrates seinem Schüler Glauko erzählte und das Platon im siebten Buch seiner *Politeia*, der Lehre vom idealen Staat, übermittelte.[1]

Platon geht es darin vor allem um die richtige Erziehung und Bildung. Er unterscheidet in seiner Philosophie zwischen der sinnlich wahrnehmbaren vergänglichen und der «intelligiblen» unvergänglichen Welt der Ideen. Alles, was sich in der Höhle abspielt, gehört in den relativen Bereich der Wahrnehmung. Der Schritt des Sich-Umdrehens enthält die Erkenntnis, dass wir die Dinge so deuten, wie es vorgegeben ist – von der Gesellschaft, der Sprache, unseren Konditionierungen.

Was draußen ist (Sterne, Mond und Sonne), repräsentiert die unveränderliche Wahrheit. Die Sonne steht für die eine Idee des Guten. Sie wirkt sich auf alles aus, auf jede Tat des Menschen. Ein Lehrer, der mit der verantwortungsvollen Aufgabe der Erziehung (zum Guten) beauftragt ist, sollte das Gute selbst in seinem unvergänglichen Wesen geschaut haben. Das ist – wie das Höhlengleichnis verdeutlicht – mit erheblichen Risiken und Opfern verbunden. Wer als Lehrer, der die Wahrheit geschaut hat, in die dunkle Welt der Menschen zurückkehrt, riskiert sein Leben. Platons Lehrer Sokrates war dafür ein berühmtes Beispiel: Er wurde wegen Aufwiegelung der Jugend zum Tode verurteilt.

Bis heute gilt Sokrates als Vorbild, als Ideal des aufrechten, kompromisslosen und zugleich von Mitgefühl getragenen Philosophen, als echter Freund *(philos)* der Weisheit *(sophia)*. Sein Ausspruch «Ich weiß, dass ich nichts weiß» wurde vom Orakel in Delphi als Ausdruck höchster Weisheit gewürdigt. Und seine Aufforderung «Erkenne dich selbst» steht immer noch über dem Eingang deutscher Gymnasien. Jeder bedeutende westliche Philosoph kannte Platons Werke, in denen die Gespräche zwischen Sokrates und dessen Schülern wiedergegeben sind.

Das Höhlengleichnis ist für die westliche Philosophie von ähnlicher Tragweite und Bedeutung wie Shankaras Gleichnis von der Schlange und dem Seil für die indische. Es ist zwar etwas komplizierter, weil es über den Aspekt der Erkenntnis hinaus auch den der Vermittlung, der Lehre und Erziehung enthält. Doch offensichtlich gibt es Parallelen.

Zunächst geht es darum, eine grundsätzliche Täuschung oder Illusion aufzudecken. Die Dinge sind nicht so, wie sie scheinen. Wir können unserer Wahrnehmung nicht trauen. Im Höhlengleichnis ist sie sogar von außen, von anderen, manipuliert. Gewisse Leute scheinen ein Interesse daran zu haben, uns etwas vorzumachen.

Hier kommt die Politik ins Spiel. Dieser Aspekt ist angesichts der immer subtileren und psychologisch wirksameren Beeinflussung durch die Medien und der kommerziellen Werbung unserer Zeit zu einem dringlichen Thema geworden, dem sich auch einige hervorragende Spielfilme widmeten. In Rainer Werner Fassbinders *Welt am Draht* beispielsweise entdeckt der Held, dass er in einer elektronischen Scheinwelt lebt. Sie wird von mächtigen Konzernbossen gesteuert. Ganz ähnlich ist das Szenario in dem fünfzehn Jahre später entstandenen, amerikanischen Kultfilm *Matrix*. Hier halten intelligente Maschinen die Menschen in einer virtuellen Welt gefangen. Beide Filme folgen in ihrer Grundidee und Dramaturgie Platons Höhlengleichnis.[2]

Millionen Menschen verbringen täglich mindestens sechs Stunden vor dem Fernseher. Die Unterhaltungsindustrie arbeitet fieberhaft daran, die Illusion immer realistischer zu gestalten. Mit der atemberaubend schnellen Entwicklung der Computertechnologie rückt das Leben in einer virtuellen, eigenhändig programmierten Wirklichkeit verführerisch nahe. Das Paradies auf Erden, Sex mit dem Traumpartner, Luxus im Überfluss, vielleicht auch ein kleines Abenteuer per Zufallsgenerator, damit es nicht zu langweilig wird. Was Aldous Huxley in seinem berühmten Roman *Schöne neue Welt* noch als Albtraum beschwor, erscheint heute vielen als erstrebenswertes Glück.

Deshalb ist das Höhlengleichnis aktueller denn je. Es soll ja darauf hinweisen, dass nur die Wahrheit hinter allen Erscheinungen zur Freiheit und zum wahren Glück führt. Alle großen Philosophen des Westens haben sich um diese Erkenntnis bemüht, etliche unter Einsatz ihres Lebens. Sie forschten und dachten allerdings unter ganz anderen Voraussetzungen als die Weisen Indiens.

Abgesehen von wenigen Ausnahmen (wie Arthur Schopenhauer) kannte keiner die indische Tradition. Auch die Mystik eines Meister Eckhart war kein Thema. Descartes, Berkeley, Hume, Kant, Schopenhauer, Nietzsche und Husserl, all die Philosophen, mit deren Fragen und Einsichten wir uns im Folgenden befassen wollen, gelten weder als «Erleuchtete» noch als Advaita-Lehrer.

Doch in ihrer Art zu denken sind sie uns näher als die indischen Heiligen. Wir werden sehen, dass sie uns immer wieder an den Punkt führen, wo wir selbst denken müssen und ganz auf unsere eigene Einsicht angewiesen sind. Wir erleben, dass Denken etwas Kreatives sein und zur Erkenntnis führen kann.

Kurs im Zweifeln (1): René Descartes

Jeder kennt den Satz «Ich denke, also bin ich» *(Cogito ergo sum)*. Er stammt von dem französischen Philosophen, Mathematiker und Physiker René Descartes (lat. Renatus Cartesius, 1596–1650). Sein Denken schlug eine Brücke vom gläubigen «scholastischen» Mittelalter zur kritisch-rationalen Neuzeit und beeinflusste die Philosophie der folgenden Jahrhunderte stark. Einerseits wollte Descartes die Philosophie zur Basis der (Natur-) Wissenschaften machen und von allen metaphysischen Spekulationen befreien. Dazu setzte er die Methode des radikalen Zweifels ein. Andererseits hielt er an den Gottesbeweisen fest und wollte es den Theologen seiner Zeit recht machen (dennoch setzten sie seine Werke auf den Index).

Wir wollen uns in diesem Buch auf das viel diskutierte «Ich denke, also bin ich» konzentrieren, dabei aber alle uns bekannten Meinungen über diesen Satz einmal beiseite lassen und (anhand des Textes selbst) fragen: Wie ist Descartes auf diesen Satz gekommen? Was ist daran so außergewöhnlich? Welche Konsequenzen ergeben sich daraus? Hat er auch Bedeutung für Advaita und die spirituelle Suche?

Der Satz «Ich denke, also bin ich» hat seine philosophische Basis in Descartes' Hauptwerk, *Meditationen über die Erste Philosophie*. Der theologischen Fakultät der Pariser Universität Sorbonne gewidmet, erschien es 1641 auf Lateinisch und wurde später um Fragen von Theologen und Descartes' Antworten darauf erweitert. Der Denker wollte darin zu einer Erkenntnis gelangen, die prinzipiell unbezweifelbar ist. Sie sollte die Grundlage der Philosophie und aller Wissenschaft sein. Das Werk wurde jedoch nicht so geschrieben, wie man es von einem Logiker erwarten würde. Es ist das subjektiv gehaltene Tagebuch eines Menschen, der ein Experiment mit sich selbst durchführt und die dabei auftauchenden Empfindungen, Überlegungen und Zweifel beschreibt. In dieser formal-logisch kaum zu erfassenden Form der Selbsterforschung liegt – wie ich glaube – die bis heute aktuelle Herausforderung von Descartes' Meditationen.

Die erste der insgesamt sechs Meditationen ist überschrieben mit «Was wir bezweifeln können». Unzählige Meinungen haben wir ungeprüft übernommen. Descartes bekennt freimütig, nun, da sein Leben äußerlich halbwegs gesichert sei, wolle er endlich einmal mit allen Überzeugungen aufräumen und ganz aufrichtig überprüfen, was wirklich stimme. So viele Ideen haben sich als falsch erwiesen. Jede einzelne übernommene Meinung zu bezweifeln, würde allerdings endlos dauern. Man muss sie auf ihre Basis zurückführen. Letztlich gründen alle Vorstellungen und Ideen auf Wahrnehmungen. Also sollte ich überprüfen, was gerade, in diesem Moment, gegeben ist, das heißt, was die Sinne vermitteln. Doch sind sie verlässlich?

Dass ich gerade dieses Buch lese, ist doch wohl nicht zu bezweifeln, oder? Descartes wendet ein, das könnte auch eine Sinnestäuschung, eine Halluzination oder ein Traum sein. Im Traum bin ich ebenso überzeugt von der Wirklichkeit des Erlebten wie jetzt, da ich glaube, wach zu sein. Nun, *was* ich erlebe, mag geträumt sein, aber *dass* ich etwas erlebe, ist wohl unbestreitbar. Aber woher kommen die Vorstellungen und Eindrücke? Vielleicht macht mir ein böser Geist nur vor, ich würde irgendetwas erfahren, und da ist in Wirklichkeit nichts!

Selbst das sei als Möglichkeit zugestanden. Doch setzt das nicht immer noch voraus, dass es da jemanden geben muss, der von dem «bösen Geist» überzeugt oder überredet wird? Und eigentlich ist es ja nicht nötig, irgendetwas – sei es ein Geist oder Gott – als Schöpfer der Gedanken anzunehmen. Warum sollte ich nicht selbst dieser Schöpfer sein? In jedem Fall bin ich es, der denkt, sich etwas vorstellt und zweifelt.

> So komme ich schließlich zu dem Beschluss, dass dieser Satz: «Ich bin, ich existiere», so oft ich ihn ausspreche oder in Gedanken fasse, notwendig wahr ist.[3]

Hier glaubt Descartes, nach seinem Zweifel den unbezweifelbaren Satz gefunden zu haben. «Ich bin» ist notwendig wahr, sofern der Satz gedacht oder ausgesprochen wird. Ist das nicht auch die Quintessenz von Advaita? In der Advaita-Philosophie gilt das «Ich bin» als einzige unmittelbar gewisse Wahrheit. So sagt Ramesh Balsekar ganz im Sinne seines Lehrers Nisargadatta Maharaj: «Ich bin» sei das Einzige, das ich unmittelbar wissen könne, unabhängig von allen Konzepten. Also auch ohne jeden Gedanken.

Descartes hat wohl die einzigartige Gewissheit dieses «Ich bin» intuitiv erkannt: «Für mich selbst weiß ich unbezweifelbar – selbst wenn alles nur Traum ist – ich bin!» Doch lässt sich darauf eine objektive Wissenschaft gründen? Irgendwie muss dieses «Ich bin» in eine Form gebracht werden, die nicht nur eine subjektive Gewissheit ausdrückt, sondern allgemein logisch gültig ist.

Descartes will dies mit seinem eigenartigen Zusatz erreichen, das «Ich bin» müsse gedacht oder ausgesprochen werden. Dies ist ein für seine Zeit außergewöhnlicher Versuch, Sätze auf die Ebene der Handlung zu bringen. Die Grundidee dahinter können wir ganz einfach nachvollziehen, indem wir «Ich bin» verneinen. Bestreiten wir vehement unsere Existenz! «Ich existiere nicht!» «Nein, es gibt mich nicht!» Wir können hundertmal denken oder sagen «Ich bin nicht». Und was beweist das? Dass ich nicht existiere? Doch wohl genau das Gegenteil! Darauf baut Descartes' *Cogito ergo sum*. Selbst wenn ich an meiner Existenz zweifele, beweist gerade dieser Zweifel (als ein Akt des Denkens bzw. Sprechens), dass ich bin.

In weiteren Meditationen versucht Descartes, die Existenz Gottes und die der Außenwelt zu beweisen. Er unterscheidet zwischen Geist (der denkenden Substanz) und Materie (der ausgedehnten Substanz). Zwar sollen beide «Substanzen» von Gott erschaffen worden sein, doch ob und wie sie sich gegenseitig beeinflussen, bleibt vorerst eine ungeklärte Frage. Die Kluft zwischen mir als Geist, der ja im Prinzip ohne Körper denken kann, und dieser seltsamen Körper-Maschine, in welcher der Geist irgendwie existiert, scheint unüberbrückbar. Die Eigenschaften von Geist (Seele) und Materie (Körper) schließen sich gegenseitig aus. Nur ein Beispiel: Der Körper hat ein Gewicht, Gedanken nicht.

So beschwört Descartes einen Dualismus herauf, der nicht nur die Philosophen der Folgezeit beschäftigte, sondern sich bis heute in den Wissenschaften und in unserem allgemeinen Verständnis ausgewirkt hat. Erst allmählich erkennen beispielsweise Schulmediziner an, dass der Körper keine reine Maschine ist, sondern durchaus von unserem Denken und Fühlen beeinflusst wird – sowohl beim Erkranken als auch bei der Genesung.

Descartes' Methode des Zweifels ist logisch unabhängig vom kartesianischen Dualismus. Sie ist für sich genommen ein wunderbares Werkzeug der Wahrheitssuche und inspirierte bedeutende Philosophen dazu, noch radikaler zu fragen. Auf zwei von ihnen möchte ich kurz eingehen.

Kurs im Zweifeln (2): Berkeley und Hume

Wir erinnern uns: In seiner ersten Meditation fragte Descartes, ob nicht alles, was er gerade erlebe, ein Traum sein könne. Und er kam zu dem Schluss: «Ja, tatsächlich, ich wüsste nicht zu sagen, woran ich den Unterschied zwischen Traum und Wirklichkeit erkennen könnte.»

An eben diesen Punkt des Zweifels begab sich fast einhundert Jahre später der irische Bischof George Berkeley (1685–1753). Er zählt neben John Locke (1632–1704) und David Hume (1711–1776) zu den drei berühmten «englischen Empiristen». Sie wollten nur die unmittelbare Erfahrung als Wahrheit gelten lassen – im Gegensatz zu den drei großen «kontinentalen Rationalisten» Descartes, Spinoza (1632–1677) und Leibniz (1646–1716), denen die Vernunft als Maßstab galt.

Berkeley wollte sicherstellen, dass Gott nicht «wegrationalisiert» wurde. Die Naturwissenschaften schienen mittlerweile alles mit ihren mechanistischen Gesetzen erklären zu können, von der Bewegung der Himmelskörper bis zu den mikroskopisch kleinen Zellen im menschlichen Körper. Einige «Materialisten» wollten sogar Gedanken als rein physikalische Abläufe begreifen. Berkeleys Gegenentwurf war entsprechend radikal: «Sein ist wahrgenommen werden.»[4]

Ist es nicht erstaunlich, wie unterschiedlich ein und dieselbe Ausgangsposition interpretiert werden kann? Während sich Descartes bemühte, nach seinem «Traum-Experiment» die Existenz der physikalischen Welt zu beweisen, erklärte Berkeley kurzerhand: Es gibt keine Außenwelt, keine äußere Wirklichkeit. Es gibt nur das, was ich im Moment erlebe und empfinde. Alle Eigenschaften, die wir den Dingen zuschreiben, sogar ihre Ausdehnung, ihr Gewicht, ihre Härte, gründen auf Empfindungen. Die gesamte äußere Welt ist aus «Sinnesdaten» zusammengesetzt. Und die kommen von Gott, der sie in unserem Bewusstsein entstehen lässt. Selbst Raum und Zeit existieren nicht unabhängig von unserem Bewusstsein. Wir leben tatsächlich in einem Traum – in Gottes Traum.

Der norwegische Philosophielehrer Jostein Gaarder machte nicht zufällig Berkeley zum überraschenden Wendepunkt in seinem berühmten Philosophiegeschichtsroman *Sofies Welt*. «Sind wir wirkliche Menschen aus Fleisch und Blut? Besteht unsere Welt aus wirklichen Dingen – oder sind wir nur von Bewusstsein umgeben?», fragt Lehrer Alberto seine Schülerin Sofie.

> Wir können nicht wissen, ob unsere äußere Wirklichkeit aus Schallwellen oder aus Papier und Schrift besteht. Berkeley zufolge können wir nur wissen, dass wir aus Geist bestehen.[5]

Sofie und Alberto erscheinen nun (nach dem Stichwort «Papier und Schrift») dem verblüfften Leser als Figuren in einem Buch, das ein liebender Vater seiner Tochter Hilde als Geschenk zum 15. Geburtstag geschrieben hat. Im Roman geschieht ein Sprung, ein Wechsel der Ebenen. Was uns vorher wirklich erschien, wird nun zweifelhaft. Das ist genial gemacht. Denn es wirft den Leser (an der Schnittstelle von Descartes und Berkeley) auf sich selbst zurück. Er fragt sich unwillkürlich: Träume ich, oder bin ich wirklich?

Natürlich bestehen wir nicht aus Papier und Schrift. Das ist nur eine Parabel dafür, dass wir – laut Berkeley – Figuren in Gottes Traum sind. An dem, was wir in dieser Welt erleben, ändert sich überhaupt nichts. Wir verbrennen uns weiterhin an der Herdplatte, bleiben Menschen aus Fleisch und Blut. Alle Empfindungen sind real. Doch jede Spekulation über eine Welt außerhalb unseres Bewusstseins oder Erlebnishorizonts wird überflüssig. Die Dualität von physikalischer und geistiger Welt scheint verschwunden. Entspricht das nicht genau dem Satz von Advaita-Lehrer Ramesh Balsekar, «Alles ist Bewusstsein»? Wir werden sehen …

Betrachten wir zunächst die Philosophie eines anderen radikalen Zweiflers.

In seinem «Ich denke, also bin ich» setzt Descartes offensichtlich die Existenz des Ichs voraus. Es ist unwahrscheinlich, dass ein Mathematiker seines Formats in einem Beweis voraussetzt, was er beweisen will. Wahrscheinlicher ist, dass er weder die Existenz seines persönlichen Ichs beweisen wollte – denn dass er, Descartes, existiert, darauf ließe sich wohl kaum eine Wissenschaft gründen –, noch dass er allgemein die Existenz eines Ichs beweisen wollte. Es ging ihm, wie schon beschrieben, um einen Satz, der unbezweifelbar ist wie A = A, dabei aber zugleich mit dieser unserer Existenz zu tun hatte. Man kann allerdings einwenden, dass sein Zweifel nicht weit genug reichte. Denn es scheint, dass für ihn jedes Denken (Zweifeln), Empfinden oder auch Träumen notwendig an ein Ich gebunden ist. Das kann jedoch durchaus bezweifelt werden.

David Hume, der wohl konsequenteste Zweifler (Skeptiker) der Empiristen, demonstrierte das. Er forderte dazu auf, die eigenen Gedanken und Empfindungen unvoreingenommen zu beobachten und zu überprüfen, ob es in diesem sich ständig verändernden Strom von Eindrücken wirklich so etwas wie ein gleich bleibendes, konstantes Ich gibt. Wie Buddha und Shankara musste er feststellen, dass ein solches Ich nur eine Vorstellung ist, die sich nicht auf die unmittelbare Erfahrung gründet. Er meinte, es stehe zwar jedem frei, an die Existenz eines Ichs (mit einer unsterbliche Seele) zu glauben – beweisen lasse sie sich aber nicht.[6]

Hume bezweifelte auch die Existenz der Naturgesetze. Was wir erfahren, ist eine Abfolge von Ereignissen. Ich halte einen Apfel in der Hand, lasse ihn los, er fällt zu Boden – das geschieht immer wieder. Doch der Apfel könnte eines Tages auch nach oben schweben. Ein Kleinkind wäre darüber nicht erstaunt. Ursache und Wirkung (Kausalität), Schwerkraft – all diese so genannten allgemein gültigen Gesetze sind im Grunde nur Annahmen auf der Basis von Erfahrungsgewohnheiten. Und schließlich: Auch die Ethik ist nicht rational. Einem Menschen zu helfen ist keine logische, sondern eine emotionale Entscheidung.[7]

Jede Erfahrung ist eine Erkenntnis: Immanuel Kant

> Ohne Sinnlichkeit würde uns kein Gegenstand gegeben, und ohne Verstand keiner gedacht werden. Gedanken ohne Inhalt sind leer, Anschauungen ohne Begriffe blind.
>
> Immanuel Kant: *Kritik der reinen Vernunft*

Hatten die Rationalisten die Vernunft als Wunderwaffe gegen verstaubte mittelalterliche Glaubenssätze gefeiert, wurde sie nun von den Empiristen wieder demontiert als Lieferant haltloser Spekulationen. Keine Außenwelt, kein Gott, kein Geist oder Ich, kein verlässliches Gesetz, weder außen noch innen. Wozu dann noch Philosophie und Wissenschaft?

Es war dem schmächtigen, freundlich-bescheidenen Königsberger Philosophieprofessor Immanuel Kant (1724–1804) vorbehalten, den rettenden Ausweg zu finden. Jahrzehntelang hatte er sich mit eher physischen als metaphysischen Dingen befasst – mit Vulkanen, Erdbeben, Geografie und Planeten (von denen er übrigens annahm, sie wären von Wesen bewohnt, die intelligenter sind als wir). Humes Zweifel rissen den bereits über Fünfzigjährigen aus seinem – wie er selbst es nannte – «dogmatischen Schlummer» und brachten ihn dazu, seine berühmte, gut achthundertseitige *Kritik der reinen Vernunft* zu schreiben. Eine Analyse unserer Fähigkeit, etwas «rein», das heißt unabhängig von den Sinnen, zu erkennen.

Zunächst fragt Kant, was das eigentlich für unsere alltägliche Erfahrung bedeuten würde, wenn es, wie Hume behauptete, nur Sinneseindrücke gäbe. Würden wir da nicht – wie ein gerade geborenes Menschenkind – nur ein chaotisches Gemisch aus hell/dunkel, laut/leise, warm/kalt, angenehm/unangenehm empfinden? Und selbst hier werden schon Qualitäten unterschieden. Denken wir aber daran, dass wir in jeder Erfahrung ganz bestimmte Dinge erkennen und von anderen unterscheiden können. Dass wir bei einem Apfel aus dem Empfindungsstrom nur einige wenige Qualitäten auswählen und sie genau diesem einen Ding zuordnen. Und das ergibt sich doch nicht allein aus der Flut von Sinnesreizen, oder? Da muss irgendjemand oder irgendetwas vorher auswählen, ordnen und dabei nach bestimmten Regeln oder Gesetzen vorgehen!

Es ist nicht einmal selbstverständlich, dass Sinneseindrücke nacheinander, also in einer zeitlichen Reihenfolge, und nebeneinander, also räumlich getrennt, auftreten. Kant sieht darin vielmehr bereits die Basisleistung unseres Erkenntnisvermögens. Er nennt sie die beiden «Formen der Anschauungen», Raum und Zeit. Was immer wir wahrnehmen, es muss in Raum und Zeit erscheinen. Das gilt immer, unabhängig von und vor jeder einzelnen Erfahrung – ebenso wie die mathematische Wahrheit 2 + 2 = 4. So funktioniert unser Bewusstsein.

Wie die Welt außerhalb des Bewusstseins (als «Ding an sich») ist, können wir nicht wissen. Wovon die Naturwissenschaftler (vor und nach Kant) einfach ausgingen, nämlich dass es eine physikalische Wirklichkeit unabhängig vom Bewusstsein gibt, erweist sich in Kants Philosophie als haltlos naiv. Alles, was wir von der Welt, von Sternen oder Atomen wissen können, gelangt zunächst einmal durch die Sinne in unser Bewusstsein. Doch tatsächlich unterscheiden wir ja nun einmal ständig zwischen einer objektiven Außenwelt mit ihren Dingen und Personen und uns selbst als wahrnehmenden Subjekten. Kant geht sehr gründlich darauf ein, wie das überhaupt möglich ist. Schließlich muss alles, was wir erfahren können, in der Struktur unseres Bewusstseins begründet liegen.

Greifen wir als ein Beispiel die Fähigkeit heraus, eine bestimmte Person zu verschiedenen Zeiten als ein und dieselbe Person wiederzuerkennen. Das Bewusstsein erschafft sie im Grunde, verleiht ihr Identität und Dauer. Zudem wird ihre Existenz von anderen Menschen bestätigt. Wir sind uns in der Regel nicht bewusst, was alles dazu gehört, um eine derart komplexe Welt aufzubauen. Und es ist ja auch keine persönliche Leistung. Ich als Person habe keinen Einfluss darauf, wer oder was im nächsten Moment in meiner Erfahrung auftritt und wieder verschwindet. Doch ist es nicht faszinierend, dass wir die Prinzipien erforschen können, nach denen es *möglich* ist, dass irgendjemand in unserer Erfahrung auftritt und wieder verschwindet? Oder dass wir einen Sternenhimmel sehen und die unvorstellbaren Entfernungen zwischen der Erde und verschiedenen Galaxien messen können? Wie sagte doch der Buddha? «Das ganze Universum, ihr Mönche, liegt in diesem klafterlangen Körper mit Bewusstsein.»

Die *Kritik der reinen Vernunft* ist bis dahin ein großes Loblied auf die Vernunft. Doch nun kommt die Enttäuschung: Bei den klassischen «metaphysischen Fragen» – existiert Gott, hat die Welt einen Anfang, gibt es die unsterbliche Seele? – hilft uns der Verstand nicht weiter, weil ihm jegliches Anschauungsmaterial fehlt. Er kann nur Behauptungen aufstellen, für und wider, und die halten sich schließlich die Waage. Doch damit sind diese Fragen, die uns besonders am Herzen liegen, nicht einfach abgehakt. Sie gehören nur in eine andere Abteilung.

In seinem zweiten epochalen Werk, *Kritik der praktischen Vernunft*, behandelt Kant die Fragen der Religion und der Ethik. Er ist der Ansicht, jeder Mensch weiß in seinem Innersten, was gut und richtig ist und was nicht. Die Erfahrung mag dem Verstand sagen, dass man in dieser Welt mit Lug und Betrug besser fährt als mit Ehrlichkeit und Rechtschaffenheit. Das Gewissen jedoch – man könnte auch sagen: die «Intelligenz des Herzens» – gibt andere, tiefere Impulse. Hier wirkt ein angeborener moralischer Sinn, ein unbedingter, unabhängig von der Erfahrung allgemein gültiger «kategorischer Imperativ»: «Handle nur nach derjenigen Maxime, durch die du zugleich wollen kannst, dass sie ein allgemeines Gesetz werde.»[8]

Es geht nicht darum, irgendwelche Gebote zu befolgen, sondern selbst zu entscheiden: Was wäre, wenn jeder so handelte wie ich? Nicht der Verstand sagt uns das, sondern eben ein tiefes, inneres, «emotionales» Wissen. Es sagt uns auch, dass wir den anderen nicht als Mittel zum Zweck benutzen sollen. Folgen wir unserem Gewissen, dann tun wir, was zum Wohl des Ganzen richtig ist, ohne unseren eigenen Vorteil und unser persönliches Glück an die erste Stelle zu setzen. Das ist die Spur, die uns in jene Bereiche führt, die der Verstand nicht erfassen kann. Wir spüren, dass wir im Kern unsterbliche, freie Wesen sind, und beginnen, jenseits von Beweis und Zweifel, an einen ewigen Gott, ein höchstes Bewusstsein zu glauben.

Platons «Sonne des Guten» scheint immer und ewig in unserem Innersten. Werden wir uns dieser Sonne bewusst, dann handeln wir spontan richtig und in Freiheit, auch wenn die konkreten Folgen unseres Handelns nicht in unserer Hand liegen.

Auf Kants Grabstein steht sein vielleicht berühmtester Satz:

> Zwei Dinge erfüllen das Gemüth mit immer neuer und zunehmender Bewunderung und Ehrfurcht, je öfter und anhaltender sich das Nachdenken damit beschäftigt: der bestirnte Himmel über mir und das moralische Gesetz in mir.[9]

Der Künstler als Yogi: Arthur Schopenhauer

> Was einer für sich selbst hat, was ihn in die Einsamkeit begleitet, und keiner ihm geben und nehmen kann: dies ist viel wesentlicher als alles, was er besitzt, oder was er in den Augen anderer ist.
>
> Arthur Schopenhauer: *Die Kunst, glücklich zu sein*

Arthur Schopenhauer (1788–1860) ist der einzige der klassischen westlichen Philosophen, der Texte der indischen Philosophie, der *Upanishaden* und des Buddhismus kannte und in seine Philosophie integrierte. Sein Schüler Paul Deussen übertrug etliche *Upanishaden* erstmals ins Deutsche und setzte sich dafür ein, dass indische Advaita-Lehrer in Deutschland wirken konnten. Schopenhauer war von der indischen Lehre zutiefst berührt:

> Es ist die belohnendeste und erhebendeste Lektüre, die […] auf der Welt möglich ist: sie ist der Trost meines Lebens gewesen und wird der meines Sterbens seyn.[10]

Gemeinhin gilt Schopenhauer als Pessimist und Menschenfeind. Seine Werke deuten in diese Richtung, genauso sein Leben. Arthur sollte wie sein Vater Kaufmann werden. Er reiste in Europa herum, empfand das soziale Elend als grausam und grauenhaft, hoffte auf eine Veränderung durch Napoleon. Stattdessen kehrten die Aristokraten zurück, und das Leiden der Menschen wurde schlimmer als je zuvor.

Der bekannte amerikanische Philosoph Will Durant merkte an:

> Es war in der Tat schwer zu glauben, dass ein so trauriger Planet wie die Erde um 1818 in den Händen eines vernünftigen und gütigen Gottes ruhte. Mephistopheles hatte gesiegt, und jeder Faust war von Zweifeln gepackt. Voltaire hatte diesen Wirbelwind entfacht, und Schopenhauer sollte die Früchte der Bewegung einheimsen.[11]

Schopenhauers Vater starb früh. Die Mutter verkehrte als anerkannte Schriftstellerin in Weimars Kulturkreisen. Goethe war ein häufiger Gast in ihrem literarischen Salon. Als der Dichterfürst dem jungen Schopenhauer eine große Zukunft voraussagte, eskalierte das bereits angespannte Verhältnis zwischen Mutter und Sohn. Sie stieß den Rivalen die Treppe hinunter. Zwei Genies in einer Familie? Unmöglich. Schopenhauer sah seine Mutter, die noch fünfundzwanzig Jahre lebte, nie wieder. Er entwickelte Marotten, fühlte sich verfolgt, wurde enorm lärmempfindlich. Fieberhaft arbeitete er an seinem Hauptwerk, *Die Welt als Wille und Vorstellung*, das er selbst für genial hielt. Es erschien bereits 1818, fand jedoch jahrzehntelang keine Beachtung. Als Privatdozent hielt Schopenhauer Vorlesungen an der Universität in Berlin. Er legte seine Termine absichtlich auf dieselbe Zeit wie Hegel die seinen – und ärgerte sich, dass alle Studenten zum berühmten Lehrer der Dialektik liefen.

Einige Jahrzehnte später tuschelte man: «Seht nur, da geht er durch die Gassen Frankfurts, der verbitterte alte Philosoph, mit seinem einzigen Freund, dem Pudel Atman!» Ja, Schopenhauer war wohl zeitweise recht verbittert und enttäuscht. Allerdings fanden seine späten *Aphorismen zur Lebensweisheit* Interesse bei vielen Lesern. Vor wenigen Jahren erschien zum ersten Mal *Die Kunst, glücklich zu sein*, und auch dieses Buch wurde ein beachtlicher Erfolg.[12] Kaum zu glauben: Ein solches Werk aus der Feder eines Pessimisten wie Schopenhauer? Hier eine Kostprobe:

> Lebensregel Nr. 19: Über keinen Vorfall großen Jubel noch großen Jammer aufkommen lassen: weil die Veränderlichkeit aller Dinge ihn jeden Augenblick völlig umgestalten kann: dagegen allezeit die Gegenwart möglichst heiter genießen: das ist Lebensweisheit. Wir tun aber meist das Gegenteil: Pläne und Sorgen für die Zukunft, oder auch Sehnsucht nach der Vergangenheit beschäftigen uns so durchgehend und anhaltend, dass die Gegenwart fast immer für nichts geachtet und vernachlässigt wird: und doch ist sie allein gewiss, hingegen Zukunft, ja auch Vergangenheit fast immer anders, als wir sie denken. So betrügen wir uns selbst um das ganze Leben. Für die Eudämonik (die Lehre vom Glück) ist nun zwar dies ganz gut, allein eine ernstere Philosophie bewirkt, dass zwar das Suchen nach der Vergangenheit immer unnütz ist, das Sorgen für die Zukunft oft, und also bloß die Gegenwart der Schauplatz unsers Glücks ist, dass jedoch diese Gegenwart in jedem Augenblick zur Vergangenheit wird und dann so gleichgültig ist, als wäre sie nie gewesen: wo bleibt also Raum für unser Glück?[13]

Wie kein westlicher Denker vor ihm durchschaute Schopenhauer das Ego und die Welt als Leiden, das aus Begehren entsteht. Wer vor dieser Einsicht zurückschreckt, dem rät der durchaus praktisch veranlagte Philosoph, wie er sein Leben so leidfrei wie möglich gestalten kann. Für den Wahrheitssuchenden setzt er andere Maßstäbe. Nur wer bewusst allem Streben entsagt, kann die Wahrheit erkennen und frei vom Leiden sein.

Vielleicht starb Schopenhauer im Geist der *Upanishaden*, so wie er es sich gewünscht hatte: Er setzte sich wie gewöhnlich zum Frühstück und wurde eine Stunde später tot aufgefunden, sitzend, als wäre nichts passiert.

Die Welt ist Vorstellung, Erscheinung. Da stimmte Schopenhauer Kant zu, den er glühend verehrte. Wir sehen die Welt so, wie es unsere Sinne und unser Verstand vorgeben. Was steckt dahinter? Laut Kant ist es dieses verflixte «Ding an sich»! Schopenhauer fand dafür einen neuen, eigenartigen Begriff. Er nannte es den «blinden Willen».

Was es damit auf sich hat, können wir in unserer eigenen Erfahrung nachvollziehen: Jeder von uns ist mit einem – und nur einem – Körper verbunden. Äußerlich erscheint er uns wie andere Körper: Wir sehen ihn, mit Armen und Beinen. Allerdings aus einer ganz besonderen Perspektive. Und von innen *spüren* wir den Körper als Prickeln oder Jucken, Schmerz oder Lust, Hunger oder Sättigung. Dann gibt es da noch diese unwillkürlichen Impulse. Wut kommt hoch, die Hand holt aus und schlägt zu. Oder die blitzschnelle, instinktive Reaktion bei einer Gefahr.

Das basiert zweifellos auf verschiedenen Erfahrungen. Doch lassen sie sich alle in das Schema einordnen, das Kant als «Erfahrung» definierte? Schopenhauer entdeckte einen unerklärlichen und unauflösbaren Rest. Dieses eigentümliche Begehren und Wollen, das gleichsam unterhalb unseres Verstandes liegt. Er nannte es «blind» – wohl in Anlehnung an Kants berühmten Ausspruch «Gedanken ohne Inhalt sind leer, Anschauungen ohne Begriffe blind». Wir können dieses Begehren weder begreifen noch kontrollieren. Ein Beispiel: die Fluchtreaktion. Außen – als Vorstellung – zeigt sie sich in der Bewegung von Armen und Beinen. Innen spüren wir sie als Drang, Angst, Atemnot. Laut Schopenhauer verursacht das eine nicht das andere. Beides geschieht gleichzeitig, spontan. Zwei Aspekte des *einen* Willens. Alles funktioniert, wie es soll.

Und so – schließt Schopenhauer – läuft alles im Dienst des Willens ab, das äußere Geschehen ebenso wie das innere. Und nicht nur das. Die vielfältigen Formen der Natur, von der unbelebten Materie bis hin zum denkenden Menschen, sind geradezu Gestalt gewordener Wille. Alle Eigenschaften und Fähigkeiten, die Vernunft inbegriffen, dienen dem Willen zum Überleben, individuell und kollektiv. So unterscheidet sich der Mensch vom Tier allenfalls dadurch, dass seine Mittel zum Überleben raffinierter sind. Welch eine Veränderung der Perspektive etwa im Vergleich zum Rationalisten Descartes! Der schrieb dem Menschen eine unsterbliche

Seele zu und sah in Tieren nur Automaten. Laut Schopenhauer sind wir alle Automaten – erschaffen und kontrolliert von dem einen unbegreiflichen Willen. Dieser Wille «allein ist unwandelbar und schlechthin identisch und hat, zu seinen Zwecken, das Bewusstsein hervorgebracht»[14].

Und nun kommt der logisch nicht erklärbare «Sprung». Auf der relativen Ebene der Erscheinungen, auf der wir uns als Einzelne voneinander abgrenzen und gegeneinander ums Überleben kämpfen – mit welch raffinierten Mitteln auch immer –, sind wir immer Spielball des «Willens». Doch der Mensch kann diese Situation durchschauen und sich befreien. Allerdings muss er dazu seine Individualität gleichsam «loslassen» und sich auf eine Ebene erheben, auf der die einzelnen Dinge und Personen – die eigene inbegriffen – bedeutungslos sind. Auf der der Selbsterhaltungstrieb ausgeschaltet ist. Wie geht das?

Zunächst sollten wir erkennen, dass und wie unser Leben zwischen ständigem Streben und Wünschen und einer nur scheinbaren, sehr bald vorübergehenden Befriedigung verläuft. Schopenhauer wird nicht müde, anschauliche Beispiele dafür zu nennen. Schmerz und Leiden sind real, das Glück dagegen «chimärisch», eine Illusion. Ein Beispiel aus heutiger Zeit: Wie haben wir uns auf den Urlaub gefreut! Dann ist er da, alles verläuft ohne Probleme, fast langweilig, und schon ist das Glück vorbei. Ein neues Ziel muss her.

Doch um die immer gleich bleibende Struktur von Wunsch und Erfüllung klar sehen zu können, ist eine gewisse innere Distanz, eine Loslösung nötig. Das ist der heikle Punkt. Wir mögen die Beispiele lesen, wir mögen Parallelen in unserem eigenen Leben erkennen, doch wir bleiben dem Muster von Wunsch und Befriedigung verhaftet. Wie schwer es doch ist, mit der Einschränkung von Wünschen und Hoffnungen bei sich selbst anzufangen!

Schopenhauer wusste von der Askese der Yogis und der Entsagung der Mönche aus Büchern. Ihr Verhalten passte zwar genau in sein Konzept. Diese Menschen entsagten ganz gezielt und bewusst dem Begehren und überwanden so das Leiden. Doch die konkrete Praxis der Meditation – etwa Shankaras Anleitungen zum Samadhi oder Buddhas Vertiefungen – waren ihm offensichtlich unbekannt.

Umso erstaunlicher ist es, dass Schopenhauer aus seiner eigenen Erfahrung heraus eine einfache Meditation entwickelte, die auch heute noch, wo es so viele Meditationen gibt, sehr zu empfehlen ist. Er machte sie in gewisser Weise sogar zum Prüfstein und Höhepunkt seiner Philosophie. Die Meditation heißt «Mitströmen mit der Musik». Schopenhauer hörte im Streben der Dissonanzen hin zur Auflösung in der Grundtonharmonie den Willen selbst, reines Gefühl, ohne Bilder oder konkrete Objekte. Die Melodie repräsentiert die menschliche Intelligenz. Die tieferen Stimmen stehen in Analogie zu den anderen Formen der Natur. Bedeutende Komponisten wie Richard Wagner und Musikwissenschaftler wie Ernst Kurth griffen Schopenhauers «Musikphilosophie» auf und entwickelten daraus höchst interessante Ideen und Methoden der Analyse. Worauf es mir hier ankommt, ist allerdings nur der meditative Aspekt. Man kann – ohne persönlich verstrickt zu sein – in den Strom der Klänge eintauchen und so ein reines Erleben und Erkennen genießen. Die Töne treten an die Stelle der Gedanken, der persönlichen Sorgen und Wünsche. Der Hörer kann realisieren, dass er als Bewusstsein einfach nur aufnehmender Raum ist.

Schopenhauer propagierte die romantische Idee des genialen Künstlers. Das Genie steht allein, abseits von den Massen. Geschäftemachereien interessieren den wahren Künstler nicht. Er sucht die Schönheit und zeitlose Wahrheit in den Erscheinungen und schaut – zumindest vorübergehend befreit vom Willen – die Dinge, wie sie wirklich sind, die platonischen Ideen. Ihm ist es egal, ob er, wie er «aus dem Kerker oder aus dem Palast die Sonne untergehen sieht»[15].

In der Welt der Erscheinungen sind wir selbst unwirklich. Wir begehren und leiden. Schopenhauers Charakterisierung dieses Zustands ist treffend und erschütternd und auch heute noch lesenswert. Wir sind gefangen. Was immer wir denken, fühlen oder tun – es dient nur dem eigenen Überleben. Wir machen uns meist vor, dass es nicht so ist. Doch es ist so. Beobachten wir uns selbst so unvoreingenommen wie möglich. Dann gibt es da auch Momente, in denen wir nicht an uns selbst denken. Wie schön dieser Vogel singt! Wir sind hingerissen, von unseren Sorgen abgelenkt. Das ist eine erste Spur.

Schönheit ist eine wunderbare Fährte, da hatte Schopenhauer ganz Recht! In den großen Kunstwerken, so sagte er, zeige sich

> jener Friede, der höher ist als alle Vernunft, jene gänzliche Meeresstille des Gemüts, jene tiefe Ruhe, unerschütterliche Zuversicht und Heiterkeit, deren bloßer Abglanz im Antlitz, wie ihn Raffael und Corregio dargestellt haben, ein ganzes und sicheres Evangelium ist: nur die Erkenntnis ist geblieben, der Wille ist verschwunden.[16]

Ewig jetzt leben: Friedrich Nietzsche

> Ich habe gehen gelernt: seitdem lasse ich mich laufen. Ich habe fliegen gelernt: seitdem will ich nicht erst gestoßen sein, um von der Stelle zu kommen. Jetzt bin ich leicht, jetzt fliege ich, jetzt sehe ich mich unter mir, jetzt tanzt ein Gott durch mich.[17]

Dualität ist Zweiheit, «Zwei-fel». Wir sind hin und her gerissen. Richtig oder falsch? Gut oder böse? Das sind die beiden Pole, zwischen denen unser Leben sich bewegt. Könnten wir doch darüber hinaus! Und wohin? In eine Freiheit, in der wir nicht mehr überlegen: Sind wir so richtig oder nicht? In der wir einfach *sind,* in unserer ursprünglichen Lebenskraft? Friedrich Nietzsche (1844 bis 1900) hatte die Vision eines solchen freien Menschen.

Nietzsche wurde in eine Pastorenfamilie hineingeboren. Die meisten seiner Vorfahren waren Geistliche gewesen. Die Religion blieb sein Lebensthema und er selbst – wie einige Kritiker meinen – ein Prediger. Sicher keiner, den die Kirche bezahlt hätte. Kein westlicher Philosoph attackierte so wortgewaltig und leidenschaftlich die Grundwerte des «christlichen Abendlandes». Wohl kaum einer wagte sich mit dem Verstand so weit über dessen Grenzen. Die geistige Umnachtung, unter der Nietzsche in den letzten elf Jahren seines Lebens litt, war allerdings nicht die Folge seines wagemutigen Denkens, sondern vermutlich die einer progressiven Paralyse.[18]

1865 entdeckte Nietzsche Schopenhauers *Die Welt als Wille und*

Vorstellung und war sofort Feuer und Flamme. «Hier sah ich einen Spiegel, in dem ich Welt, Leben und eigen Gemüt in entsetzlicher Großartigkeit erblickte.»[19] Nach einer kurzen Soldatenlaufbahn wurde er mit fünfundzwanzig Jahren Professor für klassische Philologie in Basel. Seine erste Veröffentlichung, *Die Geburt der Tragödie aus dem Geiste der Musik*, beschreibt zwei gegensätzliche Prinzipien, das dionysische und das apollinische. Dionysos ist der Gott des Weines und Rausches, der unkontrollierten Triebe und sinnlichen Lebensfreude. Er opfert sich für die Menschen, indem er sich «zerstückelt». Der Gott Apollo repräsentiert dagegen die Welt der Vernunft, der klaren und schönen Formen. In jedem Menschen und in jeder Kultur wirken beide Prinzipien, vergleichbar Schopenhauers Wille (dionysisch) und Vorstellung (apollinisch).

Allerdings verstand Nietzsche den Willen zunehmend als die zu bejahende, unbändige Lebenskraft. Damit kehrte er nicht nur Schopenhauers Bewertung, sondern, wie er glaubte, das gesamte Wertesystem der Philosophie und der Religionen um. Denn der Wille, der Antrieb zum Leben, ist grundsätzlich unbegreiflich und unberechenbar. Das macht uns Angst. Wir versuchen mit allen Mitteln des Verstandes, eine Ordnung herzustellen. Das Unbekannte, Unverständliche erscheint uns als «böse», das Bekannte und Verständliche als «gut». Doch was wäre, wenn wir uns dem Unwissbaren ganz und gar öffneten, uns selbst und das Leben «jenseits von gut und böse» annehmen könnten?

Nietzsche erfand einen weisen Lehrer, der seine Gedanken vermittelte. Er nannte ihn Zarathustra, in Anlehnung an den Begründer der Lichtreligion, der um 600 v. Chr. in Persien lebte. In den Jahren 1882 bis 1885 entstand *das* philosophische Lehrgedicht des 19. Jahrhunderts.

Also sprach Zarathustra

Das Buch ist in eine Vorrede und vier Teile gegliedert und beginnt so:

> Als Zarathustra dreissig Jahr alt war, verliess er seine Heimat und den See seiner Heimat und gieng in das Gebirge. Hier genoss er seines Geistes und seiner Einsamkeit und wurde

> dessen zehn Jahre nicht müde. Endlich aber verwandelte sich sein Herz, – und eines Morgens stand er mit der Morgenröthe auf, trat vor die Sonne hin und sprach zu ihr also:
> «Du grosses Gestirn! Was wäre dein Glück, wenn du nicht Die hättest, welchen du leuchtest!
> Zehn Jahre kamst du hier herauf zu meiner Höhle: du würdest deines Lichtes und dieses Weges satt geworden sein, ohne mich, meinen Adler und meine Schlange.
> Aber wir warteten deiner an jedem Morgen, nahmen dir deinen Überfluss ab und segneten dich dafür.
> Siehe! Ich bin meiner Weisheit überdrüssig, wie die Biene, die des Honigs zu viel gesammelt hat, ich bedarf der Hände, die sich ausstrecken.»[20]

Welch eine Kraft schwingt in diesem Anfang! Richard Strauß hat sie in seiner Tondichtung «Zarathustra» treffend in Musik umgesetzt. Sie beginnt mit strahlenden, mächtigen Akkorden, die nach wenigen, Spannung erzeugenden, tiefen Tönen hervorbrechen wie die Sonne nach der Morgendämmerung. Die Paukenschläge verstärken die Spannung und das Pathos. Viele Menschen kennen die eindrucksvolle Kombination dieser Musik mit den Bildern von Stanley Kubricks Film *2001 – Odyssee im Weltraum*, als der Urmensch im gebleichten Tierknochen die Waffe und das Potenzial von Gewalt und Macht entdeckt. Das ist der Moment, in dem die Intelligenz zum ersten Mal durchzubrechen scheint. Der Knochen verwandelt sich in ein Raumschiff. Eines von vielen möglichen Bildern.

Im Anfang des *Zarathustra* liegt der Keim, die Potenz der gesamten Entwicklung. Ein Mensch stellt sich der Sonne gleich. Sie kommt zu ihm, scheint seinetwegen. Ist das nicht eine unerhörte Anmaßung? Hier scheiden sich bereits die Geister. Warum sollte die Sonne nicht ebenso auf uns angewiesen sein wie wir auf sie? Im unergründlichen Mysterium Leben steht niemand höher oder tiefer. Alles hängt zusammen.

Zarathustra fühlt sich übervoll wie die Sonne. Er muss schenken, geben. «Siehe! Dieser Becher will wieder leer werden, und Zarathustra will wieder Mensch werden.» So steigt er von seinem Berg hinunter. «Also begann Zarathustra's Untergang.»[21]

Der erste Mensch, dem Zarathustra auf dem Weg hinunter begegnet, ist ein alter Einsiedler. Der erkennt ihn wieder und sieht die Veränderung: «Verwandelt ist Zarathustra, zum Kind ward Zarathustra, ein Erwachter ist Zarathustra: was willst du nun bei den Schlafenden?» Er warnt ihn vor den Menschen. Es sei besser, sich allein Gott zuzuwenden. Zarathustra antwortet ihm: «Ich liebe die Menschen!» Nach dem Abschied sagt er zu sich selbst: «Sollte es denn möglich sein! Dieser alte Heilige hat in seinem Wald noch Nichts davon gehört, dass Gott todt ist!»[22]

In der Stadt angekommen, beginnt Zarathustra gleich zu predigen. Seine ersten Worte sind:

> Ich lehre euch den Übermenschen. Der Mensch ist Etwas, das überwunden werden soll. Was habt ihr gethan, ihn zu überwinden?[23]

Pädagogisch nicht gerade sehr geschickt. Übermensch? Nie gehört! Und wie sollen wir als Menschen uns selbst überwinden können? Zarathustra spricht, ganz wie ein Kind, das Wichtigste zuerst aus, ohne Überlegung. Der Übermensch ist für ihn kein Konzept, sondern die unfassbare, undefinierbare Wirklichkeit, die ICH ist. Erst allmählich lernt der Weise, nicht zuletzt aus den Reaktionen seiner Zuhörer, zu lehren. In seiner ersten Rede geht er immerhin schon darauf ein, was am Menschen zu überwinden ist:

> Was ist das Grösste, das ihr erleben könnt? Das ist die Stunde der grossen Verachtung. Die Stunde, in der euch auch euer Glück zum Ekel wird und ebenso eure Vernunft und eure Tugend.[24]

Zarathustra beschwört das Bild des «letzten Menschen», den nur noch Sicherheit interessiert. «‹Wir haben das Glück erfunden›, sagen die letzten Menschen und blinzeln.»[25] Ständig definieren und begrenzen wir uns selbst: durch das, was wir erreichen wollen, was andere von uns zu denken scheinen, was wir von uns zu wissen glauben. Erst wenn wir diese Selbstbegrenzung als Leiden, ja als «ekelhaft» empfinden, können wir zu unserer wahren Natur erwachen.

Die Menge will davon nichts wissen. Zarathustra spricht deshalb nur noch zu einigen wenigen Schülern. Immer wieder betont er, dass wir alles, was wir von uns zu wissen glauben, loslassen müssen, das heißt, dass wir bewusst sterben müssen. Für den Übermenschen. Für das in uns, was wir nicht kennen und wissen können, bevor wir nicht das Alte aufgeben. Mal appelliert er dabei an bestimmte Tugenden wie Redlichkeit, den Mut zur Einsamkeit und zur Selbstliebe. Mal provoziert er dazu, anerkannte Werte, ja jeden Begriff und jede Logik als Lüge zu durchschauen – eben weil sie zu gewohnten Mustern geworden sind. Das Leben ist in jedem Moment vollkommen neu und unbekannt wie der Tod. Der Verstand deckt seine Begriffe darüber. Er dient dem (apollinischen) Prinzip der Ordnung und Sicherheit. Das nennen wir «gut».

In seiner berühmten Rede «Von den drei Verwandlungen» skizziert Zarathustra, wie aus dem «starken, tragsamen Geiste», der für die Erkenntnis so vieles erträgt, der «Geist des Löwen» wird, der aus dem «Du sollst» ein «Ich will» macht und sich «die Freiheit raubt», neue Werte zu schaffen. Doch nach dem Löwen kommt noch das Kind.

> Unschuld ist das Kind und Vergessen, ein Neubeginnen, ein Spiel, ein aus sich rollendes Rad, eine erste Bewegung, ein heiliges Ja-sagen.[26]

Die Priester und Heiligen, die «Prediger des Todes», verurteilen und verdammen diese Existenz, diesen Leib, diese Erde und versprechen dafür ein anderes Leben in einem Jenseits. Zarathustra dagegen sagt:

> Einen neuen Stolz lehrte mich mein Ich, den lehre ich die Menschen: nicht mehr den Kopf in den Sand der himmlischen Dinge zu stecken, sondern frei ihn zu tragen, einen Erden-Kopf, der der Erde Sinn schafft![27]

Solange wir nach einem Ausweg, nach einer Erlösung aus diesem Leben auf der Erde suchen, sind wir gespalten. Es gibt nur eine Möglichkeit der «Genesung»: «Wollen befreit: das ist die wahre Lehre von Wille und Freiheit – so lehrt sie euch Zarathustra.»[28] Mit «Wollen» meint der Prophet immer: das Leben als Ganzes mit all seinen Höhen und Tiefen bedingungslos zu bejahen, ganz und gar, bis in unauslotbare Tiefen. Ich akzeptiere nicht nur – womöglich widerwillig, zähneknirschend – nein: Ich will. Das, was war, ist und sein wird.

Die Vergangenheit lässt sich nicht ändern. Statt mich zu beklagen, schuldig zu fühlen oder meine Vergangenheit zu verdrängen, sollte ich sie so vollkommen akzeptieren, als hätte ich sie selbst gewollt. Ich übernehme die volle Verantwortung. Doch eben nicht als Sünder. Wollen ist für Zarathustra nichts Zwanghaftes. Es ist reine Kreativität, Spielen, Freude.

> Seit es Menschen giebt, hat der Mensch sich zu wenig gefreut: Das allein, meine Brüder, ist unsre Erbsünde! Und lernen wir besser uns zu freuen, so verlernen wir am besten, Andern wehe zu thun und Wehes auszudenken.[29]

Für die Gegenwart bedeutet Wollen, nur das zu wollen, was ist. Keine Belohnung für gutes Handeln.

> Ihr wollt noch bezahlt sein, ihr Tugendhaften! Wollt Lohn für Tugend und Himmel für Erden und Ewiges für Heute haben? ... wahrlich, ich lehre nicht einmal, dass Tugend ihr eigener Lohn ist.
> (...) Es ist euer liebstes Selbst, eure Tugend. Des Ringes Durst ist in euch: sich selber wieder zu erreichen, dazu ringt und dreht sich jeder Ring.
> (...) Dass euer Selbst in der Handlung sei, wie die Mutter im Kinde, das sei mir euer Wort von Tugend.[30]

Und die Zukunft? Für sie steht: das Unmögliche wollen. Zarathustra spricht oft und eindringlich von dem Übermenschen, der eines Tages kommen wird und für den sich der jetzige Mensch selbst aufgeben muss. Das ist leider vollkommen missverstanden worden. Die schlimmste (und absichtliche) Fehlinterpretation lieferten die deutschen Nationalsozialisten. Sie setzten sich selbst an die Stelle des Übermenschen. Um des Übermenschen willen sollten alle anderen (Unter-) Menschen vernichtet werden. Derartige Interpretationen gehen von einem «Willen zur Macht» aus, der für die Zukunft irgendetwas erreichen will. Das ist das genaue Gegenteil von Zarathustras Lehre. Sein «abgründigster Gedanke», die «ewige Wiederkehr des Gleichen», macht das – wie wir gleich sehen werden – noch einmal deutlich. Er durchbricht unsere Vorstellung von Zeit und Machbarkeit.

Der Wanderer

Zarathustra will die «glückseligen Inseln», auf denen er einige Zeit gelehrt hat (Teil 2), verlassen. Er wandert nachts über einen Berg, um früh morgens am Hafen zu sein.

> Ich bin ein Wanderer und ein Bergsteiger, sagte er zu seinem Herzen, ich liebe die Ebenen nicht und es scheint, ich kann nicht lange still sitzen. Und was mir nun auch als Schicksal und Erlebnis komme – ein Wandern wird darin sein und ein Bergsteigen: man erlebt endlich nur noch sich selber. Die Zeit ist abgeflossen, wo mir noch Zufälle begegnen durften; und was könnte jetzt noch zu mir fallen, was nicht schon mein Eigen wäre! Es kehrt nur zurück, es kommt mir endlich heim – mein eigen Selbst, und was von ihm lange in der Fremde war und zerstreut unter alle Dinge und Zufälle.[31]

Im Gegensatz zum Tier hat der Mensch die Möglichkeit, über sich hinauszuwachsen und zu einer Wirklichkeit zu erwachen, die das Menschliche übersteigt, kommentierte Osho in seinen «Zarathustra-Diskursen» vom April 1987 in Poona.[32] Zarathustra wolle mit seiner Parabel vom Wanderer auf diese Werdens-Struktur hinweisen. Sehnsucht ist die Natur des Menschen. Alle definierten Ziele sind nur Vorwand, ihn in Bewegung zu halten. Osho riet dem spirituell Suchenden, seinem Ziel keinen Namen zu geben – wie «Erleuchtung» oder «Befreiung». Denn letztlich ist der Suchende selbst das Gesuchte. Wer sich nicht mehr auf einzelne Ziele festlegt, sondern wie Zarathustra im Wandern an sich das Ziel gefunden hat, dem ist auch alles Unvorhersehbare recht. Erfolg oder Misserfolg haben für ihn keine Bedeutung mehr. Dies entspricht, meinte Osho, dem Weg des Buddha (auch Tathagata genannt), der lehrte, die Dinge in ihrem «So-Sein» (Tathata) zu erkennen, ohne jede Erwartung.[33]

Doch da kommt noch etwas. Nietzsche ließ Zarathustra sagen:

> Ich stehe jetzt vor meinem letzten Gipfel und vor dem, was mir am längsten aufgespart war. Ach, meinen härtesten Weg muss ich hinauf! Ach, ich begann meine einsamste Wanderung! … Gipfel und Abgrund – das ist jetzt in Eins beschlossen![34]

Mysteriöse Andeutungen. Sie werden erst klarer, als Zarathustra nach vielen Umwegen und öffentlichen Reden schließlich wieder zu seiner Höhle und seinen Tieren auf dem Berg zurückgekehrt ist. «Herauf, abgründlicher Gedanke, aus meiner Tiefe!», ruft er, wie wahnsinnig. «Heil mir! Heran! Gieb die Hand – – ha! Lass! Haha! – – Ekel, Ekel, Ekel – – – wehe mir!» Und daraufhin stürzt er wie tot auf sein Lager und bleibt sieben Tage liegen.[35]

Seine treuen Freunde, der mutige Adler und die weise Schlange, haben für ihn Nahrung besorgt. Als er endlich aufwacht, ermuntern sie ihn, wieder in die Welt zu gehen und neue Lieder zu singen. Zarathustra liebt seine Tiere. Er genießt ihre Gesellschaft. Doch eine weitere Verwandlung hat in ihm stattgefunden. Sie drückt sich aus in Sätzen wie diesen:

> Für mich – wie gäbe es ein Ausser-mir? Es giebt kein Aussen! Aber das vergessen wir bei allen Tönen; wie lieblich ist es, dass wir vergessen!

Die Tiere antworten:

> Solchen, die denken wie wir, tanzen alle Dinge selber: das kommt und reicht sich die Hand und lacht und flieht – und

> kommt zurück. Alles geht, alles kommt zurück; ewig rollt das Rad des Seins. Alles stirbt, Alles blüht wieder auf, ewig läuft das Jahr des Seins. (...) In jedem Nu beginnt das Sein; um jedes Hier rollt sich die Kugel Dort. Die Mitte ist überall. Krumm ist der Pfad der Ewigkeit.[36]

Zarathustra weiß, was die Natur von ihrem Kreislauf erzählt. Für die Tiere gibt es den menschlichen Unterschied zwischen Innen und Außen, zwischen Subjekt und Objekt noch nicht. Sie sind eins mit dem, was ist. Doch der Mensch ist bereits gespalten. Wird das ewig so bleiben? Bleibt der «kleine Mensch» ewig gefangen in seiner Selbstbeschränkung? Gibt es letztlich keine Entwicklung?

«Siehe, du bist der Lehrer der ewigen Wiederkunft –, das ist dein Schicksal!», sagen die Tiere.

> Wir wissen, was du lehrst: dass alle Dinge ewig wiederkehren und wir selber mit, und dass wir schon ewige Male da gewesen sind, und alle Dinge mit uns. Du lehrst, dass es ein grosses Jahr des Werdens giebt, ein Ungeheuer von grossem Jahre; das muss sich, einer Sanduhr gleich, immer wieder von Neuem umdrehn, damit es von Neuem abläuft und auslaufe. (...) Ich komme wieder, mit dieser Sonne, mit dieser Erde, mit diesem Adler, mit dieser Schlange – nicht zu einem neuen Leben oder besseren Leben oder ähnlichen Leben: – ich komme ewig wieder zu diesem gleichen und selbigen Leben, im Grössten und auch im Kleinsten, dass ich wieder aller Dinge ewige Wiederkunft lehre, – (...) dass ich wieder den Menschen den Übermenschen künde ... Ich sprach mein Wort, ich zerbreche an meinem Wort: so will es mein ewiges Loos –, als Verkünder gehe ich zu Grunde![37]

Zarathustra antwortet nicht. Die Tiere «ehrten die grosse Stille um ihn und machten sich behutsam davon».[38] Was die Tiere sagen, entspricht seinem «abgründigsten Gedanken». Ihre Worte fassen zusammen, was er in den sieben Tagen in seinem tiefsten Inneren durchlebt und erkannt hat.

Osho sah hier eine Parallele zu den sieben Bewusstseinsebenen.

Das normale Wachbewusstsein liegt dabei in der Mitte. Darunter verbergen sich die drei Ebenen des individuellen, kollektiven und universalen Unterbewusstseins. Darüber erheben sich die drei Ebenen des Überbewusstseins, von denen (laut Osho) bisher nur die östlichen Weisheitstraditionen wissen. Zarathustra hat sie alle durchlebt.

> Er entdeckte den ganzen Regenbogen seines Bewusstseins. Und als er nach sieben Tagen erwachte, war er nicht mehr der alte Zarathustra. Der Übermensch war wirklich geworden, seines gesamten Seins vollkommen bewusst.[39]

Der Gedanke der «ewigen Wiederkehr des Gleichen» ist (laut Osho) allerdings außergewöhnlich und sollte untersucht werden.[40] Er entspricht weder dem östlichen Konzept der Wiedergeburt noch der christlichen oder islamischen Vorstellung von einem ewigen Leben nach dem Tod. Er geht auch über die schamanistische Auffassung vom Kreislauf des Lebens hinaus, wie sie bei Naturvölkern und dem Kult der Großen Mutter und Göttin zu finden ist. Denn Zarathustra bejaht nicht nur das Leben insgesamt und allgemein, sondern er will konkret sein einzigartiges, individuelles Schicksal bis in alle Ewigkeit.

Nietzsche versuchte später, ein wissenschaftlich und logisch scheinendes Argument für die «ewige Wiederkehr des Gleichen» zu liefern:

> Wenn die Welt als bestimmte Größe von Kraft und als bestimmte Zahl von Kraftcentren gedacht werden darf – und jede andere Vorstellung bleibt unbestimmt und folglich unbrauchbar –, so folgt daraus, dass sie eine berechenbare Zahl von Combinationen, im großen Würfelspiel ihres Daseins, durchzumachen hat. In einer unendlichen Zeit würde jede mögliche Combination irgendwann einmal erreicht sein; mehr noch, sie würde unendliche Male erreicht sein. Und da zwischen jeder ‹Combination› und ihrer nächsten ‹Wiederkehr› alle überhaupt noch möglichen Combinationen abgelaufen sein müssten und jede dieser Combinationen die

ganze Folge der Combinationen in derselben Reihe bedingt, so wäre damit ein Kreislauf von absolut identischen Reihen bewiesen: die Welt als Kreislauf, der sich unendlich oft bereits wiederholt hat und der sein Spiel in infinitum spielt.[41]

Der «abgründigste Gedanke» war Nietzsche allerdings nicht durch derartige Überlegungen, sondern spontan im August 1881 am See von Silvaplana gekommen. Als «höchste Formel der Bejahung» ist er das Grundkonzept im Zarathustra.[42] Joseph Simon kommentierte:

> Alles «darf» ewig wiederkehren. Nichts «soll» «besser» werden oder anders sein, als es im Zusammenhang mit allem ist.

Simon setzte Wörter wie «darf», «soll» und «besser» in Anführungsstriche, weil Zarathustra-Nietzsche ja gerade die Allgemeingültigkeit von Werten und wertenden Begriffen in Frage stellt. «Es ist der unverwechselbare einzelne Mensch, der seinen Wert in sich hat, allein darin, dass es ihn gibt.»[43]

Wenn sich dieser und jeder Moment unendlich oft wiederholt, dann hat er gleichsam die Ewigkeit in sich. Die Vorstellung mag einen erschauern lassen. Mancher denkt hier vielleicht auch an das Phänomen des Déjà-vu. Dabei hat man das Gefühl, eine bestimmte Situation genau so schon einmal (oder unendlich oft?) erlebt zu haben. Das mag neurologisch auf Schaltfehler im Gehirn zurückzuführen sein. Doch für das Subjekt des Erlebens ist es eine Art Erkenntnisschock. Die Realität erscheint für einige Momente bodenlos, die als selbstverständlich angenommene Zeitlinie durchbrochen. Sollte der Gedanke von der ewigen Wiederkehr auf den Leser einen ähnlichen Effekt haben, dann hat er eine wichtige Funktion erfüllt: Er hat eine Ahnung von Ewigkeit ausgelöst.[44]

Zarathustra spricht seinen tiefsten Gedanken zunächst nicht selbst aus. Seine Tiere formulieren ihn. Sie verstehen das Unmittelbare noch vor allen Begriffen. Deshalb bleiben sie auch bis zum Schluss seine einzigen Gefährten. Der Prophet kann und will seinen «Gedanken» nicht erklären. Er kann ihn nur singen. «Ich liebe dich, oh Ewigkeit!»[45] Und sein wohl berühmtestes Lied, das «neue Tanzlied», stimmt er im vierten und letzten Teil mehrmals an:

> Oh Mensch! Gieb Acht!
> Was spricht die tiefe Mitternacht?
> «Ich schlief, ich schlief –,
> Aus tiefem Traum bin ich erwacht: –
> Die Welt ist tief,
> Und tiefer als der Tag gedacht.
> Tief ist ihr Weh –,
> Lust – tiefer noch als Herzeleid:
> Weh spricht: Vergeh!
> Doch alle Lust will Ewigkeit –,
> will tiefe, tiefe Ewigkeit!»[46]

Am Ende tritt Zarathustra, inzwischen weißhaarig, vor seine Höhle und sagt:

> »Diess ist mein Morgen, mein Tag hebt an: herauf nun, herauf, du grosser Mittag!»
> Also sprach Zarathustra und verliess seine Höhle, glühend und stark, wie eine Morgensonne, die aus dunklen Bergen kommt.[47]

So endet Nietzsches *Also sprach Zarathustra.*

Und Nietzsche weinte

Der Zarathustra des Buches ist nicht Nietzsche. Aber er ist Nietzsches Erfindung und nicht etwa ein Religionsstifter, der tatsächlich gelebt und gelehrt hätte. Osho neigt in seinen Kommentaren gelegentlich dazu, Zarathustra unabhängig von Nietzsche zu sehen und seine Aussagen auf eine Ebene mit denen von Buddha, Chuang-tzu oder Jesus zu stellen. Das mag Nietzsche ehren. Es ist dem deutschen Philosophen gelungen, eine Figur zu erschaffen, die als erwachter Meister sogar erwachte Meister überzeugt …

So begann Osho seine Diskurse über Nietzsches *Also sprach Zarathustra* auch mit einem großen Lob:

> Friedrich Nietzsche ist vielleicht der größte Philosoph, den die Welt je gesehen hat. Er ist auch noch groß in einer anderen Dimension – von der viele Philosophen nicht einmal wissen: er ist ein geborener Mystiker.[48]

«Das Unglück mit ihm ist nur, dass er im Westen geboren wurde», meinte Osho dann und führte aus, dass Nietzsche keine Ahnung von Meditation gehabt und die Höhenflüge seines Zarathustras nur imaginiert habe. «Er hat sie ganz sicher nicht erfahren.» Doch dann lautete Oshos nächster Satz:

> Und er hat auch nicht vergessen, wieder Mensch zu werden. Auf diese Idee, wieder von den Höhen niederzusteigen zum Marktplatz, von den Sternen niederzusteigen zur Erde, ist außer ihm noch kein Mensch gekommen.[49]

Abrupter Wechsel der Ebenen – vom Philosophen Nietzsche zum erleuchteten Zarathustra. Und wohl auch insofern nicht richtig, da etliche Zen- und Sufi-Meister – wie Osho selbst in vielen anderen Diskursen ausführte – «zum Marktplatz» zurückgekehrt sind. Osho hatte den Philosophieprofessor, der er einmal war, schon seit Jahrzehnten hinter sich gelassen. Er analysierte nicht, sondern spiegelte einfach wider. Doch was?

Zum einen das unberechenbare Spiel des Lebens selbst. Dabei wird jeder logische Zusammenhang gnadenlos in Momentaufnahmen aufgelöst. Jetzt hoch, jetzt tief. Jetzt die Erkenntnis zeitloser Wahrheit, jetzt die hoffnungslose Verzweiflung. Stets wechselnde Bilder eines Kaleidoskops. Doch eines bleibt: Das Ja zum Leben. Nietzsches «Übermensch» wird in Oshos Vision zum «Neuen Menschen». Er streicht nur das «Über», weil es zu sehr zum Vergleichen verführt. Zum anderen spiegeln Oshos Kommentare eine ganz eigentümliche und widersprüchliche Einheit von Nietzsche und Zarathustra wider. Wer könnte einen solchen Propheten so lebendig werden lassen, wenn er sich dabei nicht selbst ganz und gar mit seinem eigenen Leben einbrächte?

Einige Eigenschaften der Fantasiegestalt Zarathustra repräsentieren wohl das, was Nietzsche gern gelebt hätte. Er musste sich wegen seiner heftigen Migräneanfälle oft tagelang in dunkle Räume zurückziehen. Dabei liebte er die Sonne. Zarathustra hat keine Migräne. Er ist gesund und körperlich fit. Doch die wichtigeren Qualitäten, seine Selbstdisziplin, sein Mut zum Alleinsein, seine Bereitschaft, zu teilen und die ganze Bandbreite des Lebens auszukosten, das alles hat Nietzsche selbst erfahren und durchlebt.

Wie einsam mag sich Nietzsche gefühlt haben, als sein *Zarathustra* nur vierzigmal verkauft wurde und selbst seine letzten Freunde verständnislos den Kopf schüttelten. Sicher konnte er nicht immer über sein Schicksal lachen. Doch auch sein Zarathustra ist ja kein «Übermensch» in dem Sinne, dass er allem Menschlichen enthoben wäre. Ganz im Gegenteil. Er lacht und weint, tanzt und trauert, ist der Wahrheit gewiss und zweifelt wieder. Er stellt sich nicht über die Menschen.

Alle Gedanken, die Nietzsches Philosophie ausmachen und die er in seinen anderen Werken niederschrieb, finden sich im *Zarathustra*. Nietzsche selbst schlug vor, dieses Werk eher als Musik und nicht als Philosophie aufzunehmen. Sein *Zarathustra* ist eine Tragödie, geboren aus dem Geiste der Musik. Der Held scheitert tragisch. Zarathustra wird zwar nicht gekreuzigt; er ist am Schluss immer noch «glühend und stark». Doch seine Mission ist gescheitert. Er wollte die Menschen zu ihrer ureigensten Wahrheit, ihrer Natur, ihrem ungeheuren Potenzial erwecken. Doch kein Mensch erwachte. Nur seine tierischen Gefährten, der Adler und die Schlange, sind bei ihm geblieben. Ein Löwe ist noch dazugekommen. Ist das ein Zeichen? Vielleicht hat der Mensch damit begonnen, sich die «Freiheit zu rauben, neue Werte zu setzen». Vielleicht.

Nietzsche verstand seinen Zarathustra als einen tragischen Helden und die Philosophie überhaupt als eine Tragödie. Was ist eine Tragödie? Wenn der Held gegen sein Schicksal ankämpft und scheitert. So gesehen ist das ganze Leben eine Tragödie. Jeder von uns kämpft gegen die Widrigkeiten des Lebens an, gegen Krankheiten und Tod, und muss schließlich sterben. Was Zarathustra und die Philosophie betrifft – da geht es zusätzlich darum, dass auch jede Kommunikation scheitern muss. Denn alle Begriffe verallgemeinern.

Was sagt Advaita, was sagen Ashtavakra oder Buddha dazu? Nietzsche hatte Recht, wenn er lehrte, *alles* zu bejahen. Er hätte aber auch ebenso gut *alles* verneinen können. Denn es kommt letztlich nicht auf das Ja oder Nein zum Leben an. Das bezieht sich immer auf Inhalte, auf Gegenstände des Bewusstseins. Die entscheidende Frage ist: Wer oder was nimmt all dies wahr? Wer ist es, der das Leben ablehnt oder – in einem unerhörten Akt der Selbstüberwindung – alles immer wieder will? Wer oder was kreiert und beobachtet all diese Gedanken und Konzepte? «Ewige Wiederkehr». Fürwahr: ein ungeheuerlicher, «abgründiger» Gedanke! Aber letztlich doch nur ein Gedanke. Wer denkt ihn, nimmt ihn wahr – jetzt!?

Und dann die Spaltung des Geistes zwischen Erde und Himmel. Nietzsche warf sie Jesus und Buddha vor. Die «Erlöser» versprechen einen Ausweg aus diesem Leben. Doch ist das wirklich Buddhas Lehre? Sagt er nicht klipp und klar: «Samsara und Nirvana sind eins»? Die Welt ist zugleich das Nichts, die Leere. Es ist nicht nötig, einen Willen der Bejahung zu trainieren. Man muss nur die Natur der Dinge, ihr Sosein, erkennen. Doch Nietzsches Zarathustra erinnert daran – aus einem ganz anderen geschichtlichen Hintergrund heraus: Diese Erkenntnis kann weder durch Anbetung eines Gurus noch durch Selbsterniedrigung «erkauft» werden. Ich bin das ewige Leben, jetzt, mit allen Höhen und Tiefen, allem Guten und Bösen. Es gibt kein Entkommen.

In seinem Roman *Und Nietzsche weinte* lässt Irvon D. Yalom den Wiener Arzt Dr. Breuer, einen Freund und Kollegen von Sigmund Freud, Nietzsche begegnen. Es kommt dabei zu einer Art gegenseitiger Therapie. Viele Biografen haben Nietzsche darzustellen versucht, doch hier wird er so lebendig, als würde er einem gegenübersitzen. Breuer fragt: «Dann verspricht die ewige Wiederkehr eine Art Unsterblichkeit?» «Nein!», rief Nietzsche.

> Ich lehre, dass das Leben niemals zugunsten des leeren Versprechens eines anderen Lebens in der Zukunft gelebt oder zermalmt werden darf. Unsterblich ist nur dieses Leben, dieser Augenblick. Es gibt kein Leben danach, kein Ziel, auf welches dieses Leben zustrebt, kein apokalyptisches Tribu-

nal, kein jüngstes Gericht. Dieser Moment dauert ewig, und Sie allein sind Ihr ganzes Publikum.[50]

Die Schlange als Seil erkennen: Edmund Husserl

Nach Schopenhauer und Nietzsche, den gefühlsbetonten Verkündern eines irrationalen Urgrundes des Lebens, kehren wir nun zu einer an der Logik orientierten Philosophie zurück. Edmund Husserl (1859–1938), ein nüchterner Gelehrter und Philosophieprofessor, begründete Anfang des 20. Jahrhunderts eine neue Richtung, die bis heute aktuell geblieben ist. Er nannte sie Phänomenologie. Es ist eine praktische Methode, die Dinge so zu erforschen, wie sie dem Bewusstsein unmittelbar erscheinen. Jeder kann diese Methode für sich und an sich selbst ausprobieren. Sollten wir ein Seil für eine Schlange halten, dann können wir diesen Irrtum phänomenologisch aufdecken und in unserem Bewusstsein beobachten, wie eine solche Täuschung zustande kommt. Und zwar konkret in jedem einzelnen Fall wie auch im umfassenden Sinne, für den das Beispiel bei Shankara steht. Wir können in uns selbst erkennen, wie das Bewusstsein eine Welt und ein Ich aufbaut und für real hält.

Der Name Husserl ist in Deutschland längst nicht so bekannt wie der seiner berühmtesten Schüler, Martin Heidegger und Jean-Paul Sartre. Das hat einen unrühmlichen Hintergrund. Edmund Husserl war Jude und wurde von den Nazis ins Abseits gestellt. Im Gegensatz etwa zu Sigmund Freud, der bereits zu Lebzeiten weltberühmt war, konnte Husserl mundtot gemacht und totgeschwiegen werden. Seine Manuskripte, über fünfundvierzigtausend Seiten in Gabelsberger Stenografie, wurden nach Holland gerettet. Dort erschien dann die erste Gesamtausgabe seiner Werke. Auch nach der Nazizeit fand Husserls Phänomenologie in Deutschland nicht so viel Resonanz wie in anderen europäischen Ländern, Amerika und Japan. Das wahre Potenzial dieser «Bewusstseinsforschung» ist vielleicht erst noch zu entdecken.

Husserl promovierte in Mathematik; er war Logiker. Was Mathematiker und Logiker beschäftigte, interessierte in der Regel nur eine kleine Gruppe von Spezialisten. Doch seine *Logischen Untersuchungen*, 1900 und 1901 erschienen, erregten nicht nur in der Fachwelt Aufsehen. Husserl widerlegte darin den so genannten «Psychologismus» und begründete zugleich die Phänomenologie.

Gegen Ende des 19. Jahrhunderts herrschte die Auffassung, dass die Logik nur eine Art Unterabteilung der Psychologie sei. Die angeblich zeitlos gültigen Wahrheiten, etwa eine so simple wie der mathematische Satz 2 + 2 = 4, seien letztlich immer das Resultat von Gedanken, die in einem bestimmten Kopf zu einer bestimmten Zeit abliefen. Ist das nicht einleuchtend? Würde niemand denken, gäbe es kein 2 + 2 = 4. Und hätten wir andere Gehirne, würde womöglich eine ganz andere Logik entstehen.

Husserl widerlegte diese Behauptung, indem er auf einen ganz wesentlichen Unterschied zwischen zwei Ebenen aufmerksam machte: der methodisch-instrumentalen und der inhaltlichen Ebene. Zwar werden in der Wissenschaft Instrumente und Methoden eingesetzt, um zu bestimmten Ergebnissen zu gelangen. Mathematiker verwenden Tabellen und «Rechenmaschinen» – heute heißen sie Computer –, Astronomen benutzen Teleskope usw. Diese Hilfsmittel verändern sich und sind auf konkrete Umstände abgestimmt. Doch ob die Sätze, die dann als Erkenntnisse formuliert werden, gültig sind oder nicht, liegt auf einer anderen Ebene der Beurteilung. Die ist von den jeweiligen Instrumenten und Methoden unabhängig. Ein Computer gehorcht physikalischen Gesetzen, die ausgedruckte Zahlenformel dagegen mathematisch-logischen.[51] Ebenso würde ein Neurologe die Ebenen verwechseln, wenn er die Richtigkeit oder Bedeutung von Gedanken an der Geschwindigkeit von Gehirnprozessen feststellen wollte.

Die Phänomenologie soll «Philosophie als strenge Wissenschaft» und nicht Weltanschauung sein. Sie soll allgemein gültige Erkenntnisse erbringen: zu allem, was sich überhaupt fragen und denken lässt. Die Erkenntnisse dürfen der Psychologismus-Kritik zufolge nicht daran gebunden sein, wer sie findet oder denkt. Doch zugleich sind sie nur im Bewusstsein zu entdecken. Ist das nicht ein Widerspruch? Wer erforscht denn hier wessen Bewusstsein? Ist es nicht der Phänomenologe Husserl selbst? Was unterscheidet ihn von einem Psychologen, der seine gerade aufkommenden Gedanken und Gefühle beobachtet und beschreibt? Was hebt die Phänomenologie über die persönliche Ebene hinaus? Für den Anspruch einer «strengen Wissenschaft» musste Husserl eine logisch nachvollziehbare Begründung finden, und daran arbeitete er auch immer wieder.

Sein Ausgangspunkt war das, was er «originäres Gegebensein» nannte. Wenn wir etwas unmittelbar erleben, ist das für uns unbezweifelbar wahr. Der Zeuge im Gericht glaubt nicht nur, den Täter gesehen zu haben. Er weiß es. Er hat ihn deutlich gesehen und erkennt ihn wieder. Seine Aussage hat Gewicht. Einfach deshalb, weil die direkte Wahrnehmung der Wahrheit am nächsten kommt, näher jedenfalls als Schlussfolgerungen aufgrund von Indizien. Besser ist es natürlich, mehrere Zeugen zu haben. Dadurch entsteht eine Art «Objektivität». Grundlage bleibt jedoch die subjektive Gewissheit der einzelnen Zeugen. Diese subjektive Gewissheit nannte Husserl «Evidenz»: das aus sich heraus Ersichtliche.

Wichtig ist hier zu erkennen, dass die subjektive Wahrheit immer die Grundlage für die objektive Wahrheit ist. Und dabei hat «objektiv» verschiedene Bedeutungen. Die oberflächlichste, heute aber populärste, ist diese: Jede Umfrage von Psychologen und Meinungsforschern lässt aus vielen einzelnen subjektiven Aussagen das scheinbar «objektive» Ergebnis entstehen. Angenommen, ein neues Parfüm wird getestet. Eintausend oder mehr Menschen wurden befragt. Sie alle nahmen den Duft wahr – er war ihnen «originär gegeben» – und kreuzten im Fragebogen eines von sechs Urteilen an, von «verführerisch» bis «abstoßend». Die Studie behauptet nach der Auswertung: Neunzig Prozent aller Befragten sind begeistert. Das Parfüm ist «objektiv» gut. Einige wenige fanden das Parfüm jedoch abstoßend. Ob die nun an ihrem eigenen Urteil zweifeln?

Husserl hätte wohl gesagt: Wie andere das Parfüm empfinden, ist zweitrangig. «Originär gegeben» ist nur die eigene Empfindung. Doch ein Zweifel wäre verständlich. Denn die befragten Personen erkannten in ihrem Riechen und Beurteilen noch kein allgemein gültiges Gesetz des Bewusstseins. Erst das macht, in Verbindung mit der inneren Gewissheit, phänomenologische Erkenntnis aus.

Hier kommt nun ein tieferer Sinn von «Objektivität» ins Spiel. Die Phänomenologie geht wie Kant davon aus, dass jedes Objekt, sei es ein Stern, ein Tisch, ein Atom oder eine mathematische Formel, immer Objekt für ein Bewusstsein ist. Die Frage lautet also nicht: Wie kommt unser Bewusstsein oder Denken an dieses Ding heran? Es existiert ja sowieso nur innerhalb unseres Erkenntnishorizontes. Die Frage lautet vielmehr: Wie ist es möglich, dass unser Bewusstsein das Ding als etwas erkennt, das unabhängig von den einzelnen Augenblicken der Wahrnehmung existiert?

Man kann sich das an einer Folge von Momentaufnahmen klar machen. Ein Tisch, um den wir herumgehen. In jeder Sekunde eine neue Perspektive. Wir wissen, der Tisch ist mehr als die jeweilige Ansicht. Er erscheint oval, ist aber «in Wirklichkeit» rund. So «übersteigt», «transzendiert» er als Ding unsere augenblickliche Wahrnehmung. Doch woher kommt unser Wissen, «da ist mehr, als ich gerade sehe»? Sicher nicht vom Tisch.

Hier wirkt laut Husserl ein Gesetz des Bewusstseins, dem wir uns nicht entziehen oder widersetzen können. Er nannte es «Intentionalität». Mit diesem Begriff werden mehrere Aspekte des Bewusstseins zugleich erfasst: Es ist in seinen «Akten» des Denkens, Wahrnehmens, Fühlens oder Wollens immer auf ein Objekt ausgerichtet, wie ein Bogenschütze.[52] Außerdem hat das Bewusstsein in sich eine Art Verlangen, ein gleichsam mitgegebenes Interesse, das gedachte oder wahrgenommene Objekt so anschaulich wie möglich zu erfahren.

Es scheint fast, als wäre das Bewusstsein verliebt in das, was es zu erfahren sucht. Wenn wir uns in jemanden verlieben, wollen wir diesen Menschen besser und tiefer kennen lernen. Wir wollen ihn in all seinen Facetten und seinem Wesen erfassen. Wir ahnen, fühlen, erkennen dabei, dass der andere unerschöpflich ist. Wir würden ihn gern ganz und gar für uns haben und wissen zugleich tief drinnen, dass dies nicht möglich ist.

Das Verliebtsein benutze ich hier nur als ein Bild. Die Struktur des Bewusstseins, sich alles so anschaulich wie möglich präsentieren zu wollen, liegt für Husserl vor oder unterhalb von Phänomenen wie der Verliebtheit. Die Intentionalität in ihrer doppelten Eigenschaft (auf Objekte bezogen und zugleich über die jeweilige Ansicht hinausstrebend) bildet das Fundament jeder Erkenntnis und allen Verstehens.

Ein weiteres Beispiel: Ich lese diese Worte. Ein neuer Satz beginnt. Ich wüsste gern, wie es weitergeht. Ich bin davon überzeugt, es kommt noch mehr. Da sind noch etliche Seiten. Jedes einzelne Wort mag im Bruchteil einer Sekunde für sich stehen, doch der Sinn ergibt sich aus dem Vorher und daraus, dass etwas folgen wird. So wie jedes Wort nur verständlich wird in einem Umfeld von Worten, mit einem Horizont von «dass und wie es weitergeht», so ist es grundsätzlich mit allem, was und wie wir (auch uns selbst) erleben. Das Bewusstsein schickt in jedem Moment gleichsam Pfeile aus, die über das genau jetzt Gegebene hinausgehen. Nur so kann die so gut wie nie bezweifelte Überzeugung entstehen, dass ich als Person mit relativ stabilem Körper in einer «objektiv existierenden» Welt lebe.

Wie unser Bewusstsein stets diese Überzeugung nährt, entgeht normalerweise unserer Aufmerksamkeit. Der Phänomenologe hat aber die Aufgabe, genau das zu erforschen. Dazu muss er selbst etwas aufgeben, nämlich den Glauben, dass diese Welt und er selbst darin als eine reale Person existierten. Er soll die Realität der Welt weder bejahen noch verneinen, sondern sich in diesem Punkt neutral verhalten. Husserl nannte diese Haltung «Epoche» (griechisch für «Innehalten») oder auch «Einklammerung». Das gehört zur Methode der Phänomenologie. Warum? Weil wir nur in der «Epoche» oder «Einklammerung» unsere Aufmerksamkeit darauf richten können, wie sich das Bewusstsein in jedem Moment die Welt aufbaut.

Wenn wir den Tisch für die Partygäste decken, achten wir nicht darauf, wie unterschiedlich wir ihn in jedem Moment wahrnehmen. Es ist eben einfach nur ein Tisch. Wir fragen nicht, ob er real ist oder nicht. Wir denken gar nicht daran, seine Existenz «einzuklammern». An dieser praktischen Einstellung ist nichts falsch. Das ist die Welt, in der wir leben. Diese «Lebenswelt» dient dem Phänomenologen als Forschungsfeld. Hier ist alles enthalten: vom Essverhalten bis zur Verliebtheit, von der Mikrobe bis zu den Sternen, von der Mathematik bis zur Dichtung. Nur betrachtet der Phänomenologe die Lebenswelt unter anderen Vorzeichen. Er enthält sich der Überzeugung, dass sie wirklich existiert. Er beobachtet nur möglichst genau und unvoreingenommen, wie sie dem Bewusstsein erscheint.[53]

Zeit und Sein

Können wir die so unterschiedlichen Philosophien von Schopenhauer, Nietzsche und Husserl auf einen gemeinsamen Nenner bringen? Sicher: Es ging ihnen, wie allen Philosophen, um Erkenntnis und Wahrheit. Doch da ist ein bestimmter Aspekt, der immer wieder aufscheint, oft untergründig. Er könnte sich als das eigentliche Thema dieser Philosophen erweisen: der mysteriöse Faktor Zeit.

Der Begriff Wille weist auf die Zukunft. Er enthält in sich einen Zeitfaktor. Das Gleiche gilt für Husserls Intentionalität des Bewusstseins. Wille und Intention drängen nach Erfüllung. Es geht hier offensichtlich um eine subjektiv erlebte Zeit, nicht um die gleichmäßig tickende Uhr, mit der Physiker feststellen, wie lange ein bestimmter Prozess oder ein Experiment dauert und was vorher und nachher, früher oder später passiert.

Was Schopenhauer, Nietzsche und Husserl vor vielen anderen Philosophen auszeichnet, ist etwas scheinbar ganz Selbstverständliches: Sie thematisieren unser Leben hier auf der Erde, unsere Existenz. Sie stellen die Frage, die uns im Innersten bewegt: Warum leben wir, um nach relativ kurzer Zeit wieder sterben zu müssen? Wir können weder die Tatsache begreifen, dass wir überhaupt da sind, noch die, dass wir wieder verschwinden werden. Wissen wir nicht im Grunde nur allzu gut, woher all unser Suchen nach Erkenntnis, nach Befreiung und Selbstverwirklichung kommt? Aus der Angst vor unserem eigenen Ende. Unsere Zeit läuft ab. Gibt es ein Entkommen? Ist das nicht unsere eigentliche, bange Frage?

Martin Heidegger (1889–1976) dachte die Phänomenologie seines Lehrers Husserls weiter in eine Richtung, die ihm den Ruf des «Existenzphilosophen» einbrachte. In seinem Hauptwerk *Sein und Zeit* beschrieb er – oft mit ganz eigenen, ungewöhnlichen Begriffen –, wie wir die Welt und uns selbst verstehen.[54] Als Babys schauen wir staunend in die Welt. Doch unser Verstehen beginnt mit dem Begreifen. Die Dinge sind etwas «Zuhandenes». Wir können mit ihnen etwas anfangen und machen. Sie sind «Zeug». Das ist gegenüber der Philosophie von Schopenhauer und Nietzsche keine neue Erkenntnis. Wir verstehen die Welt und uns selbst eben so, wie es für unser Überleben am besten ist. Doch mit der von Husserl entwickelten phänomenologischen Methode gelang Heidegger eine besonders treffende und eindringliche Beschreibung, wie uns die Dinge in ihrer Funktionalität, in ihrem «Verweisungszusammenhang» gegeben sind.

Kein Objekt erscheint einfach als es selbst, so wie es ist, sondern immer in seinem Nutzen. Und der größere Zusammenhang, in dem wir es wahrnehmen, ist unser eigenes Überleben. Die Zeit, die uns bleibt. So sehen und verstehen wir letztlich alles vor dem Hintergrund der Endlichkeit. Doch nicht bewusst. Denn gerade die Tatsache, dass man sterben muss, wird stets verdrängt. Nur wer den Mut hat, diesem Faktum ins Auge zu blicken, kann die Dinge so sehen, wie sie sind.

Heidegger machte damit die eher nüchtern-wissenschaftliche «Epoche» Husserls zu einer radikal-existenziellen Entscheidung im Sinne Nietzsches. Um die Dinge und sich selbst zu erkennen, braucht der Philosoph nicht nur Muße und Distanz, wie schon die alten Griechen sagten. Er muss vor allem imstande sein, seine eigene Endlichkeit und Vergänglichkeit zu erkennen und zu ertragen. Dann erscheint alles in einem ganz anderen Licht. So unangenehm es sein mag: Dieses kleine Ich wird verschwinden. Der Tod ist unausweichlich. Erst wenn diese Tatsache voll und ganz erkannt wird, zeigt sich alles in seinem wahren Sein.

8 Die vierte Beleidigung

Sigmund Freud (1856–1939) schätzte seine Psychoanalyse als die «dritte Beleidigung des menschlichen Narzissmus» ein.[55] Narziss ist jener mythische Schönling, der sich in sein eigenes Spiegelbild verliebte. Er war – wie wir alle – auf ein Bild von sich selbst fixiert. Wir nennen das landläufig «Ego». Und diesem Ego geht es nun an den Kragen, an seine Schminke und sein überhebliches Getue – an seine Selbstverliebtheit.

Die erste Beleidigung des Menschen sei, so Freud, Kopernikus' Entdeckung gewesen, dass sich die Erde um die Sonne drehe. Die Erde stellt nicht den Mittelpunkt des Universums dar, sondern ist nur einer von vielen, möglicherweise ebenfalls bewohnten Planeten. Damit rückt auch der auf ihr lebende Mensch in eine peinlich unbedeutende Position. Der Gott des Mittelalters kann ihn nicht mehr wie auf dem Präsentierteller beobachten und behüten, belohnen und bestrafen. Ein Witz bringt dies ganz gut zum Ausdruck: Als der Papst am Himmelstor von Petrus lautstark eine bevorzugte Behandlung verlangt, meint Petrus: «Papst? Erde? Bitte geben Sie mir erst mal die Planeten-Nummer. Was glauben Sie, von wie vielen Planeten die Leute kommen? Ich muss das in der Bibliothek überprüfen.»[56]

Kants Philosophie von der subjektiven Weltsicht wird als «kopernikanische Wende» bezeichnet. Eine Wende ist es ganz sicher: Von der äußeren Unendlichkeit in die innere. Doch zugleich steht ja nun das Subjekt wieder im Mittelpunkt des Universums! Ist das ein Versuch, den Menschen wieder wichtig zu machen? Scharfsinnige Philosophen wie Nietzsche haben das so verstanden: als einen Trick, den Menschen doch noch ins Zentrum zu rücken.

Die zweite Ohrfeige verteilte Charles Darwin mit seiner Theorie, dass der Mensch vom Affen abstamme. Das ließ sich kaum noch mit der Vorstellung vom Menschen als Ebenbild Gottes vereinbaren. Trotz allgemeiner Empörung, die auch heute noch nicht abgeklungen ist – die Biologen, Gen- und Gehirnforscher haben die endgültigen, niederschmetternden Beweise erbracht. Der Mensch ist nicht etwa ein entfernter Verwandter oder eine herausragende Weiterentwicklung, nein: Er *ist* ein Affe. Er gehört zur Art der «Schimpansenartigen». Weder sein Verhalten noch seine Gehirnstruktur weisen auf einen gewaltigen «Evolutionssprung» hin.[57]

Die dritte Beleidigung ist Freuds Modell vom Ich. Eingequetscht zwischen den unbewussten Wünschen und Trieben des «Es», den gesellschaftlichen Normen des «Über-Ich» und den Anforderungen der wahrgenommenen Umgebung kann es kaum mehr als eine hilflose Diener- oder Vermittlerrolle spielen. Die Psychoanalyse bietet sich dem eingeklemmten Ich als Helfer an. Es kann sich einiger unbewusster Kräfte bewusst werden und sie teilweise in sein alltägliches Leben integrieren.

Doch wenn sich nun das Ich selbst als bloßes «Hirngespinst» erwiese? Wie stehe ich dann da? Die vierte und wohl größte Beleidigung für das «Ego» ist, nachgewiesen zu bekommen, dass es in Wirklichkeit überhaupt nicht existiert. In diese Richtung weisen die neuesten Erkenntnisse der Neurobiologen und Gehirnforscher. Sie führen die Analyse Freuds in eine erstaunliche Richtung weiter.

Das Ich der Psychoanalyse

Sigmund Freud begann seine Karriere in Wien als Gehirnforscher, nicht als Psychologe oder gar Psychotherapeut. Er studierte Medizin und war Schüler von Ernst Brücke, der alles Geistige auf Gehirnprozesse zurückführen wollte. Von 1883 bis 1886 erforschte Freud als Assistenzarzt im Labor des Hirnanatomen Theodor Meynert, der als führender Neurologe in Europa galt, die Stammhirnfunktionen von Wirbeltieren. 1896 arbeitete er mit einem Kollegen, dem Neurologen Joseph Breuer, an den *Studien über die Hysterie*, zugleich aber auch an einer Schrift über das Nervensystem. Dieser erst 1950 veröffentlichte *Entwurf einer Psychologie* integriert die damals neue Erkenntnis, dass das gesamte Nervensystem des Körpers aus Nervenzellen (Neuronen) aufgebaut ist und dass bestimmte Teile des Gehirns für unbewusste, andere für bewusste Vorgänge zuständig sind.[58]

Freuds Durchbruch war das Werk *Die Traumdeutung* (1900). Das Psychisch-Unbewusste beweist seine Existenz in unseren Träumen. Und wir haben Zugang dazu, können es über verschlüsselte Traumsymbole verstehen. In den nächsten Jahren folgten weitere wichtige Abhandlungen. Die Psychoanalyse wuchs schnell als eine neue und eigenständige Richtung zwischen Psychologie und Medizin. Einige ihrer Grundbegriffe sind so populär geworden, dass sie heute zur alltäglichen Sprache und zum Selbstverständnis des westlichen Menschen gehören: unbewusst, unterbewusst, Es, Über-Ich, Hysterie, Neurose, Projektion, Verdrängung, Zensur, Ödipus-Komplex, Penisneid, Sexual- und Todestrieb, Lustprinzip, Libido usw. Wir machen uns gegenseitig auf «Freud'sche Versprecher» aufmerksam, deuten Träume als Symbolsprache oder Bilder für verdrängte sexuelle Wünsche und gehen wie selbstverständlich davon aus, dass ein großer Teil unseres Verhaltens unbewusst ist.

Mit «unbewusst» meinen wir allerdings meist ein antrainiertes oder automatisiertes Verhalten – gehen, essen, Auto fahren. Alles, was wir gelernt haben, läuft automatisch ab. Wir können zwar jederzeit, müssen aber nicht bewusst bei der Sache sein. Das ist nicht das eigentliche Thema der Psychoanalyse. Ihr Unbewusstes ist dem Ich verschlossen. Es hat die Tür gleichsam von innen zugesperrt. Das Ich weiß nicht, was hinter der Tür verborgen ist. Und doch bestimmt dieses Verborgene unsere Entscheidungen, unser Leben. Beliebter Krimistoff (Klischee): Ein psychopathischer Serientäter ermordet rothaarige Frauen. Seine Mutter war rothaarig. Sie hat ihn als Kind grausam bestraft. Doch er hat das vergessen, «verdrängt». Keinesfalls absichtlich oder bewusst. Das Unbewusste hat zum Schutz des bewussten Ich «zensiert»: keine Erinnerung. Doch leider blieb etwas anderes: der für den Killer selbst unerklärliche und unkontrollierbare Drang, rothaarige Frauen zu töten.

Mit derartigen (vereinfachten) Bildern von der Macht des Unbewussten sind wir geradezu überfüttert. Irgendwo lauert stets der Verdacht: Weiß ich wirklich, was ich tue? Könnte es da nicht ein Kindheitstrauma geben, das mich daran hindert, eine Beziehung einzugehen? Warum habe ich so wenig Selbstvertrauen? Liegt es an der Dominanz meines Vaters? Oder bin ich als Kind gar missbraucht worden?

Die komplexe Theorie von Freud und die vielen therapeutischen Richtungen, die im 20. Jahrhundert daraus entstanden, kann ich hier nicht annähernd skizzieren. Doch so viel möchte ich behaupten: Die Psychoanalyse hat erheblich dazu beigetragen, dass wir unserem bewussten Ich wenig Kontrolle, Selbständigkeit und Entscheidungsfreiheit zutrauen. Die dritte Beleidigung hat gesessen. Das macht die vierte vielleicht erträglicher.

Hirnforschung: Wer oder was trifft die Entscheidungen?

Die Versuchspersonen konzentrieren sich auf ihre Aufgabe. Sie sollen innerhalb einer kurzen Zeitspanne spontan eine von zwei Tasten drücken – rechts oder links. Alles wird von komplizierten Geräten in Millisekunden registriert und aufgezeichnet. Wann genau der Tastendruck erfolgt, was wann im Gehirn passiert. Unzählige Male haben die Apparate bereits in anderen Experimenten deutlich angezeigt: Wann immer die Versuchsperson etwas tun will, kommt es in bestimmten Gehirnregionen zu Aktivitäten. Die Experten haben das längst mit einem Begriff in ein System eingeordnet. Sie nennen es «Bereitschaftspotenzial». Das Gehirn schaltet auf «Gleich gibt es etwas zu tun». Diese grundsätzliche Einsatzbereitschaft zeigt sich an elektrochemischen Aktivitäten in beiden Gehirnhälften («symmetrisches Bereitschaftspotenzial»). Die genauen Handlungsanweisungen – welcher Finger drückt welche Taste – sind Millisekunden später in bestimmten Regionen einer Gehirnhälfte erkennbar («lateralisiertes Bereitschaftspotenzial»).

Jede Versuchsperson drückt nun in der vorgegebenen Zeit eine der beiden Tasten. Und jede hat das Gefühl, selbständig und frei entschieden zu haben, wann sie welche Taste drückt. Die Apparatur indes zeigt an: Bereits eine knappe Sekunde vor dem tatsächlichen Tastendruck wird das symmetrische Bereitschaftspotenzial im Gehirn aktiv, eine halbe Sekunde vorher das lateralisierte. Was die Versuchspersonen als ihren freien Willensakt empfinden, scheint diesem Experiment zufolge erst zu geschehen, «nachdem das Gehirn bereits entschieden hat, welche Bewegung es ausführen wird»[59].

Dieses Experiment wurde in seinen Grundzügen erstmals um 1980 von dem amerikanischen Neurobiologen Benjamin Libet durchgeführt. Er wollte eigentlich beweisen, dass es einen freien Willen gibt, und hoffte, dass sich bei den Willensakten der Versuchspersonen erst kurz danach eine Gehirnreaktion zeigt. Der erste Impuls müsste eigentlich spontan im Geiste entstehen. Doch der Versuch widerlegte seine Annahme.[60]

Seit der Jahrtausendwende machen die Gehirnforscher mit ihren Ergebnissen verstärkt von sich reden. Auflagenstarke Magazine und Zeitungen greifen die uralte Frage auf, ob der Mensch einen freien Willen habe oder nicht.[61] Wenn unser Gehirn tatsächlich unsere Handlungen festlegt, *bevor* wir uns entscheiden, dies oder jenes zu tun, dann wird vieles fragwürdig. Zum Beispiel Schuld und Sühne – Grundbegriffe unserer Religion und Rechtsprechung. Wie kann ein Mensch angeklagt und bestraft werden, dessen Handlungen allesamt nachweisbar von unkontrollierbaren Nervenimpulsen gesteuert werden? Wolf Singer, Direktor des Max-Planck-Instituts für Hirnforschung in Frankfurt, sieht zwar weiterhin die Notwendigkeit, dass wir uns vor Verbrechern schützen müssen. Doch statt von «Strafmaß» sollten wir von «Schutzmaß» sprechen. Die Diskussion zwischen Gehirnforschern, Psychologen, Philosophen, Juristen und Geistlichen ist bereits im Gange.[62]

Verfügte der Mensch tatsächlich über einen unbedingten, freien Willen, dann wäre das eine Katastrophe und kein Segen. Darin sind sich Hirnforscher, Psychologen und Philosophen einig. Man stelle sich nur vor, jeder der Millionen Autofahrer würde *nicht* automatisch das Gelernte umsetzen, sondern spontan entscheiden, was im nächsten Moment zu tun ist! Es ist für alle Beteiligten gut, dass unsere Handlungen vom Gehirn gesteuert werden, in dem die «Erfahrung» der gesamten Evolution gespeichert ist. Zugleich ist die bewusste Phase, während derer wir glauben, eine eigene Entscheidung zu treffen, nicht überflüssig. Sie dient dem Gehirn als Signal, dass die bereits eingeleitete Handlung ausgeführt werden kann.

> Das Gefühl der Selbstveranlassung unserer Bewegungen im Willensakt (...) ist für das Gehirn ein Zeichen, dass vor dem Starten der Bewegung die dorsale und ventrale cortical-limbische Schleife durchlaufen wurde und die exekutiven Zentren der Großhirnrinde zusammen mit dem limbischen System sich damit «ausreichend befasst» haben.[63]

Der gesamte Prozess auch nur einer einzigen Handlung ist außerordentlich komplex. Wie schon im *Bhagavad-Gita*-Kapitel skizziert, verstehen wir unter einer Handlung nicht eine unwillkürliche, reflexhafte Bewegung, sondern ein zielgerichtetes Vorgehen. Dabei muss in jedem Moment überprüft werden, ob das Geschehen auch so abläuft, dass es sich dem anvisierten Ziel nähert. Es müssen jederzeit Korrekturen möglich sein. Computergesteuerte Raketen werden heutzutage entsprechend programmiert. Sie können ihr vorgegebenes Ziel womöglich schneller erreichen als jemand, der sich in der Küche etwas zu essen holen will. Auf dem Weg dorthin bemerkt er vielleicht, dass die Pflanzen dringend Wasser brauchen, und versorgt sie. Dann klingelt das Telefon. Die Freundin braucht sofort seine Hilfe, er fährt zu ihr. Irgendwann, nach Stunden, kann er schließlich seinen Hunger stillen, wenn auch nicht, wie ursprünglich gedacht, in *seiner* Küche. Die Rakete hat ihr Ziel inzwischen längst erreicht. Handelt sie etwa effektiver? Nein. Sie handelt überhaupt nicht.

Zum Handeln gehört nicht nur Zielgerichtetheit, sondern auch die «eigene» Entscheidung. Das bedeutet nicht Willensfreiheit, sondern selbst gesteuertes, autonomes Handeln. Der Bremer Hirnforscher Gerhard Roth erklärt:

> Wir Menschen und wohl auch eine Reihe von Tieren besitzen in unserem Gehirn eine Fähigkeit, die uns fundamental von allen bisherigen «Maschinen» unterscheidet, nämlich diejenige zur Selbstbewertung und zur sich daraus ergebenden, erfahrungsgeleiteten Selbststeuerung, zur *Autonomie*. Der Arbeit dieses überlebenssichernden Systems (...) würde eine wirkliche Willensfreiheit fundamental widersprechen. Wenn immer es um die Frage geht, was wir als Nächstes tun

> sollen, dann greift das limbische System auf seine Erfahrungen zurück, die im emotionalen, deklarativen und prozeduralen Gedächtnis gespeichert sind. Diese treten dann als Wünsche, Absichten, Wissensstücke, Handlungsanweisungen und Fertigkeiten in unserem Bewusstsein auf: wir führen sie als bewusstes Ich aus, so als ob wir damit unseren eigenen Vorstellungen folgten.[64]

Wird sich unser Selbstbild aufgrund der Informationen, die uns die Hirnforscher liefern, ändern? Wir wissen, dass das Gehirn jede unserer bewussten Entscheidungen bereits eine halbe Sekunde vorher trifft. Beeinflusst das unser Gefühl, frei entscheiden und handeln zu können? Erkennen wir nun, dass die Vorstellung von einem unabhängig handelnden Ich eine Selbsttäuschung ist? Vielleicht beobachten wir genauer, wie unsere Entscheidungen entstehen und wie sie umgesetzt werden. Das wäre schon ein enormer Schritt.

Die Experimente der Forscher haben ihre Gültigkeit. Doch die Resultate erreichen uns nur aus zweiter Hand. Wir können die Gehirnprozesse eben nicht unmittelbar als solche in uns selbst wahrnehmen. Es fehlt das, was Husserl das «originäre Gegebensein» nannte. Dasselbe gilt für die Erkenntnisse der Physik. Wir «wissen», haben gehört oder gelesen oder sogar im Elektronenmikroskop gesehen: Was wir als feste Dinge sehen, ist «in Wirklichkeit» ein Wirbel von unvorstellbar kleinen Teilchen mit sehr viel Raum dazwischen. Doch wir sehen weiterhin feste Dinge. Und in gleicher Weise fühlen wir uns auch weiterhin als Ich, das entscheidet und handelt. Was wir unmittelbar erleben, ist nicht die Abhängigkeit von Gehirnprozessen. Es sind vielmehr verschiedene Grade von Freiheit, die wir in der Welt erfahren. Mal fühlen wir uns ohnmächtig und zu Entscheidungen gedrängt oder gezwungen, mal fühlen wir uns als freie, spontan handelnde Wesen. Doch was wir auch fühlen, immer herrscht die Überzeugung: Ich bin es, der entscheidet, der dies oder jenes tut, der von anderen eingeschränkt wird oder sich durchsetzt, der spontan tanzt, der redet, verliebt ist oder einfach nicht mehr weiter weiß.

Diese Überzeugung, ein separates Ich zu sein, sitzt tief. Sie ist weder gut noch schlecht. Sie hat ihre Funktion. Nur: Sie ist eine Illusion. Darin stimmen die Hirnforscher und Advaita überein. Die Wissenschaftler sind allerdings meist selbst in der Illusion befangen, sie würden als überpersönlicher und neutraler Beobachter die Wirklichkeit objektiv erforschen und darstellen. Beim Forschungsobjekt Gehirn fällt der Widerspruch besonders auf. Jede einzelne Handlung des Forschers, jeder Schritt im Experiment müsste ja nach den bisher beschriebenen Ergebnissen bereits vom Gehirn, dem untersuchten Gegenstand, bereits eine halbe Sekunde vorher festgelegt sein. Was immer die Forscher anstellen, um herauszufinden, dass kein Mensch Herr seiner eigenen Entscheidung ist: Ihr eigenes Gehirn hat bereits «entschieden», welche Handlungen geschehen, um das Experiment durchzuführen. Ein unausweichlicher Zirkelschluss.

In eine vergleichbar paradoxe Situation geraten die Quantenphysiker. Denn allein die Tatsache, dass die kleinsten Teilchen beobachtet werden, scheint ihr Verhalten zu verändern. In beiden Fällen, bei der Gehirn- wie bei der Quantenforschung, entsteht auf der Subjekt/Objekt-Ebene eine Art unkalkulierbarer «Rückkopplungseffekt».

Im Advaita reicht die Wahrheit über das dualistische Subjekt/Objekt-Schema hinaus. Für das eine und einzige Bewusstsein ist das Gehirn ebenso ein Objekt wie der Verstand, mit dem westliche Philosophen und Wissenschaftler die Wahrheit ergründen wollen.

Wir kehren nun zu der einfachen Frage zurück, die bereits in den *Upanishaden* gestellt, in der westlichen Philosophie und Bewusstseinsforschung jedoch anscheinend stets übersehen wurde: Wer oder was erforscht die Welt und sich selbst? Wer ist es, der erkennen, sich selbst erkennen will?

IV

RAMANA MAHARSHI UND DIE SELBSTERFORSCHUNG

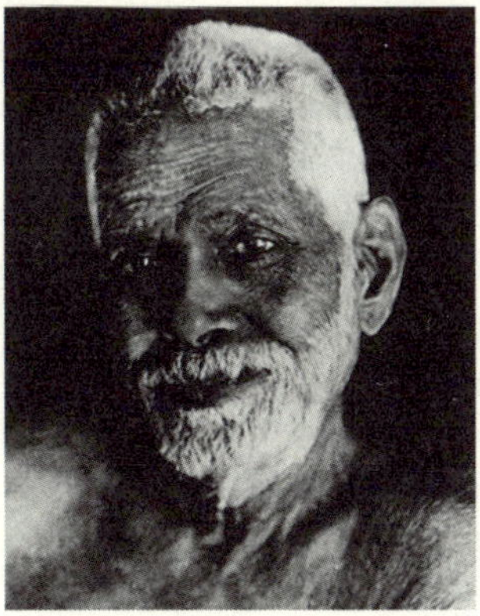

Auf der globalen Zeitschiene gehen wir nur wenige Jahrzehnte zurück. Die westlichen Philosophen hatten ihren Auftritt – Szenenwechsel, wir sind wieder in Indien. Gut eintausend Jahre nach Shankara. Die Yogis sitzen immer noch da. Und sagen dasselbe wie eh und je. Die indische Philosophie denkt nicht über ihre eigene Geschichte nach. Kann sich die Wahrheit geschichtlich entwickeln? Nicht für Advaita. Das Eine-ohne-ein-Zweites ist vor Zeit und Geschichte und offenbart sich jetzt, immer jetzt.

Natürlich gab und gibt es in Indien, wie überall auf der Welt, politische und geistesgeschichtliche Veränderungen. In der Auseinandersetzung zwischen Islam und Hinduismus entstand eine neue Religion – der von Nanak (1469–1538) begründete und als Versöhnung gemeinte Sikhismus. Auch die zeitlos schönen Gedichte und Lieder des Mystikers Kabir (1440–1518) sollten auf das Gemeinsame der Religionen hinweisen und die Feindschaft zwischen Moslems und Hindus beenden.

Die Vedanta-Tradition erhielt immer wieder neue, belebende Impulse durch Menschen, die erkannten, dass sie keine separaten Wesen, sondern das Eine Bewusstsein sind. Sie wollten keinesfalls irgendetwas Besonderes sein, wehrten sich allerdings auch nicht dagegen, als Heilige verehrt zu werden. «Geschehe, was zu geschehen hat!» Was ein Hindu in seinem Guru sieht, können wir Westler kaum nachvollziehen. Müssen wir auch nicht. Sollten wir einem «Erwachten» begegnen, wird sich das der Situation angemessene Verhalten schon ergeben. Was andere tun, ist dann völlig nebensächlich.

9 Der Hindu-Heilige

Er wurde in Indien bereits zu Lebzeiten als einer der ganz großen Heiligen verehrt, und westlichen Wahrheitssuchenden gilt er als bedeutendster Advaita-Meister unserer Zeit: Ramana Maharshi (1879–1950). Erstaunlich: Ein Mensch, der sich über fünfzig Jahre seines Lebens an ein und demselben abgelegenen Ort aufhält, keinerlei persönliche Ansprüche stellt oder sich gar «promotet», zieht tausende aus aller Welt an. Ebenso erstaunlich: Einen sechzehnjährigen Schuljungen packt an einem ganz normalen Nachmittag wie aus heiterem Himmel eine unerklärliche Todesangst. Er kämpft nicht dagegen an, sondern beobachtet, wie der Körper in eine Starre verfällt. Und da ist die Erkenntnis: «Der Körper stirbt, aber das Bewusstsein wird vom Tod nicht berührt.»

Was dem jungen Venkataraman, später Ramana Maharshi genannt, an diesem Nachmittag widerfährt, bleibt als Einsicht bestehen.

> »Ich» bin unsterbliches Bewusstsein. All dies waren keine müßigen Gedanken: sie durchfuhren mich wie eine mächtige lebendige Wahrheit, die ich unmittelbar erkannte, fast ohne jeden Denkvorgang. «Ich» war eine Wirklichkeit, das einzig Wirkliche dieses augenblicklichen Zustandes. Alle bewusste Tätigkeit, die mit meinem Körper verbunden war, mündete ein in dieses «Ich». Von diesem Augenblick an forderte das «Ich» oder das «Selbst» in machtvollem Zauber alle Aufmerksamkeit. Die Todesangst war ein für alle Mal ausgelöscht. Ich blieb von dieser Zeit an völlig im «Selbst» versunken.[1]

Ohne mit irgendjemanden über seine außergewöhnliche Erfahrung zu sprechen, verlässt Ramana einige Wochen später das Haus seines Onkels, in dem er seit dem frühen Tod des Vaters wohnte. Es zieht ihn zum Arunachala, dem heiligen Berg Shivas. Als Kind hat er von dem Berg gehört und ihn in einem Traumreich angesiedelt. Doch inzwischen weiß er: Der Arunachala existiert wirklich, nur einige hundert Kilometer entfernt. Mit dem Zug fährt er nach Tiruvannamalai am Fuße des heiligen Berges. Dort lässt er sich den Kopf kahl scheren, gibt seine letzten Habseligkeiten bis auf ein Lendentuch weg und verschwindet in der Tiefe des großen, über eintausend Jahre alten hinduistischen Tempels. Tage später finden ihn einige Priester im dunklen Kellergewölbe, «Patala Lingam» genannt, reglos sitzend. Große Wunden klaffen an seinen von Insekten angefressenen Beinen. Der Junge scheint nicht ansprechbar zu sein und wird zur ärztlichen Behandlung hinausgetragen.

Auch nachdem er körperlich wieder zu Kräften gekommen ist, schweigt Ramana, schreibt schließlich aber seinen Namen und Geburtsort auf. Die Nachricht von dem seltsamen jungen Asketen erreicht auch Alagammal, Ramanas Mutter. Sie kommt zu ihm und fleht ihn an, er möge mit ihr nach Hause zurückkehren. Diese Begegnung wird unterschiedlich beschrieben und interpretiert. In der «harten Version» sieht der Sohn seine Mutter nicht einmal an, sondern notiert nur:

> Was nicht geschehen soll, wird nicht geschehen, so sehr du es auch wünschest. Was aber geschehen soll, wird geschehen, was du auch tun magst, es zu verhindern. Das ist gewiss. Der beste Weg ist deshalb, zu schweigen.[2]

In der «weichen Version» eines Bilderbuchs für indische Schulkinder sagt die Mutter: «Bitte komm wieder mit mir nach Hause, mein Sohn.» Dann heißt es:

> Doch ein Swami ist ein Mann Gottes, er hat weder Vater und Mutter noch ein Zuhause. Ramana sah sie nur still an. Und so musste Alagammal enttäuscht zurückreisen.[3]

Tatsache ist: Ramanas Mutter lebt später mit ihrem Sohn viele Jahre auf dem Arunachala zusammen und stirbt in seinen Armen. Der berühmte Sri Ramana-Ashram in Tiruvannamalai entstand an ihrem Grab.

Doch zunächst lebt und meditiert Ramana an verschiedenen Plätzen und Höhlen auf dem Berg. Eine kleine Gruppe Schüler schart sich um den nun etwa Fünfundzwanzigjährigen. Er spricht nur selten und wenig. Stille Präsenz gilt ihm als die beste Art der Vermittlung dessen, was er als Wahrheit erkannt hat. Später sagt er:

> Ein Verwirklichter sendet Wellen spiritueller Kraft aus, die viele Menschen anzieht. Er mag dabei in einer Höhle sitzen und schweigen. Wir können uns lange Vorträge über die Wahrheit anhören und doch kaum etwas begreifen; doch wenn wir in Verbindung mit einem Verwirklichten kommen, werden wir sofort begreifen, obgleich er nichts sagt.[4]

Ein berühmter Gelehrter, Ganapati Muni, sucht Ramanas Rat und findet anschließend den lang gesuchten inneren Frieden. Er schlägt den Namen vor, der sich in den folgenden Jahren in ganz Indien verbreitet: Bhagavan Sri Ramana Maharshi, «Göttlicher, Ehrwürdiger, Großer Seher Ramana». Der so Betitelte bleibt bis zu seinem Lebensende überaus bescheiden. Jede bevorzugte Behandlung seiner Person lehnt er vehement ab. Man findet ihn schon um vier Uhr morgens in der Ashram-Küche bei der Vorbereitung der Mahlzeiten. Er begegnet allen Wesen mit derselben Hochachtung, heißt sie bedingungslos willkommen. Kinder spielen mit ihm Murmeln, zeigen ihm ihre Bilderbücher und stellen dazu Fragen oder sitzen still bei ihm, wenn er meditiert. Frauen aus der untersten Kaste der Unberührbaren lassen sich nach der harten Feldarbeit von ihm den Rücken mit Wasser besprenkeln.

Auch Tiere fühlen sich wie magisch zu Ramana hingezogen. Er spricht zu ihnen, teilt sein Essen mit ihnen. Einige sollen sogar «erwacht» sein – die Kuh Laxmi, ein Hund, eine Krähe und ein Reh. Ihre Schreine stehen im Sri Ramana-Ashram. Laxmi, die erste Kuh im neu gegründeten Ashram, kommt jeden Tag zu Ramanas Satsangs und steckt den Kopf durch das Fenster. Jahrelang. Als sie eines Tages nicht erscheint, sagt Ramana: «Ich kann nicht ohne Laxmi beginnen. Es muss ihr etwas zugestoßen sein.» Er eilt hinaus und findet sie sterbend am Wegrand, tief eingesunken in einem Morast, aus dem sie sich aufgrund ihrer Altersschwäche nicht mehr befreien kann. Als die Kuh Ramana erkennt, rollen ihr dicke Tränen aus den Augen. Sie stirbt, wie der Guru versichert, glückselig und im Bewusstsein der Formlosigkeit.

Sadhus, so genannte Wandermönche, bitten Ramana, ein Lied zu schreiben, das sie auf ihren Reisen singen können. Eine seiner regelmäßigen, zweistündigen Umrundungen des Arunachala inspiriert ihn zu einer Hymne, die noch heute gesungen wird. Diese «Akshara-Mana-Malai» («Hochzeitsgirlande der Worte») beginnt so: «Bevor mich dein Feuer zu Asche verbrennt, o Arunachala, lasse deinen Regen der Gnade auf mich strömen ...»

Um Ramana herum erleben viele Menschen Wunderbares – Heilung von Körper und Seele, tiefen Frieden. Er habe damit nichts zu tun, wehrt er stets ab. Das sei die Gnade Shivas und seiner Manifestation, des Berges Arunachala.

Auch westliche Pilger haben über die Jahrzehnte bis heute immer wieder bestätigt, dass der Berg selbst eine besondere Energie ausstrahle. Dass ihnen an bestimmten Orten und in Höhlen, in denen auch Ramana einige Zeit wohnte, die Gedanken gleichsam weggesaugt und sie in eine tiefe Stille gezogen würden. Immerhin wurde dieser Berg schon Jahrtausende vor Ramana als heilig verehrt. Zeitgenössische Geomantiker stellen an Orten wie dem Arunachala eine erhöhte radioaktive Strahlung fest, die kurzfristig heilend wirken, langfristig jedoch das Krebsrisiko erhöhen kann. Ramana starb zwar an Krebs. Doch das kann kaum als Beweis dafür angesehen werden, dass er sich der Strahlung des Arunachala zu lange ausgesetzt hat.

Immer mehr Menschen kommen zum «Heiligen auf dem Berg Arunachala». Die Virupaksha-Höhle, in der Ramanas Mutter als Köchin und Organisatorin tätig ist, erweist sich als zu klein. Etwas höher den Berg hinauf entsteht der Skandashram. Ramanas Mutter stirbt dort einige Jahre später. Ramana gibt ihr Mukti, das heißt, er befreit sie von weiteren Geburten. Dies wird im bereits erwähnten Bilderbuch für Schulkinder als etwas völlig Selbstverständliches dargestellt. Ramanas Mutter wird am Fuße des Berges begraben. Darüber errichtet man das Symbol der Schöpferkraft, Shivas Lingam («Penis»). Ramana beschließt, hier einen neuen, großen Ashram zu bauen. Seit den Zwanzigerjahren bis heute ist dieser Sri Ramana-Ashram das Ziel von spirituell Suchenden aus aller Welt.

Der amerikanische Journalist Raphael Hurst veröffentlichte unter seinem Pseudonym Paul Brunton etliche Artikel und Bücher, die Ramana Maharshi im Westen bekannt machten. Der Amerikaner Robert Adams hatte im Kindesalter eine Erscheinung: Ein kleiner Mann kommt an sein Bett und spricht in einer unverständlichen Sprache. Zehn Jahre später realisierte Adams während einer Mathematikstunde das Eine Bewusstsein. Es zog ihn nach Südindien zum Ramana-Ashram. Dort erkannte er in Ramana den kleinen Mann an seinem Kinderbett wieder. Er blieb einige Zeit, reiste dann weiter durch Indien. Erst in seinen letzten Lebensjahren begann er zu lehren und wurde zu einem der bedeutendsten Advaita-Lehrer der USA. Er starb im Alter von neunundsechzig Jahren 1997 in Colorado.

Eine Augenzeugin berichtet

Es gibt heute nicht mehr viele Menschen, die Ramana persönlich begegnet sind. Im Sommer 2001 sprach ich mit der damals neunundachtzigjährigen Ilse Löwenstein. Als deutsche Jüdin konnte sie 1939 nach Indien emigrieren und dort als Lehrerin arbeiten. Sie hatte sich bereits mit Meister Eckhart und anderen Mystikern befasst, las in Indien ein Buch über «den Maharshi» und war sofort entschlossen, ihn zu sehen. Sie besuchte Ramana in seinem Ashram über viele Jahre und wohnte dort mehrmals monatelang. Im Folgenden gebe ich einen Teil ihrer Antworten aus meinem Gespräch mit ihr wieder.

> Als ich im Ashram ankam, wurde ich gebeten, sofort zum Maharshi in die Halle zu gehen. Ich stand noch im Türrahmen des Halleneingangs und blieb – ergriffen von einer in Worten nicht ausdrückbaren, intensiven Strahlkraft, die von Ihm ausging – wie angewurzelt auf der Stelle stehen, stumm und ohne zu grüßen, staunend: «Hier ist es! Das habe ich ja seit meiner Kindheit gesucht!» Jemand schob mich dann

nach vorn, bis ich dicht vor der Couch stand, auf der Ramana Maharshi saß. Er rückte etwas vor und deutete mit einer Handbewegung an, ich solle mich setzen. Die Menschen ringsum in der Halle saßen schweigend auf dem Steinboden. Als ich im Begriff war, mich zu setzen, da war plötzlich alles, was mich umgeben hatte, nicht mehr da: die Wände, die Menschen, der Steinboden. Vorhanden war aber noch die Vorstellung «setzen». Es gab aber nichts zum Hinsetzen, auch keinen Körper, der sich hätte setzen können. Da war nur Bewusstsein meiner selbst und der körperlosen Präsenz des Maharshi. Als ich dann meinen Körper auf dem Boden sitzend vorfand, war die Umwelt wieder ganz normal zugegen.

In der Halle, wo er saß, war ein ständiges leises Kommen und Gehen. Dorfbewohner aus der Umgebung kamen herein, verneigten sich auf dem Boden vor Bhagavan und gingen gleich wieder hinaus, ohne sich, wie wir anderen, niederzusetzen. Es kamen Menschen aus allen Bevölkerungsschichten, auch spirituelle Lehrer mitsamt ihren Schülern. Auch Kinder, die manchmal lange Zeit hindurch ganz still dasaßen. Gebildete Menschen aus vielen Ländern der Welt, die Jahre, Monate, Stunden oder auch nur Minuten verweilten. Man konnte von fünf Uhr morgens an in der Halle vor dem Maharshi sitzen, so lange man wollte. Die Couch in der Halle war sein Aufenthaltsort bei Tag und bei Nacht. Er verließ die Couch nur, um zu Essenszeiten in den Speisesaal zu gehen, und für einen kurzen Spaziergang am Nachmittag.

Als er älter geworden war, wurde allerdings vom Leiter des Ashrams angeordnet, dass mittags für zwei Stunden niemand in die Halle gehen sollte. Da fand ein Ashram-Bediensteter Ramana außen vor der Eingangstür zur Halle sitzen und fragte erstaunt, warum er denn nicht hineinginge. Die Antwort lautete, dass er (der Maharshi) gehört habe, es gäbe da eine neue Anordnung, dass um diese Zeit die Halle nicht betreten werden solle. In seiner Bescheidenheit wollte Ramana keinerlei Unterschied gestatten zwischen sich und anderen, auch nicht in der Befolgung der vom Ashram-Vorstand aufgestellten Regeln. In früherer Zeit, als noch nicht so viele

Menschen kamen, sollen einige Männer sogar nachts bei ihm in der Halle geblieben sein, wo sie dann auf dem Boden geschlafen haben.

Bei Fragen ließ Ramana Maharshi sich selten ausführlich auf Gespräche philosophisch-theoretischen Inhaltes ein. Oft endete er kurz und bündig mit: «Wer ist es, der fragt?» «Wer will das wissen?» Da er in der Lage war, sofort das Bewusstsein, den geistigen Hintergrund jedes Einzelnen zu durchschauen, wurden entsprechend unterschiedliche Antworten auf gleiche Fragen gegeben. Manchmal erzählte er eine dem Thema angepasste Geschichte. Auch machte er gelegentlich derart humorvolle Bemerkungen, dass in der Halle schallendes Gelächter ausbrach. Und das war so ansteckend, dass auch ich einmal sehr lachen musste, obgleich ich kein Wort der Tamilsprache verstanden hatte.[5]

Der Sprung in die Kino-Leinwand

Die Gespräche zwischen Ramana und den Suchenden werden mitgeschrieben und dann aus dem Tamil und anderen südindischen Sprachen ins Englische übersetzt. Der Weise geht auf jeden Bittsteller und Ratsuchenden ganz individuell ein. Die Bauern der Umgebung haben andere Sorgen und Fragen als die gelehrten Brahmanen oder die westlichen Besucher. Doch wenn irgend möglich, beginnt Ramana bei der Wahrheit, die er bereits als Jugendlicher erkannt hat: Es gibt nur das Selbst, das eine, allumfassende und zeitlose Bewusstsein, reines Gewahrsein. Das ist der Kern von Advaita: das Eine-ohne-ein-Zweites.

Für dieses eigentlich undefinierbare Eine verwendet Ramana verschiedene Begriffe aus der Advaita-Vedanta-Tradition:

Atman (Tamil, auch «Ich-Ich») = «das Selbst» (SELBST)
Sat-Chit-Ananda = «Sein-Bewusstsein-Glückseligkeit»
Brahman / Shiva = «der unpersönliche Gott, das formlose Sein»
Hridayam = «Zentrum, Quelle, Herz»
Jnana = «Erkenntnis, reines Gewahrsein» (ohne Subjekt/Objekt)

Turiya/Turiyatita = «was allen Zuständen (Wachen, Träumen, Tiefschlaf) zugrunde liegt und immer ist»
Sahaja-Sthiti = «der natürliche Zustand»
Svarupa = «die wirkliche Form, das wahre Wesen»
Mouna = «Schweigen, Stille, jenseits aller Worte»[6]

Außerdem benutzt Ramana Analogien, die besonders anschaulich sind, beispielsweise den Film. Die Welt mit all ihren Erscheinungen inklusive «meines» Körpers, «meiner» Gedanken und Gefühle ist wie ein Film auf der Leinwand. So spannend oder unterhaltsam er auch sein mag, das einzig Wirkliche an ihm ist die Leinwand, auf der die schnell wechselnden Bilder aufleuchten. Doch wer achtet schon auf das, worauf oder worin die Bilder erscheinen? Die Leinwand repräsentiert das stets im Hintergrund bleibende Bewusstsein, das wir in Wahrheit sind.

Shankaras Analogie vom Seil und der Schlange wird hier erweitert. Neue Aspekte scheinen auf.

> Auf der Leinwand sehen Sie manchmal einen großen Ozean mit endlosen Wogen; dann verschwindet er wieder. Oder Sie sehen ein sich ausbreitendes Feuer, das auch wieder verschwindet. Ist die Leinwand vom Wasser nass geworden oder vom Feuer verbrannt? Nichts hat die Leinwand berührt. Genauso berühren die Dinge, die im Wachen, Träumen und Tiefschlaf geschehen, Sie nicht, denn Sie bleiben Ihr eigenes Selbst.[7]

In dieser Analogie repräsentiert nicht etwa der Filmzuschauer, sondern die Leinwand das Selbst.

> Die Vorstellung vom Selbst als Zuschauer existiert nur im Denken, es ist nicht die absolute Wahrheit des Selbst. Zum Zuschauen muss es Objekte geben, die gesehen werden. Sowohl der Zuschauer als auch seine Objekte sind Schöpfungen des Geistes.[8]

Die Leinwand steht für das reine Gewahrsein vor jeder Erfahrung oder Erkenntnis. Manchmal, wenn wir gerade aus dem Schlaf erwachen und für den Bruchteil einer Sekunde keine Ahnung haben, wer und wo wir sind, macht sich die Ebene des reinen Gewahrseins, die «Leinwand», dem Wachbewusstsein bemerkbar. Schon im nächsten Moment kommt der erste Gedanke: «Ich – wer – wo?» Der Film beginnt. Selbst Schopenhauers vom Willen losgelöster Ideen-Betrachter und Husserls intentionales Bewusstsein sind in dieser Analogie bereits Teile des Films, der auf der Leinwand erscheint.

Immer wieder sagt Ramana den Fragenden, es gebe nichts zu «ver-wirklichen» oder zu erreichen. Denn DAS, in dem alles erscheint und wieder verschwindet, ist ja schon immer da! Das Selbst braucht keine Verwirklichung. Es ist in sich vollkommen und glückselig. Doch, so kommt prompt die Frage, wenn ich diese Wahrheit und Glückseligkeit bin, warum weiß und fühle ich es nicht?

Ramana antwortet darauf – wie schon die *Upanishaden* – mit dem Hinweis auf Avidya, das Nicht-Sehen(-Wollen). Ein Suchender fragt: Wie kann ich das Selbst erreichen? Ramana:

> Es gibt kein Erreichen. Wäre das Selbst zu erreichen, hieße das, dass es nicht hier und jetzt ist und noch erlangt werden muss. Was erlangt wird, kann auch verloren gehen; es ist also unbeständig. Es lohnt nicht, nach dem zu streben, was unbeständig ist. Ich sage deshalb, dass es kein Erreichen des Selbst gibt. Sie sind das Selbst. Sie *sind* bereits Das. Tatsache ist, dass Sie Ihren beseligten Zustand nicht kennen. Nichterkenntnis tritt dazwischen und zieht einen Schleier über das reine Selbst, das Seligkeit ist. Alle Bemühungen gelten allein der Beseitigung des Schleiers, der nur aus falscher Erkenntnis besteht. Diese falsche Erkenntnis ist die Identifizierung des Selbst mit Körper und Geist. Wenn diese verschwindet, bleibt das Selbst allein zurück.[9]

Der Schleier, von dem Ramana spricht, besteht aus mehreren Schichten. Eine davon ist die *Vorstellung* vom Selbst und von der Selbstverwirklichung:

> Das Selbst ist immer gegenwärtig. Jedermann möchte das Selbst erkennen. Welche Hilfe braucht man, um sich selbst zu erkennen? Die Menschen möchten das Selbst als etwas Neues sehen. Aber es ist ewig und gleich bleibend. Sie wollen es als strahlendes Licht oder so etwas sehen. Wie wäre das möglich! Es ist weder Licht noch Finsternis. Es ist nur, was es ist, und kann nicht definiert werden. Die beste Definition ist «Ich bin, der ich bin».[10]

Jede Vorstellung vom Selbst, auch die Erinnerung an ein mystisches All-Einheitserlebnis, erzeugt einen Schleier. Das betrifft nicht nur den Inhalt – also ob ich mir das Selbst als allumfassenden Raum oder als Zustand friedvoller Harmonie vorstelle. Allein die Tatsache, dass ich mich überhaupt auf irgendetwas beziehe, verdeckt die Wahrheit und Seligkeit, die ich bin, Beziehung bedeutet immer auch Dualität. «Ich jetzt» im Unterschied zu «Ich in der Zukunft» – und dann möglichst voll erwacht und glückselig.

Meine Vorstellung von Glückseligkeit stimmt irgendwie nicht damit überein, wie ich mich jetzt fühle? Das ist der Normalfall. Die relative Ebene kann nur die scheinbare Lösung bieten, nämlich dass die beiden sich widersprechenden Vorstellungsinhalte möglichst in Übereinstimmung gebracht werden müssen. Aus zwei mach eins. Das ist *nicht* Advaita! Das ist, wie der Verstand funktioniert. Er kann nur verschiedene Inhalte und Zustände erkennen und vergleichen. Was auch immer er «bearbeitet» oder «erforscht», über die Dualität kommt er nicht hinaus. Selbsterkenntnis kann er nur im Subjekt/Objekt-Schema verstehen. Die eigentliche «Aufgabe» im Advaita liegt nun aber gerade darin, dieses Schema als Illusion zu durchschauen und tatsächlich fallen zu lassen, also «aufzugeben».

Das heißt: nicht «Erkenne, wer du bist», sondern «Sei, was du bist». Darin liegt ein ganz eigentümlicher Ruck vom Denken zum Sein. Der Satz scheint völlig «ver-rückt»! Und doch bringt er auf den Punkt, was Advaita mit «Atman», Nietzsche mit dem «Übermenschen» und Osho mit dem «neuen Menschen» meinen: der mit dem Nicht-Wissen tanzt. Der eingesehen hat, dass er sich selbst niemals zum Objekt machen kann, sich selbst niemals verstehen und begreifen und begrenzen kann. Welch eine Freiheit! Ich bin weder der Gewinner noch der Verlierer, weder der Gute noch der Schlechte, weder der Junge noch der Alte, weder Frau noch Mann. Ich bin das, was alles erkennt und sich selbst nie erkennen kann! Das *bin* ich, ob ich will oder nicht.

Ich *bin* schon, was ich zu erkennen und zu erreichen suche. Doch weil ich meine, mich selbst suchen und erkennen zu müssen, kann ich nicht sein, was ich in Wahrheit bin. Die Fragen (F) kreisen um diesen Widerspruch. Ramanas Antworten (A) greifen die Perspektive des Fragenden auf und zielen immer in dieselbe Richtung.

> F: Wie lange dauert es, bis man Mukti (Befreiung) erreicht?
> A: Mukti wird nicht in der Zukunft erreicht. Befreiung ist immer da, hier und jetzt.
> F: Ich stimme Ihnen zu, aber ich erfahre sie nicht.
> A: Die Erfahrung ist hier und jetzt da, denn niemand kann sein eigenes Selbst verleugnen.
> F: Das bedeutet zwar Dasein, aber nicht Glück.
> A: Dasein ist dasselbe wie Glück, und Glück ist dasselbe wie Dasein. Das Wort Mukti ist so herausfordernd. Aber warum sollte man Befreiung suchen? Man glaubt, gebunden zu sein, und sucht deshalb Befreiung. Tatsache ist aber, dass es keine Bindung gibt, sondern nur Befreiung. Warum ihr einen Namen geben und danach suchen?[11]

Und wieder die Frage: Ja, aber so erlebe ich mich doch nicht! Ich fühle mich nicht frei und glückselig! Ramana:

> Wer sagt, dass er das nicht fühlt? Sagt das das wahre «Ich» oder das falsche «Ich»? Untersuchen Sie das. Sie werden finden, dass es das falsche «Ich» ist.[12]

Die Methode der Selbstergründung

Ramana erkannte in seiner spontanen «Todesmeditation», dass das Bewusstsein, das Selbst, unabhängig vom Körper und zeitlos ist. Eine solche Meditation ist seit den *Upanishaden* als spirituelle Übung bekannt, wie die Geschichte von Nachiketa zeigt (S. 30 bis 33). Osho meinte in einem seiner Vorträge, Ramana habe diese Meditation wohl in früheren Leben praktiziert. Doch der Maharshi schlug den Suchenden, die ihn um eine praktische Übung baten, eine Methode vor, die in jeder Situation angewendet werden kann. Man muss sich dazu nicht tot stellen, sondern kann im Bus fahren, in der Natur wandern oder sich mit jemandem unterhalten. Er nannte die Methode Atma Vichara, «Selbst-Ergründung».

Dabei wird die Aufmerksamkeit auf das subjektive Empfinden von «Ich» oder «Ich bin» gerichtet und die Verbindung zu weiteren Objekten wie «Ich bin der Körper», «Ich denke», «Ich lese», «Ich bin wütend» abgeschnitten oder gar nicht erst zugelassen. Das wahre Ich hat nie die Vorstellung, dass es denkt oder handelt. Erst durch die Begrenzung auf «Ich bin der Körper» entstehen der individuelle «Ich-Gedanke» (Aham Vritti) und die Fiktion, ich würde eigenständig (getrennt von dem einen Selbst) denken, fühlen und handeln.

> Das Selbst kann nicht der Handelnde sein. Finden Sie heraus, wer der Handelnde ist, und das Selbst ist enthüllt.[13]
>
> »Ich bin» ist Wirklichkeit. «Ich bin dies oder das» ist unwirklich.[14]
>
> Das Ego ist wie eine Raupe, die einen Halt erst loslässt, wenn sie einen anderen gefunden hat. Sein wahres Wesen wird entdeckt, wenn es keinerlei Kontakt zu Objekten oder Gedanken hat.
>
> Der Gedanke «Ich bin dieser Körper aus Fleisch und Blut» ist der Faden, auf dem die vielen anderen Gedanken aufgereiht sind. Wenden wir uns dann aber nach innen mit der Frage «Wer ist dieses Ich», enden alle Gedanken einschließlich des Ich-Gedankens, und Selbsterkenntnis leuchtet spontan auf.[15]

Die leitende Frage lautet: Wer bin ich? Was ist dieses Ich, das sich mit einem Körper, mit Wahrnehmungen, Gefühlen und Gedanken identifiziert, sich zum Akteur und Besitzer macht und schließlich gar sich selbst erkennen und als Schöpfer, «als Quelle», erfahren will? Es ist ein Gedanke. Ein geistiger Impuls, der aus dem Bewusstsein aufsteigt und wieder darin zurücksinkt. Ramana nennt das den «Ich-Gedanken». Er leitet immer wieder dazu an, den Ich-Gedanken zur Quelle zurückzuverfolgen, so «als würde ein Hund seinen Herrn durch dessen Geruch aufspüren».

> Woher steigt dieses «Ich» auf? Suchen Sie im Inneren danach, dann verschwindet es. Dies ist das Streben nach Weisheit. Wenn der Geist unaufhörlich nach seiner eigenen Natur forscht, stellt sich heraus, dass es so etwas wie den Geist gar nicht gibt. Dies ist der direkte Weg für alle. Der Geist besteht nur aus Gedanken, und der Gedanke «ich» ist die Wurzel aller anderen Gedanken. Deshalb ist der Geist nichts als der Ich-Gedanke. Die Geburt des Ich-Gedankens ist unsere eigene Geburt, sein Tod ist der Tod der Person. Nachdem der Ich-Gedanke entstanden ist, entsteht die falsche Identifizierung mit dem Körper. Werden Sie den Ich-Gedanken los. Solange das «Ich» da ist, gibt es Kummer. Wenn es aufhört, ist auch der Kummer verschwunden.[16]

Ramanas Methode der Selbstergründung ist auf unterschiedliche Weise missverstanden worden. In der Advaita-Vedanta-Tradition existierte bereits eine Übung, die ebenfalls «Atma Vichara» heißt. Sie benutzt das Neti-Neti: Ich bin weder dies noch das. Das scheint dem zu entsprechen, worauf Ramana hinauswill: den Ich-Gedanken von allen Verbindungen zu isolieren. Doch der Maharshi sieht in der Neti-Neti-Methode ein intellektuelles Vorgehen, das den Ich-Gedanken selbst gar nicht in Frage stellt.

> Derjenige, der alles «Nicht-Ich» ausschließt, kann das «Ich» nicht auslöschen. Damit Sie sagen können «Ich bin nicht dies» oder «Ich bin das», muss ein «Ich» vorhanden sein. Dieses «Ich» ist nur das Ego oder der Ich-Gedanke.[17]

Ebenso wenig möchte Ramana die Selbsterforschung als Affirmation verstanden wissen. Wer auf die Frage «Wer bin ich?» bereits die traditionelle Antwort «Ich bin Brahman» parat hat, hat den methodischen Sinn der Frage nicht verstanden. Sie soll eine Richtung weisen. Alle Antworten können nur falsch sein, weil sie vom Ego kommen.

> F: Soll ich über «Ich bin Brahman (Aham-Brahmasmi)» meditieren?
> A: Diese Textstelle ist nicht so gemeint, dass Sie denken sollen: «Ich bin Brahman». Aham (ich) ist jedem bekannt. Brahman weilt als Aham in jedem. Finden Sie dieses «Ich». Das «Ich» ist bereits Brahman; Sie brauchen das nicht erst zu denken. Finden Sie einfach das «Ich».[18]
> F. Ist es nicht besser zu sagen «Ich bin das höchste Wesen» als zu fragen «Wer bin ich»?
> A: Wer bestätigt? Es muss jemand da sein, das zu tun. Finden Sie ihn.[19]

Die Frage «Wer bin ich?» ständig wie ein Mantra zu wiederholen führt auch nicht ans Ziel. Es geht um die Intention, um die Ausrichtung der Aufmerksamkeit nach innen. Anfangs ist Anstrengung nötig, um sich auf das «Ich bin» zu konzentrieren und die Gedanken zu ihrer Quelle zurückzuverfolgen.

> Was unabdingbar von ihm (dem Wahrheitssuchenden) gefordert wird, ist eine ernsthafte, gesammelte Suche nach der Quelle des Aham-Vritti (des Ich-Gedanken). Das Denken wird nur versiegen durch die Ergründung «Wer bin ich?». Dieser Gedanke zerstört alle anderen Gedanken und wird schließlich selbst zerstört wie ein Stock, den man zum Schüren eines Scheiterhaufens benutzt. Wenn sich andere Gedanken erheben, sollte man, ohne sie zu vollenden, fragen «Wem kommen sie?». Was spielt es für eine Rolle, wie viele Gedanken aufsteigen? Wenn man sich nur in jedem Augenblick, wo ein Gedanke entsteht, wachsam befragt, «In wem erhebt er sich?», kehrt der Geist zu seiner Quelle (dem Selbst) zurück,

> und auch der entstandene Gedanke löst sich auf. Wird dies häufig geübt, nimmt die Kraft des Geistes, in seiner Quelle zu verweilen, zu.[20]

Ramana ist davon überzeugt, dass die von ihm vorgeschlagene Methode der Selbsterforschung im Unterschied zu anderen traditionellen Meditationen und spirituellen Übungen unmittelbar zum wahren Selbst führt. Warum? Weil hier das Subjekt/Objekt-Schema durchbrochen wird.

> Meditation (dhyana) braucht ein Objekt, über das man meditiert, während es bei Vichara nur ein Subjekt ohne Objekt gibt; darin liegt der Unterschied zur Meditation.[21]

Die Frage «Wer bin ich?» bezieht sich zwar zunächst auf ein Objekt, nämlich auf den Ich-Gedanken, das Ego. Doch sie will nichts über dieses persönliche Ich herausfinden außer, woher es kommt. Diese Quelle, das eigentliche Ziel, ist kein Objekt. Es ist das reine Bewusstsein, aus dem heraus erst der Ich-Gedanke, das Subjekt und seine Objekte entstehen. Wer die Frage «Wer bin ich?» zu Ende fragt, wird zur Stille gelangen. Er wird das Selbst *sein*.

> In dem Augenblick, wo Sie sich um das Selbst kümmern und tiefer und tiefer gehen, wartet dort das Selbst, um Sie aufzunehmen. Was immer dann getan wird, wird von etwas anderem getan, und Sie haben damit nichts zu tun. Bei diesem Prozess hören alle Zweifel und Diskussionen automatisch auf, so wie man im Tiefschlaf alle Sorgen vergisst.[22]

10 Ramana und die Folgen

Ramana Maharshi sah sich nicht in einer Linie von Gurus, die eine bestimmte Tradition weitervermitteln. Der Berg Arunachala war sein Guru. Nach Ramanas Tod wurde der Ashram weitergeführt, doch einen spirituellen Nachfolger hatte der Meister nicht ernannt. Etliche sind in seiner Gegenwart «erwacht». Einige wurden zu Advaita-Lehrern. Den bisher wohl größten Einfluss auf den Westen hatte Poonja, auch Papaji genannt.

Poonja, der Löwe

Poonja.

H. W. L. Poonja (1910–1997) kam nach einem abenteuerlichen Leben als Profi-Ringer und Bombenleger im Widerstandskampf gegen die Engländer zu Ramana. Als er den Maharshi sah, so erzählte Poonja, war er zunächst empört. Das war doch dieser Sadhu, der ihm erst vor einigen Monaten in Nordindien den Weg hierher gewiesen hatte! Der zog also durch Indien und machte für sich Werbung! Nein, erklärten alle, der Maharshi habe sich nie mehr als zwei Kilometer vom Berg Arunachala entfernt. Es muss eine jener rätselhaften Erscheinungen gewesen sein, von denen auch Robert Adams berichtete. Neugierig geworden, fragte Poonja, ob Ramana ihm Gott selbst zeigen könne. Der Maharshi antwortete: «Gott ist kein Ding, das man sehen kann. Er ist derjenige, der sieht. Du allein bist Gott.»

Ramanas durchdringender Blick nach diesen Worten bewirkte Erstaunliches:

> Eine Woge von Energie schoss durch meinen Körper. Die Nerven schienen zu tanzen, und meine Haare standen aufrecht. Innen wurde ich mir des Spirituellen Herzens bewusst. Dieses Herz ist jedoch weder im Körper noch außerhalb.

Trotz dieser Erfahrung blieb Poonja dabei: «Nicht Schokolade sein, sondern Schokolade schmecken» ist seine Devise – immerhin kannte er sich in wonnevollen Krishna-Visionen bestens aus, der Maharshi dagegen offensichtlich nicht. Seit seiner Kindheit war ihm immer wieder der Gott Krishna erschienen. Als er Ramana stolz von seinen tollen Spielen mit Krishna berichtete, fragte ihn der Weise: «Wo ist dein Gott jetzt? Was soll ein Gott, der erscheint und verschwindet? Ein echter Gott muss immer bei dir sein.»

Nach weiteren Monaten härtester Krishna-Beschwörung versagten plötzlich alle Methoden. Poonja konnte nicht einmal mehr den Namen «Krishna» denken oder aussprechen. Nach nutzlosen Ratschlägen aus der spirituellen Szene von Madras erschien er wieder bei Ramana. «Die Sadhanas (Übungen) haben dich von selbst verlassen, sie haben ihren Zweck erfüllt. Du bist angekommen», sagte der und sah ihn wieder lange an. Poonja:

> Unter dem magischen Blick fühlte ich, wie jedes Atom meines Körpers gereinigt wurde. Es war, als würde ein neuer Körper für mich erschaffen. Dann, plötzlich, wusste ich: Dieser Mann war in Wirklichkeit, was ich schon immer gewesen bin. Das «Ich», das so lange nach einem Gott außerhalb seiner selbst gesucht hatte, verschwand für immer in dem unmittelbaren Wissen und der Erfahrung des Selbst, welches der Maharshi mir offenbarte.

Nach dieser «endgültigen Erfahrung» arbeitete Poonja weiter in Madras, um seine Familie zu unterhalten, verbrachte aber jeden freien Tag im Ramana-Ashram. Die oft gestellte Frage, wie man ohne Gedanken in der Welt zurechtkomme, beantwortete er so:

> Da war ein Ozean der inneren Stille, und nicht die kleinste Gedankenwelle stieg auf. Ich erkannte sehr bald, dass der Ver-

> stand und die Gedanken nicht nötig sind, um in der Welt zu funktionieren. Wenn man im Selbst ruht, kontrolliert eine göttliche Kraft das Leben. Alles Handeln geschieht spontan und wird sehr effektiv ausgeführt, ohne jede mentale Anstrengung oder Aktivität.

1947 kehrte Poonja auf Anweisung des verehrten Meisters widerwillig in seine ehemalige Heimat zurück. Hindus und Moslems metzelten sich gegenseitig nieder, und Poonja brachte seine Großfamilie in Sicherheit, in die nordindische Stadt Lucknow. Die Abschiedsworte seines Gurus, «Ich bin bei dir, wo immer du auch sein magst», erwiesen sich dabei in haarsträubenden Situationen als magischer Schutz. Nach seiner Pensionierung machte Poonja ausgedehnte Reisen und durchlebte am Gangesufer im Bruchteil einer Sekunde «tausende von Inkarnationen»:

> Mein eigener Körper erschien als letzter in der Reihe, nur noch gefolgt von der strahlenden Form von Sri Ramana Maharshi. Danach endete die Vision. Die Erscheinung des Maharshi hatte die scheinbar endlose Reihe von Geburten und Wiedergeburten beendet.

Wie tief Poonja die Einheit mit dem Maharshi empfand, zeigte eine Antwort in einem Satsang von 1992:

> Wer bin Ich? Was bin Ich? Ich denke nie, dass ich, Poonja, spreche. Er ist es, der Maharshi, der Meister. Sollte ich jemals glauben, diese Person, genannt Poonja, spricht zu euch, hätte ich kein Recht, hier zu sitzen; denn was immer aus meinem Mund käme, wäre falsch. Poonja ist verschwunden, aber der Meister wird immer bleiben. Er ruht in meinem Herzen als mein eigenes, unvergängliches Selbst. Er allein leuchtet als das «Ich».[23]

Tausende von spirituell Suchenden aus aller Welt kamen zu Poonja nach Lucknow. Viele richteten sich in der Umgebung des Meisters häuslich ein. Der beobachtete jede organisatorische Bestrebung kritisch.

> Dies hier ist ein Flughafen. Alle warten im Transit auf den Weiterflug. Keiner bleibt auf Dauer. Ich will keine festen Einrichtungen. Auch ich warte auf den Abflug.

In der Anfangsphase bot Poonjas Wohnzimmer noch genügend Raum für die Suchenden. Die Atmosphäre war herzlich, familiär-intim. Eli Jaxon-Bear erzählte: «Ich saß auf dem Fußboden mit meinem Kopf an seinen Knien, meine Hände umfassten seine Beine und ich war einfach nur selig!»[24]

Eli gehört zusammen mit seiner Frau Gangaji, Issac Shapiro, Arjuna und einigen anderen zu den von Poonja ernannten «Botschaftern». Seit Anfang der Neunzigerjahre verbreiten sie die «Botschaft» im Westen. Welche Botschaft? Wessen Botschaft? Advaita gehört niemandem. Was Poonja sagte, entsprach den Worten des Maharshi: Er betonte vor allem, dass es keinen Weg gibt zu dem, was wir schon immer sind. Auf die Frage eines Suchendens, «Es ist also keine spirituelle Übung nötig?», antwortete Poonja:

> Übung ist nötig, wenn dir etwas fehlt. Willst du Ingenieur werden, dann musst du lernen und üben, sieben Jahre an der Universität, um deinen Abschluss zu machen. Hier musst du nicht üben, weil die Wahrheit bereits hier ist. Was du erreichen kannst, wirst du verlieren, doch was bereits ist, brauchst du nur zu sehen. Erkenne, wer und was ICH BIN ist. Versuch nicht, es mit Hilfe irgendeiner Methode zu finden, denn der Verstand wird dich immer an der Nase herumführen. Hör nicht auf den Verstand. Bleib einfach still, und Es wird sich von selbst offenbaren.[25]

Wach auf und du bist frei! heißt eines der Bücher, die Poonjas Satsangs, seine Antworten auf Fragen von Suchenden, wiedergeben. Längst war sein Wohnzimmer zu klein geworden. Seit 1992 diente ein größeres Gebäude in der Nachbarschaft als «Satsang-Haus», wo sich bis zu dreihundert Menschen versammelten. Poonja las Texte aus der *Bhagavad-Gita*. Doch spannender dürfte für die meisten gewesen sein, wenn er an ihn gerichtete Briefe vorlas und die Absender zu sich nach vorn holte. Weinen, Lachen, Singen, Tanzen, Sprachlosigkeit – Poonjas Gegenwart inspirierte zu spontanem Verhalten. Ramanas «Sei was du bist!» wurde hier ausgedrückt. Etliche Videos dokumentieren das eindrucksvoll.

Eine alte Fabel erzählt von einem Löwen, der in einer Schafherde einen jungen, verängstigten Löwen entdeckt. Er ist unter den Schafen aufgewachsen und hält sich selbst für ein Schaf. Der Löwe erkennt die Situation. Er drängt seinen Artgenossen zur Seite, führt ihn zu einem Teich. «Du glaubst nicht, dass du ein Löwe bist wie ich? Schau in den Spiegel des Wassers! Was siehst du?»

Poonja war ein Löwe (ist das nicht auch an seinem Gesicht zu erkennen?). Er führte so manches Löwen-Schaf zum spiegelnden Wasser. Einige haben sich womöglich bis heute nicht ganz von dem Schock erholt.

Osho, der rebellische Verführer

Ein weltberühmter indischer Meister, der von Ramana stets mit Hochachtung sprach, war Osho alias Bhagwan Shree Rajneesh alias Rajneesh Chandra Mohan (1931–1990). Schüler von ihm, die heute als Satsang- und Advaita-Lehrer an die Öffentlichkeit treten, beziehen in der Regel Ramana Maharshi mit ein – so als hätte hier für sie eine Art Fusion stattgefunden. Osho ist sicher nicht in einer traditionellen Advaitalinie zu sehen.

In seinen Vorträgen, die in über dreihundert Büchern in vielen Sprachen weltweit erschienen, ging Osho auf zahlreiche bedeutende spirituelle Texte und auf Fragen von Suchenden mit rückhaltloser Passion ein. Seine in diesem Buch zitierten Kommentare zur *Ashtavakra-Gita* und zu Nietzsches *Also sprach Zarathustra* bestätigen das.

Osho beschrieb seine Kindheit und Jugend als glücklich und abenteuerlich. Der junge Chandra Mohan wuchs bei seinen Großeltern, die der asketischen Religion der Jaina angehörten, in einem Dorf im indischen Bundesstaat Madhyar Pradesh auf. Er war rebellisch, widersetzte sich jeder Art von Bevormundung und Ungerechtigkeit. Während seines Philosophiestudiums in Jabalpur ereignete sich am 21.3.1953 die Erleuchtung:

> In jener Nacht öffnete sich mir die Tür zu einer anderen Wirklichkeit, eine neue Dimension tat sich mir auf. Plötzlich war sie da – die andere Wirklichkeit oder wie immer man es nennen mag. Nenne es Gott ... nenne es Wahrheit. In jener Nacht wurde ich leer und wurde ich voll. Ich wurde nichtexistenziell und wurde die Existenz. In jener Nacht starb ich und wurde wiedergeboren.[26]

Als Dozent und Philosophieprofessor schockierte Osho in den Sechzigerjahren mit seiner Kritik an Gandhi und an der heuchlerischen Sexualmoral aller Religionen. Spätestens nach seinem Vortrag «Vom Sex zum kosmischen Bewusstsein» in Bombay 1968 galt er in Indien als untragbar und unerträglich.[27] Er gab seine Professur auf und widmete sich ausschließlich Menschen, die die Wahrheit unabhängig von allen Dogmen und Glaubenssätzen erkennen wollten. Zunächst leitete er seine neuen Meditationen in einem Ashram in Bombay an (1970–1974), danach im Ashram in Poona. Seine ungewöhnlichen Methoden, etwa die körperlich und seelisch erschöpfende «Dynamische Meditation», die «Energiearbeit» in den «Darshans», bei denen der Meister seinen Schülern das «Dritte Auge» rieb und manchmal wohl auch öffnete, während ausgewählte Frauen als «Medien» tanzten, die vielen einfallsreichen Kombinationen von Meditation und neuesten westlichen Psychotherapien – all das zielte letztlich darauf ab, die Einheit jenseits des Verstandes wenigstens für einen Moment erfahrbar zu machen. Tausende von westlichen Suchenden kamen in den Ashram nach Poona. Die westliche Presse wurde aufmerksam: «Bhagwan, der Sexguru».

Als ich im April 1980 von Bhagwan als «Neo-Sannyasin» initiiert wurde, hatte ich weder sexuelle noch sonstige Visionen. Ich saß still da und lauschte mit geschlossenen Augen. Ein weiter, ich-loser Raum schien sich auszubreiten. Die Geräusche eines Zuges, kilometerweit entfernt. Gesprächsfetzen auf den Straßen und Wegen ringsum. Wie bei einer Naturaufnahme mit enormem Raumklang. Alles umhüllt und getragen von einer kühlen, distanzierten Stille und Klarheit. Kein einziger Gedanke. Dann mein Name, wie fragend: Christian? Bhagwan musste ihn beim Lesen der Namen laut ausgesprochen haben. Und bei diesem Namen zog sich der Raum zusammen. Ein Körper schreckte auf. «Meiner». «Ich» fühlte «mich» angesprochen. Bin ich dran, nach vorn zu kommen und vom Meister initiiert zu werden? Nein. Bhagwan saß da wie vorher, studierte die Namensliste. Als ich einige Minuten später vor ihm saß, hatte ich – nur sehr kurz – das eigenartige Gefühl, mir selbst zu begegnen. Für einen Moment wusste ich: Es gibt nur ein Selbst, ein Bewusstsein.

Wohl kein anderer indischer Guru widersprach mit seinem «Image» so stark dem Bild des traditionellen Heiligen wie Osho. Er beendete seine Diskurse mit schlüpfrigen Witzen. Er häufte Rolls Royces an, wie andere Menschen Bierdeckel sammeln. Er ließ zu, dass eine kleine Clique die gesamte Gemeinschaft (von wenigstens zweihunderttausend Anhängern weltweit) zu kontrollieren versuchte. In der Welt galt er als geldgieriger Scharlatan und Verführer der Jugend. Doch zugleich fühlten sich immer mehr Westler von Bhagwan / Osho magisch angezogen. Viele spürten eine Art untergründige Stille in seinem Gang, seinen Gesten und Gebärden. Doch auch sie, ja sogar die wenigen, die zu seinem engsten Schülerkreis gehörten, konnten jederzeit durch irgendeine Bemerkung des Gurus schockiert sein und sich enttäuscht ab- oder gegen ihn wenden.

«Neo-Sannyas» revolutionierte den traditionellen indischen Gedanken der «Welt-Entsagung». Neu war die Auflösung der Normen, wie sich ein Sannyasin zu verhalten habe. Was ein Mensch tut und wie er sich kleidet, ob er in einer Höhle meditiert, über das Internet an der Börse spekuliert oder in einer Metzgerei arbeitet, hat nichts mit seiner wahren Natur zu tun. Eher schon, *wie* er es tut. Aber auch das ist «seine» Sache. Die Herausforderung ist, in jeder Situation so wach und bewusst wie möglich zu sein. «Meditation auf dem Marktplatz» lautete die Devise. Die Wahrheit umfasst alle Gegensätze. Etwas von diesem Wissen, diesem Lebensgefühl des Undefinier- und Unberechenbaren wollte Osho mit seiner «Vision vom neuen Menschen» in unsere Welt bringen.

Einige Jahre nach seinem Tod traten erstmals einige seiner Schüler als Advaita-Lehrer im Westen auf.

Nisargadatta, das Rasiermesser

Nisargadatta.

Ein anderer indischer Guru, der sich häufiger auf Ramana bezog, ohne ihm selbst begegnet zu sein, war Nisargadatta Maharaj (1897–1981). Er ist im Westen durch seine in Büchern veröffentlichten Dialoge und seinen bedeutendsten Schüler, Ramesh Balsekar, lebendig. Nisargadatta wuchs unter ärmlichsten Verhältnissen und ohne Schulbildung auf. Als Vierunddreißigjähriger begegnete er seinem Guru, einem Lehrer der vedantischen Navnath-Sampradaya-Linie. Im Vertrauen auf diesen Guru und durch unablässige Konzentration auf das «Ich bin (weder dies noch das)» erkannte er drei Jahre später seine «wahre Natur». Er versorgte seine Frau und vier Kinder weiterhin durch einen kleinen Zigarettenladen im Rotlichtviertel von Bombay, empfing aber auch zunehmend mehr spirituell Suchende aus aller Welt. Maurice Frydman, ein gebürtiger Pole, übersetzte die aufgezeichneten Gespräche aus dem Marathi ins Englische und brachte sie 1973 in Bombay als Buch unter dem Titel *I Am That* heraus.

Nisargadatta konnte plötzlich aufbrausen und einen Frager wütend anherrschen, um dann im nächsten Moment wieder ganz sachlich fortzufahren, als wäre nichts geschehen. Im Unterschied zu Ramana, der auf die jeweilige Ebene des Fragers einging, blieben seine Antworten immer ganz klar und kompromisslos auf der absoluten Ebene.

> FRAGE: Ist Ihre Welt so voll von Dingen und Menschen wie meine?
> MAHARAJ: Nein, sie ist erfüllt von mir selbst.
> FRAGE: Aber Sie sehen und hören wie wir?
> MAHARAJ: Ja, es scheint, dass ich sehe und höre, spreche und

agiere, doch für mich passiert das nur so, wie bei Ihnen Verdauung und Schwitzen passieren. Die Körper-Verstand-Einheit kümmert sich um sich selbst und lässt mich in Ruhe. So wie Sie sich nicht um Ihren Haarwuchs kümmern, so brauche ich mich nicht um Worte oder Taten zu kümmern. Sie geschehen einfach und lassen mich unberührt, denn in meiner Welt läuft nie etwas falsch.[28]

FRAGE: Wie kann ich mich selbst kennen lernen? Um mich selbst kennen zu lernen, muss ich außerhalb meiner selbst sein. Doch was außerhalb von mir ist, kann ich nicht sein. Das heißt also, ich kann nicht mich selbst kennen, nur das, was ich glaube zu sein.

MAHARAJ: Absolut richtig. So wie Sie Ihr Gesicht nicht sehen können, sondern nur die Reflexion im Spiegel, so können Sie die Reflexion des eigenen Selbst nur in dem ungetrübten Spiegel reinen Gewahrseins erkennen.

FRAGE: Wie bekomme ich solch einen ungetrübten Spiegel?

MAHARAJ: Offensichtlich durch Entfernen der Flecken. Sehen Sie sich die Flecken an, und beseitigen Sie sie. Die traditionellen Lehren sind dafür absolut gültig.

FRAGE: Was ist «Sehen», und was ist «Flecken entfernen»?

MAHARAJ: Das Merkmal eines makellosen Spiegels ist, dass man ihn nicht sehen kann. Was immer Sie sehen, muss ein Flecken sein. Wenden Sie sich ab, geben Sie es auf, erkennen Sie es als ungewollt.

FRAGE: Sind alle wahrnehmbaren Dinge Flecken?

MAHARAJ: Alles nur Flecken.

FRAGE: Die gesamte Welt ist ein Flecken?

MAHARAJ: Ja, so ist es.

FRAGE: Wie fürchterlich! Das heißt also, das Universum ist wertlos.

MAHARAJ: Es hat einen unglaublichen Wert. Indem Sie darüber hinausgehen, erkennen Sie sich selbst.

FRAGE: Warum ist es überhaupt entstanden?

MAHARAJ: Das werden Sie herausfinden, wenn es endet.

FRAGE: Wird es je enden?
MAHARAJ: Ja, für Sie selbst.
FRAGE: Wann begann es?
MAHARAJ: Jetzt.
FRAGE: Wann wird es enden?
MAHARAJ: Jetzt.
FRAGE: Aber es endet doch nicht jetzt?
MAHARAJ: Sie lassen es nicht.
FRAGE: Ich möchte schon.
MAHARAJ: Nein, das stimmt nicht. Ihr ganzes Leben ist damit verbunden. Ihre Vergangenheit, Ihre Zukunft, Ihre Wünsche, Ihre Ängste, alles hat seine Wurzeln in der Welt. Wo sind Sie ohne die Welt, wer sind Sie?
FRAGE: Um genau das herauszufinden, bin ich hierher gekommen.
MAHARAJ: Und das ist genau, was ich Ihnen sage: Finden Sie einen Anhaltspunkt im Jenseits, und alles wird klar und einfach.[29]

FRAGE: Wenn ich Ihnen eine Frage stelle, und Sie antworten, was passiert dann genau?
MAHARAJ: Die Frage und die Antwort, beide erscheinen auf der Leinwand. Die Lippen bewegen sich, der Körper spricht, und dann ist die Leinwand wieder leer.
FRAGE: Wenn Sie sagen, «klar und leer», was meinen Sie damit?
MAHARAJ: Ich meine, bar jeglichen Inhalts. Für mich selbst bin ich weder wahrnehmbar noch vorstellbar. Es gibt nichts, auf das ich deuten könnte und sagen: «Das bin ich». Sie identifizieren sich unglaublich leicht mit allem, für mich ist es unmöglich. Das Gefühl, «Ich bin nicht dies oder das, noch ist irgendetwas mein», ist so stark in mir, dass ich, sobald eine Sache oder ein Gedanke auftaucht, sofort das Gefühl habe, das bin ich nicht.
FRAGE: Wollen Sie damit sagen, dass Sie Ihre Zeit damit verbringen, andauernd zu wiederholen, «Dies bin ich nicht, das bin ich nicht»?

MAHARAJ: Selbstverständlich nicht. Ich verbalisiere es nur zu Ihrer Hilfe. Durch die Gnade meines *Gurus* realisierte ich ein für alle Mal, dass ich weder das Objekt noch das Subjekt bin, und ich brauche mich nicht mehr andauernd daran zu erinnern.[30]

So mystisch Nisargadattas Worte erscheinen, so wenig sie der eigenen Erfahrung entsprechen mögen: Es gibt einen Weg zur Wirklichkeit des «Ich bin», nämlich die Methode der Selbstergründung. Sie ist durchaus wissenschaftlich:

> Schließlich biete ich Ihnen ein operatives Verfahren an, wie es in der westlichen Wissenschaft sehr geläufig ist. Wenn ein Wissenschaftler ein Experiment und seine Ergebnisse beschreibt, dann akzeptieren und vertrauen Sie normalerweise seinen Behauptungen und wiederholen seine Experimente, so wie er sie beschrieben hat. Wenn Sie die gleichen oder ähnliche Ergebnisse bekommen, brauchen Sie ihm nicht mehr zu vertrauen, Sie vertrauen Ihrer eigenen Erfahrung. Ermutigt gehen Sie weiter und erreichen am Ende im Wesentlichen die gleichen Resultate.[31]

Ramesh Balsekar, der Gentleman

Ramesh Balsekar.

Sir Ramesh Balsekar, 1917 in Bombay geboren, heißt auch heute noch jeden Morgen Suchende aus aller Welt in seinem Wohnzimmer willkommen. Er wohnt in der obersten Etage eines vierstöckigen Gebäudes in einem vornehmen Wohnviertel im heutigen Mumbay, nur einige hundert Meter vom Meer entfernt. Nach seinem Studium in London arbeitete er sich in Bombay bis zum Leiter der Bank of India hoch. Er lebte das unauffällige Leben eines treuen, verantwortungsvollen Familienvaters. Daran änderte sich auch nichts, als er schließlich 1978 in Nisargadatta seinen Guru fand.

> Nisargadatta Maharaj fragte mich, als ich ihn zum ersten Mal traf, was ich von ihm wünsche. Meine Antwort war: «Ich bin nicht an Glück oder Unglück in dieser oder irgendeiner anderen Welt interessiert. Ich möchte von Dir die Wahrheit erfahren, diese unveränderliche Wahrheit, die immer existierte und immer existieren wird, unabhängig von irgendeinem Propheten oder irgendeiner Religion.» Maharaj schaute mich eine Weile sehr intensiv an, dann lächelte er und wechselte das Thema. Zu der Zeit waren auch andere in den Raum gekommen, und der übliche Diskurs begann.[32]

Nisargadatta setzte Ramesh bald als Übersetzer ein. Bei einer der Unterweisungen (Satsangs) geschah, was Ramesh als «Erwachen» beschreibt. Die Worte flossen mit einer ungewohnten Autorität aus einer ihm selbst unbekannten Quelle. Die Zuhörer waren überrascht, der Guru schmunzelte. Dieses Wissen, dass alles «von selbst» geschah – Ramesh hatte es schon als Kind erlebt –, blieb von nun an stets präsent. Es gab keine Person, kein selbständig handelndes Ich. Ramesh trat auf Wunsch seines Gurus an die Öffentlichkeit, zunächst durch Bücher, später durch Auftritte in den USA und Deutschland. In der deutschen Übersetzung von Nisargadattas *Ich bin*-Trilogie schreibt Ramesh in seinem Vorwort:

> Die Gesamtheit der Manifestation ist eine Erscheinung im Bewusstsein (wie ein Traum). Ihr Ablauf ist ein unpersönlicher, sich selbst generierender Prozess. Die Milliarden von Geisteswesen sind die Instrumente (erträumten Charaktere ohne freien Willen), durch die dieser unpersönliche Prozess abläuft. Das klare Erfassen dieser Wahrheit bedeutet Erleuchtung.[33]

Manch einem mag dies zu nüchtern und abstrakt klingen, zu wenig warmherzig und mitfühlend. Unsere Vorstellungen und Wünsche in Bezug auf eine harmonische Welt und ein glückliches Leben werden hier kaum genährt. Das ändert sich auch nicht, wenn man es einfacher ausdrückt: Kein Wesen handelt aus eigenem Willen. Ramesh vertritt konsequent und kompromisslos Advaita, das Eine-ohne-ein-Zweites. Es gibt nur *ein* Bewusstsein. Dieses Eine lässt zwar die Illusion zu, man verfügte über ein eigenes Bewusstsein und einen eigenen Willen. Doch das ist, wie der Balsekar-Schüler Wayne Liquorman so treffend beschreibt, als säßen wir in einem der ferngesteuerten Boote in Disneyland und glaubten, selbst steuern zu können. Vor uns eine Rechtskurve, wir steuern nach rechts … Doch es ist längst alles vorprogrammiert. Das Boot wird dem vorbestimmten Kurs folgen, auch wenn wir – ganz rebellisch und eigensinnig – auf Kollision in die «falsche» Richtung steuern. Erinnert uns das nicht an die Ergebnisse der Gehirnforscher? Unser Gehirn hat längst entschieden, bevor wir auf der Autobahn auf die Überholspur gehen, dem Boss kündigen oder der Freundin einen Heiratsantrag machen. Wir *glauben* nur, frei entscheiden zu können.

Doch wenn ich sage «Ich bin hier», wie ist dieses Ich mit dem «wirklichen» Ich, dem Selbst verbunden? In einem Interview antwortete Ramesh auf meine Frage so:

> Das wahre Ich, das Bewusstsein, der Ursprung, ist immer mit dem «kleinen» Ich verbunden. Warum? Weil es immer da ist. Das «kleine» Ich *(«the me»)* jedoch kommt und geht. Im Tiefschlaf ist es verschwunden.

Ramesh ist berührend menschlich, bescheiden im besten Sinne. Wenn er in seiner einfachen, liebevollen und zugleich wissenschaftlich nüchternen Art spricht, wirkt er nicht provozierend. Seine Botschaft erregt jedoch Kritik und Fragen wie kaum eine andere. Sie lautet: Ich – das heißt alles, was ich von mir weiß oder was ich zu sein glaube – bin nur ein Automat. Wer mich geschaffen hat und lenkt, kann ich nicht wissen, so wenig, wie ein Bild wissen kann, wer sein Maler ist. Doch es gibt die Erkenntnis, dass alles Bewusstsein ist. Sie geschieht unabhängig von «meinem» Wollen oder Tun – aus Gnade.

> Was ich sage, ist – wie alles, was jemals gesagt oder geschrieben wurde – nicht die Wahrheit selbst, sondern nur ein Konzept. Ramana Maharshi pflegte zu sagen, ein Konzept sei wie

ein Dorn, mit dem ein anderer Dorn in der Haut entfernt wird – nicht mehr und nicht weniger.[34]

Die westlichen Satsang-Lehrer

Keiner der heute im Westen lehrenden Advaita- bzw. Satsang-Lehrer hat Ramana selbst getroffen. Die meisten ehren ihn als Quelle der Inspiration. Viele haben sein Foto aufgestellt und verneigen sich davor. Daneben stehen die Bilder anderer Gurus: eines der wenigen letzten, äußerlichen Zugeständnisse an die indische Tradition. Bilder gehören wie die Gesänge zum Ritual und werden nicht als wesentlich angesehen. Innerlich besteht jedoch ein wesentlicher Zusammenhang. Wer als Satsang- oder Advaita-Lehrer (Guru) auftritt, darf zwar jeden anderen Guru zitieren, doch er muss selbst «realisiert» oder «erwacht» sein. Nicht ob korrekt zitiert wird, ist das Gütesiegel, sondern: Spricht hier das Selbst im Gewahrsein seiner selbst? Dann gäbe es im Grunde keinen wesentlichen Unterschied, ob nun Krishna, Buddha, Ramana oder ein deutscher Satsang-Lehrer spricht. Doch letztlich bleibt immer Ramanas Frage: Unterschied oder kein Unterschied – für wen?

Einige der für den deutschsprachigen Raum wichtigen Lehrer werden im Praxisteil zu Wort kommen und im Serviceteil kurz vorgestellt.

Was in der Geschichte der westlichen Philosophie so wichtig zu sein scheint – nämlich dass eine Idee weiterentwickelt wird –, hat für Advaita keine Bedeutung. Das Selbst ist jenseits von Zeit und Raum und zugleich immer jetzt. Die sprachlichen Hinweise auf dieses Eine können sich im Laufe der Zeiten natürlich ändern. Ramana fand, dass «seine» Methode der Selbsterforschung direkter und effektiver wäre als alle traditionellen spirituellen Übungen, inklusive der Neti-Neti-Methode der *Upanishaden*. So können und werden immer wieder neue, zeitgemäße Versuche entstehen, das Selbst zu beschreiben. Wichtiger ist, dass aus jedem erwachten Lehrer spontan das Selbst spricht, ganz aktuell und frisch von der Quelle. Am wichtigsten ist jedoch der, der diese Zeilen gerade liest. Denn er *ist* das Selbst.

V

PRAXIS DER SELBSTERFORSCHUNG

Wir haben es auf unserem Streifzug durch die Geschichte der Advaita-Tradition von den verschiedenen Lehrern immer wieder gehört: «Du bist bereits DAS. Es gibt nichts zu erreichen!» Unser persönliches Ich, das «kleine» Selbst, ist eine Täuschung. Eine Illusion kann nicht Wirklichkeit werden. Sie kann sich nur als Einbildung erweisen und verschwinden. Das wahre Selbst dagegen ist immer wirklich. Es braucht keine Verbesserung oder Verwirklichung.

Was soll dann also eine Übungspraxis? In keiner anderen spirituellen Lehre scheint das so unangebracht zu sein wie im Advaita. Dennoch hat jeder der bisher vorgestellten Lehrer von Shankara bis Poonja – wenn auch unter Vorbehalten – Ratschläge gegeben, *wie* das wahre Selbst erkannt werden kann. Tatsache ist – und darauf hat schon Krishna hingewiesen –, wir können nicht anders, als irgendetwas zu tun. Nicht nur, um zu überleben. Wir wollen auch kreativ sein und die Welt und uns selbst erforschen. Das ist ein ganz natürlicher und gesunder Impuls. Und es geht ja nicht darum, den Lehrern zu glauben und nachzuplappern: «Das persönliche Ich ist eine Illusion!» Für uns ist das vorerst nur eine Behauptung. Vorausgesetzt, wir sind überhaupt daran interessiert, herauszufinden, ob diese Behauptung stimmt – dann fragen wir: Wie können wir das überprüfen? Und da beginnt die Praxis.

Wir erinnern uns: Nisargadatta Maharaj versprach eine wissenschaftliche Methode mit überprüfbaren Ergebnissen. Doch bevor wir methodisch an die Selbsterforschung herangehen, sollten wir uns darüber klar werden, was unsere Motive sind. Was ist unser Interesse dabei? Immerhin geht es um uns selbst, um unseren wahren, innersten Kern. Wollen wir ein besseres, angenehmeres Leben? Wie könnten wir dann klar und unvoreingenommen überprüfen, ob unser persönliches Ich eine Illusion ist oder nicht? Denn – so behaupten die Advaita-Lehrer – der Wunsch nach Glück kommt ja gerade aus dem illusionären Ich. Die Sache scheint doch nicht so einfach zu sein.

Im ersten Teil dieses Abschnitts, den Kapiteln 11 bis 14, möchte ich einiges von dem aufgreifen und vertiefen, was in der Advaita-Tradition zur Kontemplation und Meditation anregt. Auch mögliche Fallstricke und Missverständnisse werden noch einmal angesprochen. Der zweite Teil, Kapitel 15, bietet eine Auswahl von Fragen und Antworten. Suchende fragen, zeitgenössische Advaita-Lehrer antworten.

11 Wege der Selbsterkenntnis

Kontemplation

Das Wort «Kontemplation» kommt aus dem Lateinischen und bedeutet «Betrachtung». Der Gegenstand der Betrachtung kann ein äußeres oder inneres Bild, aber auch der Ausspruch eines Weisen, ein Rätsel oder eine (eigene) Frage sein. Wir betrachten diesen Gegenstand in aller Ruhe, um so auf eine universelle Wahrheit zu stoßen, die uns zugleich im Innersten betrifft.

Sprachliche Bilder

Wir haben nun häufig gelesen, dass sich das Eine nicht in Worten erfassen lässt. Dennoch haben die Weisen aller Zeiten immer wieder versucht, Worte der Beschreibung zu finden. Dabei benutzen sie oft Vergleiche, Analogien, Metaphern. Etwas, das wir aus der eigenen Erfahrung kennen, soll in einen Bereich «übertragen» werden, der uns unverständlich, verborgen oder unbekannt scheint.

Ein Beispiel: Shankara behauptet, die Welt sei Illusion. Wir erleben das anders. Für uns ist sie wirklich. Gibt es irgendeine Brücke des Verstehens? Ja. Shankaras Analogie vom Seil und der Schlange. Sie hat die Struktur einer mathematischen Gleichung: Die imaginierte Schlange verhält sich zum wirklichen Seil wie die illusionäre Welt zu X (der unbekannten Wirklichkeit). Und doch lässt sich das nicht auflösen wie eine einfache Rechenaufgabe. Warum geht es so nicht? Genau das können wir in der Kontemplation herausfinden.

Wir wollen nun über einige der klassischen Advaita-Analogien kontemplieren. Dabei dürfen wir gern alle unsere geistigen Mittel, unsere ganze Intelligenz einsetzen.

Das Seil als Schlange

Ich stelle mir vor: Während eines Urlaubs in einem tropischen Land sehe ich im Halbdunkel meines Bungalows eine Schlange. Ich bin aber bereits gewarnt worden: keine Panikreaktion! Möglichst still verharren. Ich bin sehr wach und gespannt, beobachte jede Bewegung. Auch meine Gedanken und Gefühle werden mir bewusst wie selten zuvor. Sind dies die letzten Augenblicke meines Lebens? Soll es so enden? Ist das nicht verrückt? Mein Leben wird durch einen Schlangenbiss beendet! Doch warum nicht? Alles ist möglich. Da überkommt mich unversehens eine innere Gelassenheit, ja fast eine heitere Distanz, die dieser bedrohlichen Situation völlig unangemessen zu sein scheint. Und nun sehe ich ganz deutlich: Die Schlange hat weder Kopf noch Augen! Das Bild ändert sich äußerlich kaum. Die Schlangenform bleibt. Doch ich erkenne: Es ist das Springseil meiner Tochter. Sie hat es offenbar vor meinem Bett liegen gelassen. Ich muss laut lachen. Welche Erleichterung!

Die Kontemplation besteht darin, die Situation – den «Bildspender» der Metapher – innerlich nachzuvollziehen und auf das «Unbekannte» zu übertragen. Shankara spricht ganz allgemein davon, dass ein Seil für eine Schlange gehalten werde. Doch ginge es ihm nur um das Phänomen der Täuschung, hätte er auch das umgekehrte Beispiel nehmen können: Eine Schlange wird für ein Seil gehalten. Das ist ja genauso möglich. Bei der Aufdeckung *dieser* Täuschung wäre das Entsetzen groß. Doch in Shankaras Analogie kann es nur Erleichterung *(enlightenment)* geben: Gott sei Dank, ein Seil! Völlig harmlos. Und dieses Gefühl dürfen wir in der Analogie auf die eine Wirklichkeit übertragen. Doch nicht als Hoffnung und Glaube! Erst nachdem wir die Täuschung selbst erkannt haben, kommt die Erleichterung.

Bei dieser Erläuterung der Analogie habe ich einen bestimmten emotionalen Aspekt herausgegriffen. Es gibt viel mehr Aspekte, die jeder für sich herausfinden kann. Doch selbst bei diesem einen Aspekt sind viele weitere Fragen möglich, zum Beispiel:

- Wovor habe ich Angst?
- Könnte es sein, dass ich die Welt, die Personen und Situationen in ihr, bereits aus Angst anders sehe, als sie wirklich ist?
- Wo und wie kann ich solche Projektionen entdecken?

Das Leben als Theaterstück

Das Leben ist wie ein Theaterstück. Diese Analogie dürfte jedem bekannt sein. Sie wurde bereits vor zweitausend Jahren in Griechenland und Indien benutzt. Wie bei jeder Analogie kann man sich auch bei dieser auf bestimmte Aspekte konzentrieren. Nehmen wir zunächst den Schauspieler.

In der Antike trugen die Schauspieler große Masken aus Holz oder Ton. Ihre Stimme klang verfremdet, weil sie durch die Maske «hindurchtönte». Vom Lateinischen *personare* («hindurchtönen») kommt unser heute so häufig benutztes Wort «Person». Daran kann uns die Analogie erinnern: dass wir als «Personen» Schauspieler mit Masken sind.

Der Schauspieler spielt eine vorgegebene Rolle. Bis zu einem gewissen Grad steigert er sich in diese Rolle hinein, doch er weiß zugleich: «Das bin ich nicht. Ich tue nur so. Diese Darstellung ist bald vorbei und danach bin ich wieder ‹ich selbst›.» Auf unser Leben übertragen, bedeutet dieser Aspekt: Alle persönlichen Merkmale, mit denen wir uns normalerweise identifizieren, gehören zu einer Rolle, die wir nur spielen, doch nicht wirklich sind. Ob schlank oder beleibt, jung oder alt, weiblich oder männlich, gesund oder krank, reich oder arm, wohlwollend oder hartherzig, naiv oder durchtrieben (Wir sehen, diese Liste kann fast endlos fortgeführt werden) – all das sind wir so wenig, wie der Schauspieler seine Rolle ist. Diese Eigenschaften werden nur gespielt.

Doch wozu wird überhaupt gespielt? Da kommen wir bereits an eine Grenze, wo der Vergleich hinkt. Der Schauspieler macht seine Arbeit. Er hat die Rolle angenommen, vielleicht weil er dringend Geld braucht, berühmt werden will oder den Autor des Stückes schätzt. Doch wie sind *wir* zu unserer «Lebensrolle» gekommen?

Haben wir etwa vorher das Skript gelesen und gesagt: «Ja, die Rolle gefällt mir, wir müssen nur noch über das Honorar reden?»

Theater ist als Ganzes bereits der Versuch des Menschen, ein Bild des Lebens, eine Analogie, zu gestalten. Nun zu sagen, das Leben sei wie ein Theaterstück, bedeutet eigentlich eine weitere Verkleinerung oder Einengung des Bildes. Und dennoch ist dieser Vergleich hilfreich. Er kann jene Fragen ins Bewusstsein rufen, die wir nicht (mehr) stellen, weil es auf sie keine Antwort zu geben scheint. Gerade auf die essenziellen Fragen des Lebens scheint es oft keine Antwort zu geben. Sie führen uns in eine Dimension jenseits aller Vorstellungen und Begriffe.

Vergleichen wir unser Leben mit einem Theaterstück, dann liegen bestimmte Fragen nahe: Wer ist der Autor? Was wollte er mit seinem Stück sagen? Welche Rolle spiele ich dabei? Warum spiele ich überhaupt mit? Wer oder was bin ich, abgesehen und unabhängig von dieser Rolle? Im Rahmen des «Bildspenders», des Theaters, sind diese Fragen ganz normal. Auf das Leben insgesamt übertragen, erscheinen sie zum Teil absurd. Doch gerade darin liegt der Reiz. Diese Absurdität lässt uns stutzen, verunsichert und macht uns zugleich offener, wacher.

Im Advaita zielt der Vergleich auf die Frage nach dem Einen, Unvergänglichen ab. Ramana Maharshi nennt einen Aspekt, der uns wohl leicht entgehen kann, nämlich den der Bühnenbeleuchtung. Er bezieht sich dabei auf einen alten indischen Text, in dem bereits die Theaterbühne als Analogie verwendet wird. Zur Kontemplation:

> Wird ein Drama aufgeführt, bescheint das Licht ohne Unterschied alle Darsteller – ob König, Diener oder Tänzer – und auch die Zuschauer. Das Licht ist da, bevor das Drama beginnt, während der Vorstellung und auch, nachdem die Aufführung vorüber ist. Genauso gibt das innere Licht, das Selbst, dem Ego, dem Intellekt, der Erinnerung und dem Denken Licht, ohne dem Prozess von Werden und Vergehen unterworfen zu sein. Obgleich im Tiefschlaf und in anderen Zuständen keine Empfindung eines Ego vorhanden ist, bleibt das Selbst ohne Eigenschaften und leuchtet aus sich selbst.[1]

Und schließlich noch die moderne Analogie, die Filmleinwand:

> Das ist wie im Kino. Lichter und Bilder erscheinen auf der Leinwand und beeindrucken die Zuschauer. Wenn im selben Film auch Zuschauer als Teil des Films auf der Leinwand gezeigt werden, erscheinen Seher und Gesehenes beide auf dem Schirm. Wenden Sie das auf sich selbst an. Sie sind die Leinwand, das Selbst hat das Ego geschaffen, das Ego schafft die Gedanken, die Gedanken schaffen die Erscheinungswelt. In Wirklichkeit sind alle nichts als das Selbst. Wenn Sie das Selbst erkennen, ist dieses überall. Nichts außer dem Selbst existiert.[2]

> Im Kino können Sie die Bilder nur bei gedämpftem Licht oder bei Dunkelheit erkennen. Werden alle Lichter angemacht, verschwinden die Bilder. So verschwinden auch im Flutlicht des Atman alle Objekte.[3]

Auch hier gehört es zur Kontemplation, sich den Vergleich Theater/Film und Leben zu vergegenwärtigen und eigene Fragen zu stellen.

Das Bewusstsein als Spiegel

Der Spiegel und die Spiegelung – das sind ebenfalls jahrtausendealte Metaphern für Erkenntnis, aber auch für Illusion und Täuschung. Wir erinnern uns: Prajnapati lässt seine beiden Schüler in eine Falle tappen. Sie glauben, was sie im Spiegel sehen, sei ihr wahres Selbst. Ihr Irrtum besteht in der Beschränkung auf die äußere Erscheinung. Doch um überhaupt bei einer Spiegelung erkennen zu können, «Das bin ja ich!», ist Intelligenz nötig. Auch wenn wir nur in den Spiegel schauen, um unser Aussehen zu überprüfen, ist diese Erkenntnis bereits vorausgesetzt. Wie kommen wir – im Unterschied zu Tieren und Kleinkindern – auf die Idee, dass wir uns im Spiegel selbst sehen? Sicher hat es auch damit zu tun, dass wir begriffen haben, was ein Spiegel ist und wie er funktioniert.

Aber schauen wir uns doch einmal im Spiegel in die Augen und forschen tiefer: Wer sieht hier «sich selbst»? Wir können dabei einen ganz eigenartigen Rückkopplungseffekt erleben. Immerhin sehen wir ja auch unsere momentanen Gedanken und Gefühle gespiegelt – vor allem in den Augen. Seit Urzeiten spiegeln sich Wolken auf der glatten Oberfläche eines Sees. Physiker können das Phänomen leicht erklären: Die Lichtstrahlen werden reflektiert. Doch für uns Menschen hat der Spiegel eine besondere Bedeutung. Er ist nicht nur ein Symbol, sondern auch auf ganz praktische Weise ein Instrument der Selbsterkenntnis.

Ich stelle mir vor: Wie üblich trete ich morgens zum Zähneputzen vor den Spiegel, doch da ist kein Gesicht, sondern nur die gegenüberliegende Wand zu sehen. Vampire sollen sich daran gewöhnt haben – aber wie wäre meine Reaktion? Oder: Ich sehe das Gesicht eines anderen. «Das bin ich nicht!» wäre wohl die erste Panikreaktion. Was in manchen Filmen noch vor wenigen Jahren als Schreckeffekt diente, ist heute in der plastischen Chirurgie Realität: Menschen mit entstellten Gesichtern erhalten ein völlig neues «Outfit». Sie können sich nach der Operation im Spiegel nicht wiedererkennen. Auch wenn dieses Gesicht weniger abstoßend wirkt, es ist zunächst ein Schock. Die persönliche Identität scheint verloren.

Sich zwanzig bis dreißig Minuten lang bewegungslos im Spiegel anzuschauen ist eine traditionelle Meditationsmethode. Dabei kann es durchaus geschehen, dass sich das Gesicht drastisch verändert oder ganz verschwindet.

Nun wird der Spiegel auch oft als Metapher verwendet, um die Eigenart des Bewusstseins zu beschreiben. Hier müssen wir allerdings zwei verschiedene Forschungsrichtungen unterscheiden. Die eine möchte philosophisch-wissenschaftlich erklären, wie die Wahrnehmung funktioniert – anscheinend wie bei einem Spiegel. So dachten jedenfalls etliche Forscher von der Antike bis vor etwa einhundertfünfzig Jahren. Immerhin spiegeln sich die gesehenen Objekte (umgekehrt) auf der Netzhaut.

Die Phänomenologie und die heutige Gehirnforschung halten das Spiegelbild-Modell jedoch für irreführend. So mechanisch-physikalisch läuft die Wahrnehmung nicht ab. Sie ist viel komplexer. Und in dieser Richtung brauchen wir ohnehin nicht weiterzudenken. Denn wenn ein Zen- oder Advaita-Meister sagt, «Das reine Bewusstsein ist wie ein Spiegel», dann will er kein Modell dafür liefern, wie unser Gehirn funktioniert. Er will andeuten, dass es keine Verzerrungen und Probleme gibt, wenn wir, wie ein Spiegel, die Dinge so sein lassen, wie sie sind – ohne sie mit unseren Wünschen, Sorgen und Erinnerungen zu überlagern. Der Spiegel ist eine Metapher für das reine Gewahrsein. Ein Spiegel klammert sich nicht an das, was er spiegelt. Und ganz wichtig: Das Spiegelprinzip gilt nicht nur für äußere Objekte. Jeder Gedanke, jedes Gefühl wird gespiegelt. Denn: Wir wissen, was wir fühlen und denken. Dieses Wissen *ist* der Spiegel.

Indem wir uns dessen, was jetzt (außen wie innen) geschieht, bewusst werden (mit aller Bewertung), kommen wir der Aufforderung der Meister nach: «Sei einfach nur ein klarer Spiegel!» Doch auch umgekehrt kann die Vorstellung «Ich bin ein Spiegel» zu tiefen Erkenntnissen der Einheit führen.

Wir können das in jeder Situation und in jedem Moment ausprobieren.

Der Körper als Tonkrug und als Radio

> Wenn der irdene Topf zerbricht, zerbricht dann auch der Raum innerhalb des Topfes? Wenn der Topf verformt ist, ist dann auch der Inhalt des Topfes verformt? Mein Körper mag deformiert sein, aber Ich bin unendlich und grenzenlos.
>
> Ramesh Balsekar, *Duett der Einheit,* Einleitung

Der Krüppel Ashtavakra erinnert uns in seiner leidenschaftlichen Rede daran: Wir mögen hübsch oder hässlich aussehen, klug oder dumm erscheinen. Was in Wahrheit zählt, ist unabhängig und frei von jeder Form. Da gibt es keine Vergleiche. Was ist der Raum innerhalb und außerhalb jeder Form? Das ist der Gegenstand dieser Kontemplation.

Wir können uns dazu fragen:

- Wie ist es möglich, dass ich überhaupt einen Raum habe, in dem ich sein kann? Ist das nicht bereits ein unbegreifliches Geschenk? Der Boden unter den Füßen, die Freiheit der Bewegung!
- Sind nicht alle Lebewesen in genau derselben Situation wie ich? Abhängig vom Raum, von der Sonne, der Luft, von Wasser und Nahrung?

Die folgende Analogie von Ramana Maharshi verdeutlicht einen weiteren Aspekt:

> Das Radio singt und spricht, aber wenn Sie es öffnen, ist niemand drin. So ist es mit meiner Existenz: Obgleich der Körper spricht wie ein Radio, ist niemand als Handelnder darin.

Bei diesem Vergleich können wir fragen: Was lässt uns denken, sprechen und handeln, wenn «niemand in diesem Radio ist»? Gibt es so etwas wie unsichtbare Radiowellen, einen Sender und einen Empfänger?

Bei jeder Analogie können wir in der Kontemplation weitere Fragen stellen und zu überraschenden Einsichten kommen. In Wahrheit ist jenes X, die unbekannte Größe, auf die wir die Analogie oder Metapher übertragen, nicht so unbekannt, wie wir vielleicht glauben. Wir sind ja selbst diese Wirklichkeit. Die Analogien helfen nur, etwas zu entdecken, das wir im Innersten wissen.

12 Geschichten, Gleichnisse, Parabeln

Geschichten wie die von Nachiketa, der dem Herrn des Todes begegnet, haben eine ähnliche Funktion wie Analogien und Metaphern. Sie verweisen auf eine universelle Wahrheit, die wir erkennen können, wenn wir den Sinn der Geschichte verstehen. Geschichten und Gleichnisse spielen in allen Religionen eine wichtige Rolle. Sie erfüllen die Lust auf Unterhaltung und auf das tiefere Streben nach Erkenntnis. Jeder liebt eine gute Geschichte, sei sie spannend, witzig oder traurig. Doch wie tief reicht ihre eigentliche Botschaft? Bei den berühmtesten Geschichten – etwa Jesu Gleichnis vom verlorenen Sohn – ist die Geschichte selbst ebenso berührend wie ihre Botschaft. Die eine Geschichte kann etwas sehr Tiefes aussagen wollen und dabei wenig überzeugen. Sie mag konstruiert klingen. Eine andere ist vielleicht überaus spannend und kurzweilig erzählt, dringt aber kaum in die Tiefe. Zur Kontemplation empfehle ich die anfangs vorgestellten vier Geschichten aus den *Upanishaden* und die folgenden Geschichten aus derselben Quelle.

Die zehn Narren

Zehn Männer durchquerten einen Fluss, und am anderen Ufer wollten sie feststellen, ob alle sicher angekommen waren. Einer der zehn begann zu zählen, ließ sich selbst aber dabei aus. «Ich sehe nur neun, einer muss verloren gegangen sein.» «Hast du richtig gezählt?», fragte ein anderer und begann selbst zu zählen, aber er kam auch nur auf neun. Einer nach dem anderen zählte nur neun, sich selbst auslassend. «Wir sind nur neun», waren sie sich einig, «aber wer ist der Fehlende?» Alle Versuche, den Fehlenden zu finden, waren umsonst. «Wer es auch ist», sagte der Sentimentalste von ihnen, «wir haben ihn verloren», und er brach in Tränen aus, was die anderen ihm nachtaten.

Ein Wanderer, der die Narren am Ufer weinen sah, erkundigte sich nach der Ursache ihres Kummers. Sie berichteten, was geschehen war. Da er alle zehn vor sich sah, erkannte er ihr Problem, und um ihnen klar zu machen, dass alle zehn überlebt hatten, sagte er zu ihnen: «Stellt euch nebeneinander auf und zählt der Reihe nach eins, zwei, drei und so weiter, und ich gebe jeweils dem, der zählt, einen Schlag, damit jeder weiß, dass er mitgezählt wurde, aber auch nur einmal. Dann werden wir den vermissten Zehnten finden.»

Jeder, der zählte, bekam einen Schlag, und als der Letzte ihn bekam, sagte er «zehn». Erstaunt guckten sie sich an, sagten, «Wir sind zehn!», und bedankten sich bei dem Wanderer dafür, dass er sie von ihrem Kummer befreit hatte.[4]

Ramana Maharshi erzählte diese Geschichte als Antwort auf die Frage, ob die Verwirklichung des Absoluten für einen Laien nicht etwas Unerreichbares sei. Und er fügte als kurzen Kommentar hinzu:

> Dies ist die Parabel. Woher kam denn der zehnte Mann? War er je verloren gegangen? Hatten sie, indem sie einsahen, dass immer alle da gewesen waren, etwas Neues gelernt? Die Ursache ihres Kummers war nicht der wirkliche Verlust von jemandem, sondern ihre eigene Erkenntnislosigkeit, ihre Vorstellung, jemanden verloren zu haben.[5]

Wir fragen uns bei dieser Geschichte vielleicht: Wie kann man nur so dumm sein und sich selbst beim Zählen vergessen! Aus der Sicht der Weisen sind wir alle diese Narren, weil wir nicht sehen und wahrhaben wollen, was so offensichtlich ist: dass wir *sind*. Die Erkenntnis muss so einfach sein, dass wir uns danach nur an den Kopf fassen können oder laut lachen müssen. Doch sie vollzieht sich eben nicht durch Worte.

Der Affenfänger

Der Affenfänger kennt die Gewohnheiten der Affen. Er hat eine ganz einfache Methode, sie zu fangen. Er legt leckere Nüsse in Baumhöhlen oder Holzkästen. Die Affen strecken ihre Hand durch die Öffnung und ergreifen die Nüsse. Doch, o Schreck, sie können die zur Faust geballte Hand nicht mehr herausziehen. Für eine Faust ist die Öffnung zu klein. Statt die Nüsse loszulassen, um sich selbst zu befreien, halten die Affen die Nüsse fest, und der Affenfänger kann sie leicht einfangen.[6]

Diese Parabel ist in Indien ebenso bekannt wie die von den zehn Narren und wird immer wieder erzählt. Wir können derartige Geschichten zehn- oder hundertmal hören. Mal zucken wir mit den Schultern – die Geschichte sagt uns nichts. Mal schmunzeln wir. Mal sehen wir deutlich eine Parallele zu einem Ereignis in unserem Leben. Und mal erkennen wir plötzlich. Ja, genauso funktioniert unser kleines Ich, das nach Anerkennung greift und nicht loslassen kann.

Vom Schüler, der Wasser holen sollte

Narada war ein ergebener Schüler. Er hatte sich so sehr in spirituelle Übungen vertieft, dass ihm Gott Vishnu einen Wunsch erfüllen wollte. «Ich möchte den Schleier der Illusion, der Maya, durchschauen. Zeige mir, was Maya ist!», begehrte der vorbildliche Schüler. Und schon fand er sich mit Vishnu, seinem Guru, in einer Wüste wieder. Sie wanderten dahin und wurden immer durstiger. Am Horizont tauchte eine kleine Hütte auf. «Lauf voraus und bitte dort um etwas Wasser für uns!», sagte Vishnu. Narada machte sich auf den Weg, erreichte das abgelegene Haus und klopfte an die Tür. Eine wunderschöne junge Frau trat heraus. Ihre großen Augen schienen ihm wie die seines verehrten Meisters, liebevoll und klar. Er vergaß völlig, weshalb er gekommen war. Die Frau bat ihn ins Haus hinein, stellte ihm ihre Familie vor. Niemand fragte ihn, woher er komme und was er wolle. Die Atmosphäre war so vertraut und herzlich, als hätte er hier schon lange gelebt.

Nach einigen Tagen bat Narada den Vater um die Hand von dessen Tochter. Er heiratete, gründete eine Familie, arbeitete auf dem Feld, versorgte das Vieh. Im zwölften Jahr kam es zu einer Katastrophe. Der Monsunregen überschwemmte die Wiesen und Felder. Eine Flutwelle erreichte das Haus. Narada nahm seine Frau und die drei Kinder an die Hand und versuchte, durch das steigende Wasser einen Berg zu erreichen. Doch ein Kind nach dem anderen wurde von der Flut fortgerissen. Schließlich verschwand auch seine Frau in den gurgelnden Fluten. Narada fand sich halb bewusstlos auf einer Anhöhe wieder. Rings herum sah er nur noch schlammiges Wasser, alles andere war verloren. «Wo ist das Wasser, mein Schüler? Ich warte bereits seit einer halben Stunde!» War das nicht die Stimme seines Meisters? Tatsächlich. Da stand Vishnu, an jenem Ort in der Wüste, den Narada vor zwölf Jahren verlassen hatte, um für seinen Guru und sich Wasser zu holen.[7]

Was sagt uns diese Geschichte?

Zeitreisen und Zeitparadoxien

Die Geschichte von Narada und Vishnu weist darauf hin, dass die Zeit selbst ein Schleier der Maya ist. Wir können nachts ein ganzes Leben träumen, reiben uns morgens beim Aufwachen die Augen, schütteln den Kopf. Alles nur ein Traum. Wo ist das geträumte Leben jetzt?

Ich möchte hier eine moderne Geschichte anfügen, die sich mit dem Thema Zeit befasst. Im 20. Jahrhundert wurde ein neuer Mythos geboren: die Zeitreise. Auslöser war H. G. Wells' Roman *Die Zeitmaschine* (1895). Darin reist ein Wissenschaftler mit einer Zeitmaschine und landet schließlich in einer fernen Zukunft.

Die Zeitreise ist einer der bedeutenden Mythen unserer Zeit. Sie spiegelt Einsteins Relativitätstheorie wider. Und sie wirft die Frage nach unserem zeitlichen Ende aus einer neuen Perspektive auf. Viele spannende Romane und sehenswerte Filme haben sich in den vergangenen Jahrzehnten diesem Thema gewidmet. Am meisten berührt hat mich der amerikanische Film *The Twelve Monkeys* mit Bruce Willis in der Hauptrolle. Der Held, ein Sträfling, reist aus der Zukunft ins Ende des 20. Jahrhunderts zurück, um herauszufinden, wer jenen Virus freisetzte, der die Menschheit fast aussterben ließ. In dieser Geschichte wird das Phänomen des individuellen Todes auf verblüffende und ergreifende Weise hinterfragt. Der Held wird bei der Entdeckung des Täters auf dem Flughafen erschossen. Und zugleich ist er selbst als zehnjähriger Junge Augenzeuge dieser Szene. Wir sind in einer Zeitschleife. Der Junge – er erscheint zu Beginn des Films – ist derselbe, der später als etwa Fünfundvierzigjähriger von Wissenschaftlern in die Vergangenheit zurückgeschickt wird. Er hat also seinen eigenen Tod beobachtet. Zur Kontemplation empfehle ich, sich diesen Film anzusehen. Er ist als Video überall erhältlich.

13 Untersuchungen

Im Folgenden betrachten wir nicht Analogien und Geschichten, sondern stellen uns bestimmte Fragen, die uns auf dem Weg zur Selbsterkenntnis weiterführen können. Zunächst möchte ich eine längere und recht genaue Anleitung der deutschen Theravada-Buddhistin Ayya Khema (1923–1997) wiedergeben. Vielen suchenden Menschen hat diese Kontemplation dabei geholfen, eine Vorstellung, die in unserer Welt weiterhin hartnäckig verbreitet wird, als Illusion zu durchschauen.

Wo ist das Ich?

Wir wollen einmal von Kopf bis Fuß durch unseren Körper gehen. An die Stellen, die wir besonders spüren, sodass wir genau wissen: Hier ist mein Körper. Auch die Grenzen des Körpers betrachten und sagen: So weit reicht mein Körper. Und dann in diesen Körper hineingehen. Sozusagen in die Mitte des Körpers. Und mal nachschauen, ob irgendwo etwas erscheint, das sagt: «Dieser Körper bin ich.» Oder kann ich nachempfinden, dass hier einfach nur ein Körper sitzt? Ein Körper von einer gewissen Größe und Breite, mit gewissen Empfindungen, Berührungskontakten, Wärme oder Kälte. Und dass da nirgends etwas ist, das je gesagt hat: «Das bin ich.» Außer unserem eigenen Geist. Der hat in den Spiegel geschaut und hat gesagt: «Das bin ich.»

Erinnern wir uns daran, wie veränderlich dieser Körper ist. Wie wir also, wenn das wirklich Ich sein sollte, schon hundert und aberhundert Ichs waren in diesem Leben. Wir haben schon so anders ausgesehen und so anders empfunden. Kann das stimmen?

Wir können noch einmal den Körper von Kopf bis Fuß durchgehen und schauen, ob da irgendwo eine Tatsache zu finden ist, die auf Ich oder Mein hindeutet. Oder ob diese Tatsache nicht einfach ist: ein Körper.

Und jetzt wollen wir den Beobachter, der diesen Körper wahrnimmt und versucht, hinter die Ich-Illusion zu schauen, einmal befragen, ob er Ich heißt. Oder ob er einfach nur beobachtet. Hat dieser Beobachter je behauptet, Ich zu heißen? Oder haben wir uns das ausgedacht? Und gleichzeitig erkennen wir, dass dieser Beobachter auch kommt und geht. Manchmal ist er überhaupt nicht da. Wo geht er eigentlich hin, wo kommt er her?

Und jetzt wollen wir zu einem Sinneskontakt gehen. Das könnte der Berührungskontakt sein beim Sitzen. Es könnte auch der Hörkontakt sein, oder Denken. Wir können es uns aussuchen. Und einmal feststellen, dass wir natürlich glauben: Ich sitze. Ich berühre. Ich denke. Ich höre. Wieso? Wie sind wir darauf gekommen? Ist bei dem Berührungskontakt irgendetwas, das sich Ich nennen kann? Desgleichen bei den anderen Sinneskontakten. Und man kann sich auch einmal die anderen Sinneskontakte, die wir haben, Sehen und Schmecken und Riechen, vorstellen. Denn wir haben sie schon tausende Male gehabt. Wo steckt das Ich? Haben wir es hineingesteckt, oder ist es wirklich da drin?

Und jetzt wollen wir das Gefühl untersuchen, ein gerade vorhandenes, unangenehmes oder angenehmes Gefühl. Ist es Ich? Können wir behaupten, dass es uns gehört? Dann würden wir es doch, wenn es angenehm ist, nicht wieder abgeben. Und das Unangenehme überhaupt nicht zulassen. Wie können wir also behaupten, es ist mein? Können wir ein Gefühl dafür bekommen, dass es einfach *ist*?

Wir wollen einmal in unsere Emotionen hineinschauen und fragen, wieso wir uns damit identifizieren, wieso wir nicht einfach die Emotionen Emotionen sein lassen.

Und jetzt wollen wir uns unsere Wahrnehmungen vornehmen. Die Wahrnehmung gleicht einem Etikett. Wo wir zum Beispiel sagen: «Das ist der Himmel» oder «Dieser Mensch ist hübsch oder hässlich». Die Wahrnehmung: «Das schmeckt gut.» Alle Wahrnehmungen, die wir uns vorstellen können. Wann hat eine Wahrnehmung sich je gemeldet und gesagt: «Ich gehöre dir. Ich bin dein. Ich heiße Ich.» Können wir ein Gefühl dafür bekommen, dass eine

Wahrnehmung einfach eine Wahrnehmung ist? Sie gehört mit zu unserem Programm des Menschseins, des täglichen Lebens. Aber wir müssen nicht identifiziert damit sein. Können wir Abstand nehmen und neutral beobachten? Und feststellen, dass niemand und nichts uns dazu zwingt zu glauben, «das ist meines, das bin ich».

Und jetzt wollen wir unsere Reaktionen, unsere Gedankenformationen anschauen. Bei der Wahrnehmung, «Das schmeckt gut» ist die Reaktion meist, «Ich möchte mehr haben». Oder: «Das tut weh» als Wahrnehmung. Reaktion: «Ich möchte weg davon.» Die Reaktionen oder auch die Ideen, wie was zu machen wäre, wie wir alles besser und schöner machen könnten. Nichts falsch damit. Aber wieso glauben wir, dass diese Ideen Ich heißen, Mir gehören? Können wir erkennen, dass sie kommen und gehen?

Sinneskontakte, Gefühle und Emotionen, Wahrnehmungen, Gedanken und Reaktionen, alle kommen und gehen. Und dennoch glauben wir, dass das Ich die ganze Zeit vorhanden ist?

Wir wollen jetzt einmal versuchen, die Idee des Ichs oder des Selbst, des Egos, wie immer wir das nennen wollen, an uns abgleiten zu lassen. Es nicht mehr festzuhalten, sondern es ganz sanft und sachte loszulassen. Die Idee gleitet an uns herab und verflüchtigt sich. Zerfällt wie jede Idee, der man nicht nachläuft.

Und nun wollen wir versuchen, etwas festzustellen: Wenn sich wirklich weder im Körper noch im Geist ein Ich befindet, wenn da nur Phänomene sind, die entstanden sind und wieder vergehen, können wir dann das Gefühl bekommen, eine Bürde loszulassen? Nichts ist zu beweisen. Nichts ist zu erledigen. Es ist schon alles erledigt. Wir haben es nur noch nicht gemerkt. Wir wollen das einmal nachvollziehen. Was das für uns bedeuten könnte, wenn wir so empfinden würden.[8]

Loslassen

Advaita sagt, das persönliche Ich ist eine Illusion, und wird jeden Zweifel, ob ich als Person existiere, verstärken. Es kann nicht anders, als das Ego zu unterminieren. Wer möchte sich dem schon aussetzen? Jeder ahnt zwar, dass dieses kleine Ich sterben muss, klammert sich aber so lange wie möglich daran. Andererseits: Wie befreiend und friedlich sind die Momente, in denen wir nicht an uns denken! In denen kein Gedanke an unsere Zukunft oder Vergangenheit aufkommt! Haben wir es nicht selbst erfahren? Sicher. Deshalb versuchen wir ja, durch Meditation einen «ego-losen» Zustand zu erreichen. Doch für wen? Für mich. Wieder das Ego.

In der folgenden Kontemplation wollen wir einmal so offen und ehrlich wie möglich fragen: Was von meinem Ego, von allen persönlichen Vorteilen, Sicherheiten und Vorstellungen bin ich bereit loszulassen? Das geht nur mich selbst etwas an. Ich überprüfe, wo und wie ich mir selbst die Grenzen setze. Einfach nur sehen, ohne zu bewerten – ja, da ist für mich Schluss! Was ich fühle oder wie ich mich verhalte, wenn die vorgestellte Situation tatsächlich eintritt, steht auf einem ganz anderen Blatt.

Ich biete Ihnen im Folgenden einige Beispiele in Form von Fragen an. Dazu werden Ihnen passende Situationen einfallen. Jeder kann diese Kontemplation aus seiner Erfahrung heraus mit weiteren, eigenen Beispielen und Fragen durchführen.

Kann ich es akzeptieren, Fehler zu machen? Beispiele: Ich komme oft zu spät. Ich vergesse oder verwechsle Namen. Ich raste leicht aus und werde wütend. Ich werde verlegen, beginne zu stottern oder weiß nicht mehr weiter. Welche Fehler verzeihe ich mir und anderen nicht? Was ist so schlimm an Fehlern? Ist es die Kritik der anderen? Sind sie mir peinlich? Was wäre die allerpeinlichste Situation? Bin ich bereit, eine solche Situation wieder zu erleben, wenn ich sie zugleich bewusst beobachten kann?

Kann ich es akzeptieren, Geld und äußere Anerkennung zu verlieren? Beispiele: keine Arbeit, keine Wohnung, keinerlei finanzielle Sicherheit mehr. Kann ich innerlich sagen: Ja, wenn es so sein soll – Leben, nimm allen Besitz von mir? Wie fühlt sich das an?

Kann ich es akzeptieren, krank zu sein und Schmerzen zu fühlen? Beispiel: Angenommen, bei mir wird eine unheilbare Krankheit, zum Beispiel Krebs, diagnostiziert. Kann ich mich in diese Situation hineinversetzen? Wie würde ich reagieren?

Kann ich akzeptieren, dass ich sterben muss? Was bedeutet der Tod für mich? Wie stelle ich mir meinen Tod vor? Bin ich jetzt bereit, alles loszulassen, was ich kenne, also die äußere Welt mit all den Menschen darin und die innere Welt mit meinen Gefühlen und Erinnerungen? Würde es mir helfen, Stunden, Tage oder Monate Aufschub zu bekommen? Was würde sich dadurch ändern? Was hält mich am meisten hier in diesem Körper?

Kontemplationen wie diese sind in vielen spirituellen Traditionen üblich. Berühmt sind die «Fünf täglichen Betrachtungen» des Buddha über die Vergänglichkeit.[9] Sie sind nicht dazu gedacht, Horrorvisionen und Angst zu erzeugen. Sie weisen einfach auf die Tatsache der Vergänglichkeit unseres persönlichen Lebens hin. Und genau die wollen wir nicht wahrhaben. Die Fragen schüren nicht Ängste, sondern decken allenfalls verdrängte Ängste auf und ermöglichen eine bewusste Auseinandersetzung mit ihnen. Eine wichtige und gute Kontemplation.

Wer denkt und handelt?

Diese Frage zieht sich durch das ganze Buch. Auch hierzu gibt es etliche Horrorvisionen: Ein böser Magier oder ein totalitärer Staat machen uns zu willenlosen Instrumenten. Wir sind nicht mehr Herr unserer Gedanken. Sie werden von einer fremden Macht gesteuert. Und wir wissen es nicht einmal.

Nehmen wir für unsere Kontemplation an, es wäre so. Das entspricht der Annahme Descartes', ein Dämon würde unsere Gedanken lenken. «Töte deinen Freund. Er ist ein Verräter.» Wir halten diesen Gedanken für unseren. Kommen Zweifel auf? Gibt es da einen inneren Kern in uns, aus dem heraus wir den ferngesteuerten Gedanken widerstehen können? Erforschen und beobachten wir selbst! Haben wir Kontrolle über unsere Gedanken? Können wir den nächsten Gedanken voraussagen? Können wir seinen Handlungsanweisungen widerstehen oder nicht? Folgen wir wie Automaten allem, was uns durch den Kopf geht? Können wir uns der Quelle der Gedanken sicher sein? Ist sie vertrauenswürdig?

Wir können letztlich keine Gewissheit darüber erlangen, woher die Gedanken kommen. Ebenso wenig können wir wissen, woher wir selbst kommen. Was wissen wir unbezweifelbar? Dass wir jetzt sind! Und dass wir die Gedanken wahrnehmen. Das ist der Unterschied zu allen Maschinen und Robotern. Aus diesem inneren Wissen erwächst die Freiheit. Sie ist nicht gebunden an das, was wir tun. Sie transzendiert diese Welt mit all ihren Albträumen. Wir sind in einem Sein geborgen, das keine Diktatur der Gedanken je erreichen kann.

Haikus und Koans

In der Zen-Tradition sind viele kurze Geschichten und Sätze von Meistern überliefert, die zur Kontemplation gedacht sind. Zen gilt den meisten heutigen Advaita-Lehrern als reiner Ausdruck der Nicht-Dualität. Wir können die folgenden Gedichte (Haikus) und «Rätsel-Fragen» (Koans) in unsere täglichen Kontemplationen aufnehmen.

Haikus

Alter, stiller Teich.
Fröschlein springt hinein
Platsch! Matsuo Basho

Ohne Ende singt die Feldgrille
Und doch ist ihr Leben
So kurz. Matsui Basho

Ich lausche den Winden
Und verzehre dabei meinen Reis.
So einer bin ich! Issa

Still sitzen und nichts tun.
Der Frühling kommt
Und das Gras wächst von selbst. Matsuo Basho[10]

Koans

Wie sahst du aus, bevor deine Eltern geboren wurden?

Lausche dem Klatschen der einen Hand!

Leere hier, Leere dort, und dennoch steht die ganze Zeit das Universum vor deinen Augen – unendlich groß, unendlich klein. Sosan[11]

14 Meditationen

In der Kontemplation betrachten wir etwas und fragen nach seiner tieferen Bedeutung. In der Meditation versinken wir in uns selbst und stellen keine Fragen. Aber es geht hier nicht darum, Kontemplation von Meditation zu unterscheiden. Mit Hilfe beider können wir die unveränderliche Wahrheit erkennen und verwirklichen. Kontemplation und Meditation dürfen fließend ineinander übergehen.

Jetzt sein

Meditation wird heute oft als Mittel angepriesen, um Stress und Krankheiten vorzubeugen. Entspannt lächelnde Gesichter von weiblichen und männlichen «Models» im Schneidersitz sollen uns sagen: In diesem Wellness-Angebot können wir endlich tief entspannen, um danach leistungsfähiger, attraktiver, gesünder und glücklicher zu sein. Mediziner bestätigen, was in den östlichen Traditionen seit Jahrtausenden bekannt ist: Schon wenige Momente innerer Losgelöstheit und Gedankenstille können ungeahnte Energien und Glücksgefühle freisetzen. Die wirken oft auch noch einige Zeit im Alltag nach.

Wer mehrere Monate regelmäßig meditiert hat, dem wird aufgefallen sein, dass Meditation nicht immer so funktioniert, wie man es gern möchte. Man setzt sich hin, Rücken gerade, äußere Störungen sind ausgeschaltet – doch innen ist die Hölle los. Die Gedanken kreisen wie verrückt. Kribbeln und Jucken am ganzen Körper. Oder: Schon nach fünf Minuten überkommt einen eine solche Müdigkeit, als hätte man nächtelang nicht geschlafen. «Da setzt sich der Verstand oder das Unbewusste zur Wehr», sagen sich manche, andere: «Wir müssen durchhalten!» Wer kämpft hier gegen wen? Und wozu? Was gilt es zu erreichen?

Früher oder später wird sich die Meditation als Mittel zu einem äußeren Zweck wie Gesundheit, Erfolg oder angenehme Gefühle verweigern. Und das ist gut so. Denn Meditation bedeutet im Grunde: Diesen Augenblick einfach so zu erleben, wie er ist. Mit all den Gedanken, dem Hautjucken und der Müdigkeit. Solange wir irgendetwas verändern, erreichen oder «verwirklichen» wollen, sind wir auf eine imaginäre Zeitschiene fixiert, die von der Vergangenheit in die Zukunft läuft: Gestern hat mich jemand beleidigt. Jetzt denke ich daran und bin wütend. Morgen werde ich ruhig und gelassen sein – dank der Meditation, die ich nun beginne.

Wir sollten die lineare Zeit nicht ignorieren oder leugnen. Es gibt Uhren und Kalender, wir haben Termine einzuhalten. Doch zugleich können wir diesen Moment, das Jetzt, so erleben, als wäre es unser erster und letzter. Ein scheinbarer Widerspruch, ein Paradox, mit dem und in dem wir leben. Manche sehen im Kreuz ein Symbol dafür. Die horizontale Linie repräsentiert die Zeit – von der Vergangenheit in die Zukunft –, die vertikale das Jetzt. Versieht man beide Linien mit einem Pfeil, dann werden sie, mathematisch ausgedrückt, zu Vektoren. Nach rechts zeigt der Pfeil in die Zukunft, nach unten in die Bodenlosigkeit des Seins. Meditation geht in die vertikale Richtung. Diese Dimension öffnet sich durch Innehalten. Kein «um zu». Kein Handel. Das unangenehme Gefühl von Wut, Frustration, Begehren, Angst, Zweifel oder Langeweile jetzt einfach so sein zu lassen, wie es ist, es ohne Abwehr wahrzunehmen, das ist Meditation. Wir müssen nichts aushalten, überwinden oder transformieren. Nur so kann Meditation zu einem natürlichen «Zustand» werden, der nicht auf wenige Minuten begrenzt ist, sondern allmählich unser ganzes Dasein umfasst.

> Sobald das Motiv, der Glaube an ein Ziel wegfällt – und wenn es nur für einen Moment ist, und jeder kennt solche Momente –, fehlt nichts. Dann fallen Vergangenheit und Zukunft weg, und nur Da-Sein bleibt. Anstrengung fällt weg. Nicht die Tätigkeit fällt weg, aber der, der tut, fällt weg. Der Handelnde verschwindet, und die Himmel öffnen sich. Du kennst das![12]

Aus der Quelle trinken

Viele Advaita-Lehrer sprechen von der «Quelle des Bewusstseins», aus der jeder Gedanke, ja unsere Existenz mitsamt der äußeren Welt entspringt. Diese Quelle wird in der Tradition geheimnis- und verheißungsvoll als «Glückseligkeit» beschrieben. Können wir die Glückseligkeit in uns selbst aufspüren? Robert Adams sagte:

> Du bist unendlich, unvergänglich, selbstleuchtend, selbstexistierend. Du bist ohne Anfang und Ende. Die Welt und ihre Manifestationen können dich nicht länger zum Narren halten. Du kannst die Quelle fühlen, weil du die Quelle bist. Alles ist gut.[13]

Das klingt sehr tröstlich und aufbauend. Es erinnert an Ashtavakra und Ramana Maharshi. Doch eine konkrete Anleitung, die Quelle zu finden und zu fühlen, ist es nicht.

Eine solche Anleitung fand ich vielmehr in den «Kursen im Sein», die der australische Lehrer Barry Long Mitte der Neunzigerjahre weltweit leitete und die auf Hörkassetten erhältlich sind.

> Schließt die Augen. Nehmt all eure Intelligenz zusammen und schaut tief hinein ins Innere des Körpers. Was ihr als Erstes seht ist … nichts. Erstaunlich! Es ist dunkel, aber es ist nichts. Und es ist still. Und nun benutze ich die andere Möglichkeit meiner intelligenten Wahrnehmung, und ich empfinde ein Wohlsein. Dieses Wohlgefühl ist in jedem Geschöpf auf der Erde. Das ist die Tiefe des erfahrenden Seins, welches ich bin – der Fluss des Lebens, der einströmt, noch bevor er in die Sinne gelangt. Je länger ich an diesem Punkt bleiben und von der Quelle des Lebens in mir trinken kann, desto mehr bin ich erfüllt von dieser außergewöhnlichen Energie, die mein Sein ausmacht.
>
> Nun bitte ich euch, während ihr zugleich an diesem Punkt im Inneren bleibt, hinaufzureisen in die Existenz, indem ihr die Augen öffnet. Ihr kommt in die gespaltene Welt, wo sich das Leben in verschiedenen Körpern und Dingen ausdrückt

und manifestiert. Ihr werdet bemerken, dass alles aus dem inneren Punkt heraus entsteht. Denn wenn sich meine Augen, Ohren und alle anderen Sinne nicht mehr öffneten, dann gäbe es nichts von dieser äußeren Welt. Sie würde für immer verschwinden. Alles kommt aus diesem Punkt, mit dem ihr in Berührung seid. Es geht darum, gleichzeitig außerhalb der Existenz und in ihr zu sein. Das ist das Geheimnis.[14]

Die Morgenmeditation: Wer wacht auf?

Seit Prajnapatis Unterweisungen in den *Upanishaden* gilt der Schlaf als wichtiger Schlüssel zum Atman, dem wahren Selbst. Jede Nacht lassen wir auf natürliche Weise alle Vorstellungen von uns als Person los. Wir verschwinden, zusammen mit der ganzen Welt. Ist das nicht höchst merk-würdig? Eine derart radikale Veränderung in unserem Erleben, und niemand scheint sich deswegen Sorgen zu machen oder gar Todesangst zu empfinden! Wir wachen ja jeden Morgen wieder auf. Bisher zumindest. Eine Garantie dafür gibt es nicht. Tatsache ist: Ich bin regelmäßig weg, verschwunden. Ist es nicht eine faszinierende Herausforderung, sich mit diesem im Grunde ungeheuerlichen Phänomen einmal bewusst zu befassen?

Advaita-Meister wie Ramana Maharshi oder Robert Adams haben dazu angeregt, den Moment des morgendlichen Erwachens so bewusst wie möglich zu erleben. Denn in diesem kurzen Augenblick baut sich alles wieder auf. Ich bin wieder da, und mit mir die Welt. Manchmal wissen wir beim Aufwachen nicht, wer und wo wir sind. Das ist ein überaus wertvoller Moment. Ramana schrieb:

> Im Augenblick des Aufwachens, bevor man der Welt gewahr wird, zeigt sich das reine «Ich-Ich». Halten Sie sich daran, ohne einzuschlafen und ohne von Gedanken eingenommen zu werden. Wenn das festgehalten wird, spielt es keine Rolle, dass man auch die Welt sieht. Der Sehende bleibt unberührt von der Erscheinungswelt.[15]

Robert Adams schlug, daran anknüpfend, vor:

> Wenn du morgens aufwachst, noch bevor die Gedanken auftauchen, identifiziere dich mit dem Selbst. Nun, wie macht man das? Sage einfach zu dir selbst: «Ich, Ich». Das ist alles, was du zu tun hast. «Ich, Ich». Das machst du, bevor die Gedanken kommen. Möglicherweise gelingt dir das am Anfang nur für ein paar Sekunden, aber das reicht. Schon diese paar Sekunden werden deinen Tag erfüllen, und du wirst dich zufrieden fühlen.[16]

Das hört sich leicht an. Doch im Moment des morgendlichen Aufwachens so bewusst wie möglich zu sein erfordert Engagement und Übung. Die Meditation selbst dauert nur wenige Sekunden. Ich verharre beim Erwachen so lange wie möglich im Zustand des Nicht-Wissens. Weder folge ich den Gedanken an den gerade erlebten Traum, noch lasse ich mich auf die Welt ein, die mir bevorsteht. In dieser «Morgenmeditation» liegt die Essenz von Advaita verborgen. Wer sich spontan angesprochen fühlt, sie auszuprobieren, sollte das unbedingt tun und nicht so bald aufgeben. Er wird bemerken, dass sich dieser «ich-lose» Moment beim Aufwachen nicht so ohne weiteres erwischen lässt. Wer erwischt hier wen oder was?

Nichts im Leben steht isoliert für sich da. So erweist sich auch bei jeder Meditation, die wir zunächst auf eine bestimmte Zeitspanne begrenzen wollen, dass sie mit allem anderen in unserem Leben verbunden ist. Eine Zeit der Einkehr macht uns im Alltag bewusster, und umgekehrt wirkt sich unser stetiges Bemühen um Achtsamkeit auf die meditative Versenkung aus. Die Morgenmeditation dringt in einen Bereich vor, den wir normalerweise völlig ignorieren: Schlaf, Traum und Tiefschlaf. Advaita hält diesen Bereich, wie wir bereits wissen, für besonders wichtig. In den Worten von Robert Adams:

> Du bist verwirklicht, wenn du schläfst, aber du bist dir dessen nicht bewusst. Du solltest im Schlaf bewusst sein. Wenn du im Schlaf bewusst bist, bist du erwacht. Du bist zum Selbst erwacht, zur Realität von dem, was ist, zu ICH BIN.[17]

Mit Bewusstheit in den Schlaf vorzudringen ist aber nicht mit einem Fingerschnippen getan. Wir sollten nicht darauf hoffen, dass uns die Erkenntnis wunderbarerweise im Traum überkommt. Wir müssen uns vom Wachbewusstsein aus «vorarbeiten». Es gibt etliche Methoden aus unterschiedlichen spirituellen Traditionen, die dazu führen, dass wir nachts beim Träumen und sogar im Tiefschlaf bewusster sind.[18]

Ein erster Schritt könnte sein, ein Traumtagebuch zu führen. Halten Sie ein Notizbuch neben dem Bett bereit, und schreiben Sie den Traum auf, aus dem Sie gerade erwacht sind. Der Sinn der Übung besteht nicht darin, die Träume zu deuten, sondern sie bewusster zu erleben. So kann es zum Beispiel geschehen, dass sich die Frage «Wer oder wo bin ich?» auch im Traum stellt. Ich flog einmal im Traum über China und befand mich gleich darauf in einem überfüllten Zug in Malaysia. Plötzlich tauchte die Frage auf: Bin ich wirklich hier? Im nächsten Moment wachte ich auf. Kurz davor – das Bild verblasste schnell – hatte mich ein Sog über die Landkarte von Südostasien nach Deutschland gezogen. Eine «kleine Unendlichkeit» verging, bis sich der Verstand durchsetzte. Ich lag in «meinem» Bett in Hamburg. Doch das Gefühl, dass die Umgebung, die Welt, tief aus mir selbst heraus entsteht, beflügelte mich noch den ganzen Tag.

Wir gehen wie selbstverständlich davon aus, dass wir im Tiefschlaf unbewusst leben. Dies kann jedoch in Frage gestellt werden. Nisargadatta Maharaj tut dies in dem folgenden Gespräch:

> MAHARAJ: Waren Sie tatsächlich ohne Bewusstsein, oder erinnern Sie sich nicht?
> FRAGE: Woher soll ich das wissen?
> MAHARAJ: Überlegen Sie. Erinnern Sie sich an jede Sekunde des gestrigen Tages?
> FRAGE: Natürlich nicht.
> MAHARAJ: Dann waren Sie also ohne Bewusstsein?
> FRAGE: Natürlich nicht.
> MAHARAJ: Sie sind also bewusst, und trotzdem erinnern Sie sich nicht.
> FRAGE: Jawohl.

MAHARAJ: Vielleicht waren Sie im Schlaf bewusst und erinnern sich nur nicht daran?[19]

Hören und mitströmen

Meditations- und Weisheitslehrer aller Zeiten haben betont, dass schon das bloße Hören von Worten, Tönen und Geräuschen in die Stille, zum wahren Selbst führen könne. Sie meinen allerdings ein ganz unvoreingenommenes, sehr offenes Hören. Was immer ohne den Filter des bewertenden Verstandes bis tief in Herz und Bewusstsein dringt, wirkt Wunder: ein Vers von Buddha, ein Kinderlied, ein Wellenschlag oder sogar ein Autohupen. Staunend vernehmen wir im Klang die Unergründlichkeit des Lebens. Im Hören können wir Entstehen und Vergehen leichter mitverfolgen als im Sehen. Wir können unsere ganze Aufmerksamkeit auf den Ton richten, der in diesem Moment erklingt und dann verschwindet.

Musik wird seit Jahrtausenden als Hilfsmittel zur Meditation eingesetzt. Arthur Schopenhauer hatte dafür – wir erinnern uns – eine gute Erklärung: Musik selbst will nichts. Die Töne einer Melodie tauchen auf und verschwinden – absichtslos. Sie spiegeln das Auf und Ab von Gefühlen wider, doch wir sind dabei nicht persönlich verstrickt. Wenn sich Töne in Harmonie finden, werden wir nicht eifersüchtig. Wir «strömen mit der Musik mit» und sind nicht mehr in dieser Welt. Wir sind auch nicht auf einer Trauminsel. Wir lassen einfach zu, dass unsere Gedanken von der Musik aufgesogen werden.

Meditation wird traditionell als ein Verschmelzen von Subjekt und Objekt beschrieben. Das damit verbundene Einheitserlebnis wird als glückselig und zeitlos empfunden. In Verbindung mit Musik bedeutet das zunächst einmal: Was immer ich da höre, es zieht mich an. Ich liebe diese Musik! Westliche Musikmediziner und -psychologen bestätigen: Was Patienten bei der Stressbewältigung, chronischen Schmerzen oder der Angst vor Operationen am meisten hilft, ist die Musik, die sie mögen.

Ich werde mich also hüten, irgendeine Meditationsmusik als

Standard vorzuschreiben. Der eine mag Zen-Musik, ein anderer Johann Sebastian Bach oder die Beatles. Ich kann nur auf bestimmte musikalische Strukturen hinweisen, die in der traditionellen Meditationsmusik benutzt worden sind, um das Bewusstsein von Einheit anzuregen.

Da gibt es den Aspekt der Trance und den der Aufmerksamkeit. Die Trance ist ein sehr altes Hilfsmittel der Schamanen. Gleichmäßige Trommelschläge und sich stets wiederholende Gesänge (Mantras) regen im Gehirn nachweislich Frequenzen an, die im Tiefschlaf gemessen werden. Es ist also gut möglich, dass uns eine Trance auslösende Musik wie die Schamanentrommel oder der tiefe Gesang tibetischer Mönche hilft, im Schlaf bewusster zu sein. Der Veda wurde ursprünglich gesungen, genau in diesem hypnotisierenden Mantra-Singsang, der uns in jenen eigenartigen Zustand zwischen Wachbewusstsein und Schlaf entführt. Wir finden ähnliche Strukturen in den Liturgien aller Religionen – im Buddhismus, im Christentum, im Islam. Und neuerdings auch in der Trance-Musik der Techno-Discos und Love-Parades.

Die andere Art von Meditationsmusik soll uns wach und lebendig machen. Sie ist abwechslungsreich und oft sehr virtuos. Wir werden in den Bann der musikalischen Entwicklung gezogen. Beispiele dafür sind die klassische indische Musik, die Improvisationen auf der japanischen «Zen-Flöte» Shakuhachi oder auf der arabischen Flöte Ney. Und natürlich unsere westliche Musik, vor allem die zur Andacht komponierte geistliche Musik. Von vielen heute wieder als Musik zur Meditation besonders geschätzt: die vom Atem getragenen Gesangslinien der Gregorianik (nach Papst Gregor, um 600 n. Chr.) und die Gesänge der Hildegard von Bingen (1098–1179).

Doch welche Art von Musik wir auch hören, entscheidend ist, dass wir tatsächlich zuhören. Dazu sollten wir uns wenigstens dreißig Minuten Zeit und Ruhe nehmen. Im «Mitströmen» verschwinden die Gedanken. Es kann zur Verschmelzung von Hörer und Gehörtem, von Subjekt und Objekt kommen. Shankara bezeichnete das als eine Form von Samadhi. Erwarten sollten wir möglichst nichts. Wir bleiben so wach wie möglich und mit unserer Aufmerksamkeit bei dem, was gerade geschieht.

Zum «Mitströmen» gehört auch, die beim Hören auftauchenden Gedanken und Gefühle zuzulassen. Sie können wie Melodien wahrgenommen werden. Dadurch rückt das Subjekt weiter nach innen zurück. Beide Ebenen, die Töne wie auch die «subjektiven» Reaktionen darauf, verschmelzen zu einer Art «Gesamtsinfonie». Das meinte Ramana Maharshi, als er von einem Film sprach, in dem auch der Zuschauer auftauche.

Meist glauben oder hoffen wir, dass der Gegenstand unserer Wahrnehmung – der heilige Klang OM, ein tiefsinniger Text oder ein besonders weiser Lehrer – aus sich heraus zur Erkenntnis anregt, die Meditation vertieft oder gar in die Glückseligkeit führt. Wir setzen stärker auf die Kraft des Objekts als auf die des Subjekts. Wir vergessen zu fragen: Wer oder was spricht dem Objekt überhaupt diese Macht zu? Wer hält dieses hier für nützlich, gut, spirituell, der besonderen Aufmerksamkeit wert und jenes dort nicht? Der erste große Durchbruch der Erkenntnis liegt darin, vom Objekt zum Subjekt vorzudringen. Erinnern wir uns an die Geschichte von den zehn Narren. Wer zählt neun statt zehn?

Die reflexive Meditation

Meditation bewegt sich vom Objekt zum Subjekt und darüber hinaus. In der Musikmeditation sind die Töne das Objekt. Wer hört die Töne? Wohin verschwinden sie? Was ist dieser eigenartige Raum, in dem die Töne auftauchen und verschwinden? In meinen Musikmeditations-Sendungen beim WDR und NDR (1982 bis 1989) habe ich die Hörer durch solche einfachen Fragen auf das Subjekt des Hörens zurückgeführt. Die Musik allein kann das nicht. Es muss einen sprachlichen oder gedanklichen Hinweis geben. Wer oder was hört diese Töne, liest jetzt diese Worte? Wo genau kommen sie an? Solche Fragen können wir uns bei allem stellen, was wir hören, sehen, empfinden und denken. Die Aufmerksamkeit wird auf das wahrnehmende Bewusstsein gelenkt.

Dabei geht nichts vom Gehalt des Wahrgenommenen verloren. Im Gegenteil. Viele Briefe von Hörern der Rundfunksendungen bestätigten, dass sie die Musik viel intensiver und klarer wahrgenommen hatten als normalerweise. Ich halte es für sehr wahrscheinlich, dass Informationen jeder Art besser, das heißt schneller, wacher etc. aufgenommen werden, wenn das Ich, das wahrnehmende Subjekt, zugleich direkt angesprochen wird. Im Prinzip genügt es, zwischendurch zu fragen: Wer liest jetzt diese Zeilen? Wohin gelangen diese Worte (Töne, Bilder)? Wo werden sie verstanden? Für wen ist dies jetzt da?

Wer sich nicht scheut, ein wenig Aufwand für die Selbsterforschung zu betreiben, dem möchte ich empfehlen, den ausführlich zitierten Text aus der *Ashtavakra-Gita* (Vers 1–32) selbst auf Kassette zu sprechen und drei- bis viermal zwischendurch einzufügen: «Wer nimmt jetzt diese Worte wahr?» Ich habe diese Verse bei einem Vortrag in Stuttgart vorgelesen und die Zuhörer gebeten, die Augen zu schließen und einfach nur zu hören. Etliche, die sich mit derartigen Texten noch nie befasst hatten, zeigten sich auf Anhieb ergriffen.[20]

Meditatives Hören bedeutet übrigens auch nicht, sich möglichst jeder Gefühle oder Fragen zu enthalten. Dann sitzt man nur steif und verkrampft da. Gerade beim Hören solcher spirituellen Texte oder von Satsang-Mitschnitten sollten wir so aktiv und lebendig dabei sein wie möglich. Wir dürfen den zwölfjährigen Krüppel Ashtavakra im Geiste anstoßen und fragen: «Hey, was meinst du denn damit!? Wer bist du überhaupt, so etwas zu behaupten?» Wir können die beim Hören aufkommenden Fragen aufschreiben und darüber später kontemplieren. Hier geht es um Erkenntnisse, die sonst fast nirgendwo in der Öffentlichkeit thematisiert werden. Wir sind Pioniere auf der Reise ins Bewusstsein, ins Unbegreifliche. Wir müssen uns nicht zurückhalten in unserer Lebendigkeit und Spontaneität. Je mehr wir den subjektiven Teil der Wahrnehmung, unsere Gefühle und Gedanken, fließen lassen, desto leichter strömen wir mit – getragen vom Strom des Lebens. Und dann kann das geschehen, was Shankara Samadhi nannte.

Shankara sagt:

> Im Herzzentrum können zwei Arten des Samadhi praktiziert werden: die eine, bei der die Ideen vorhanden sind (Savikalpa), die andere, bei der die Ideen abwesend sind (Nirvikalpa). Die erste ihrerseits ist für Unterscheidungen empfänglich: sie kann mit einem Wahrnehmungsobjekt verbunden werden oder mit einem Klang (als Objekt).[21]

Wir können uns in einem Objekt, einer Vorstellung, auflösen oder in der Leere. In beiden Formen von Samadhi verschwindet die Dualität von Subjekt und Objekt. Mit «Klang» meint Shankara das heilige OM. Es kann aber jeder Ton, jedes beliebige Geräusch sein. Worauf es ankommt, ist, dass ich als separates Ich verschwinde. Die Praxis des bewussten Hörens und die reflexive Meditation können uns zu vorübergehenden Einblicken verhelfen. Doch wie könnten wir uns selbst aus eigener Kraft endgültig verschwinden lassen? Dafür gibt es keine Methode, auch nicht bei Shankara. Aber ich glaube, das folgende Beispiel demonstriert ganz gut und nachvollziehbar, worum es letztlich geht.

In einem Stille-Retreat mit Pyar erlebten viele die Einheit beim Lauschen von Regentropfen. Pyar leitete dabei zur Meditation an.

> Irgendetwas tritt auf, ein Geräusch zum Beispiel – da, Regentropfen … hörst du das? Höre es ganz, ganz tief! Zunächst scheint es, als würde hier jemand mit Ohren sitzen, und da draußen würde jemand Wasser tropfen lassen, und als geschähe eine Art Verbindung zwischen dem Tropfen und dem Hören. Wenn du noch tiefer hörst, ganz im Hören verschwindest, dann bleibt nur eins übrig, dann sind da nicht mehr drei – jemand, der hört, das Geräusch und das Wahrnehmen des Geräusches – da bleibt nur eins, dieselbe Buddhanatur, ein Bewusstsein. Keine Trennung zwischen dem Klang und dem Hören – niemand da, nur Buddhanatur. Keine Trennung. Kein Halten. Kein Ende. Kein Anfang. Kein

Erreichen. Kein Wissen. Verschwinden von Ich, von Trennung – selbst ein Ich als Wahrnehmender verschwindet in Nichts hinein. Und dieses Nichts beinhaltet alles, ist alles – Farben, Formen, Töne, Gefühle, Sterne, Welten –, alles ungetrennt davon. Diese Unendlichkeit, dieses Mysterium, diese Offenheit ist, was du bist. Es gibt keine verschiedenen Buddhanaturen – eine da, eine da, eine da ... Es ist eine Buddhanatur. Und das bleibt, war immer, ist immer, wird immer sein und schließt nichts aus – alles enthalten! Ganz leer und Fülle selbst.[22]

Die «Nicht-Methode»

Den Begriff «Nicht-Methode» verwenden einige heutige Advaita-Lehrer in Anlehnung an H. W. L. Poonja. Der sagte (wir erinnern uns):

> Übung ist nötig, wenn dir etwas fehlt. Willst du Ingenieur werden, dann musst du lernen und üben, sieben Jahre an der Universität, um deinen Abschluss zu machen. Hier musst du nicht üben, weil die Wahrheit bereits hier ist. Was du erreichen kannst, wirst du verlieren, doch was bereits ist, brauchst du nur zu sehen. Erkenne, wer und was ICH BIN ist. Versuch nicht, es mit Hilfe irgendeiner Methode zu finden, denn der Verstand wird dich immer an der Nase herumführen. Hör nicht auf den Verstand. Bleib einfach still, und Es wird sich von selbst offenbaren.[23]

Lernen und erkennen

Poonja wies wie Ramana Maharshi auf die eigenartige Situation hin, in der wir uns als Wahrheitssuchende befinden. Wir glauben, irgendetwas tun zu müssen, um zur Wahrheit zu gelangen. Sollten wir nicht wenigstens den «Spiegel des Bewusstseins blank putzen»? Oder die «innere Quelle freilegen» – wie bei einem Brunnen, dessen Wasser mit Schutt überdeckt ist? Sprachen manche Meister nicht auch davon, dass die Suche einer Bergbesteigung gleiche? Sicher, da gibt es unterschiedliche Wege, aber hinaufklettern müssen wir doch, oder nicht?

Wir sehen schon, wie uns die Bilder und Metaphern wieder in eine bestimmte Richtung lenken. Wir fühlen uns hin- und hergerissen zwischen den Argumenten derer, die sagen, keine Methode kann uns zur Wahrheit führen, und den Argumenten derer, die auf einer spirituellen Übungspraxis beharren. Vielleicht kann uns hier eine logische Untersuchung helfen, die der Philosoph Aristoteles bereits vor zweitausendfünfhundert Jahren in seiner *Metaphysik* anstellte.

Aristoteles unterschied zwischen zwei Arten von Begriffen, die anscheinend in gleicher Weise Tätigkeiten oder Handlungen beschreiben. Die eine Kategorie umfasst Verben wie lernen, ein Buch lesen, von A nach B gehen oder ein Brot essen. Hier werden Prozesse beschrieben, die zur Erreichung eines Zieles führen. Aristoteles' sprachlogischer Test (hier mit zeitgemäßen Beispielen) geht wie folgt: Wer dieses Buch gerade liest, der hat dieses Buch noch nicht gelesen. Wer von Hamburg nach München reist, der ist noch nicht nach München gereist. Wer ein Brot isst, der hat das Brot noch nicht gegessen. Und umgekehrt: Wer das Brot gegessen hat, isst es nicht mehr etc. Präsens und Perfekt schließen sich gegenseitig aus – im Gegensatz zu einer anderen Gruppe von Verben, bei denen Präsens und Perfekt zusammenfallen. Wer einen Wettlauf gewinnt, hat ihn (in diesem Moment) gewonnen, wer etwas sieht oder erkennt, hat es erkannt. Aristoteles führt hier sogar «leben» als Beispiel an: Wer lebt, hat bereits gelebt. Das bedeutet: Wir leben nicht, um etwas zu erreichen. Und wir wissen das, denn es schlägt sich in unserer Sprache nieder. Das Wort «leben» hat – logisch betrachtet – nicht die Struktur von «laufen» oder «lernen» – sondern die von «gewinnen» und «erkennen».

Das ist weit mehr als eine bloße grammatikalische Feststellung. Bei der ersten Kategorie spielt die Zeit im Sinne von Dauer eine wichtige Rolle. In der zweiten gibt es nur das Jetzt. Darin «geschehen» Gewinnen, Erkennen, Leben und sind zugleich in jedem Moment «perfekt», vollendet. Gelegentlich verwechseln wir diese beiden Ebenen. Wir verwenden und verstehen Begriffe wie «Gewinnen» und «Erkennen» so, als handelte es sich dabei um zielgerichtete Prozesse wie Laufen und Lernen. Und genau das ist der Punkt bei der «Nicht-Methode». Es geht einfach darum, Lernen von Erkennen zu unterscheiden.

Poonja sagte, zum Lernen sei der Verstand geeignet, nicht aber zum Erkennen des Selbst. «Sei einfach still!» Still sein ist kein Prozess. Hier ist nicht die Rede davon, wie lange das Stillsein dauern sollte, um die Erkenntnis zu ermöglichen.

Die Frage «Wer bin ich?» muss aus dem Herzen kommen

Doch wie steht es mit Ramanas Methode der Selbsterforschung? Ist die nicht ein zielgerichtetes Bemühen um Erkenntnis? Ramesh Balsekar teilte mir dazu in einem Interview seine Einsicht mit:

> »Wer bin ich?» ist eine Frage, die aus einer persönlichen Erfahrung kommen muss, nicht weil der Verstand sie stellt. Was meine ich mit persönlicher Erfahrung? Die Erkenntnis: Was immer ich als meine eigene Handlung ansehe, ist nur eine Reaktion des Gehirns auf einen Impuls aus der Außenwelt. Ich habe keine Kontrolle darüber. Analysiere Tag für Tag dein Tun und finde heraus: Habe ich das getan? Oder war es nur die Reaktion des Gehirns auf etwas, worüber ich keine Kontrolle habe? Wenn du das aufrichtig praktizierst, sobald du dich erinnerst – und wenn du immer wieder zu dem Schluss kommst: Es war ein Ereignis, bei dem ich nicht selbst gehandelt habe –, dann erst kommt die Frage aus der persönlichen Erfahrung: Wenn ich es nicht bin, der entscheidet und handelt, wer bin ich dann? An diesem Punkt fragt nicht mehr der Verstand, sondern die Erfahrung der «Nicht-Täterschaft». «Wer bin ich?» kommt aus dem Herzen, nicht vom Kopf. Und die Frage kann nur aus dem Herzen kommen, wenn die eigene Erfahrung da ist: Ich kann überhaupt nichts tun. Ich kann nur beobachten, und zwar etwas, das unabhängig von meinem Willen passiert. Also, die Frage darf nicht vom Ver-

stand kommen, sonst läuft alles im Kreis. Ich kenne etliche, aufrichtige Suchende, die zugeben: «Ich stelle diese Frage ‹Wer bin ich?› seit fünfundzwanzig Jahren und habe keine Antwort gefunden.» Warum? Weil der Verstand immer noch eine Antwort erwartet. Doch es wird keine Antwort geben. Die Frage selbst wird verschwinden.

Und Pyar sagt:

> Erwarte keine Antwort, aber lass die Frage nach innen fallen wie in einen tiefen, tiefen Brunnen. «Wer bin ich?» muss mit brennender Qualität gestellt werden, mit Dringlichkeit, muss eine eigene Notwendigkeit besitzen. Wenn dagegen diese Frage von außen oder aus dem Verstand kommt, ist es Philosophie.[24]

Achtung «Advaita-Falle»!

Die Lehre des Einen-ohne-ein-Zweites kann missverstanden werden. Das ist noch milde ausgedrückt. Die meisten Antworten der Lehrer auf Fragen von Suchenden und Schülern dienen offensichtlich der Klärung von Missverständnissen. Doch das ist nicht verwunderlich. Wer die Wahrheit tatsächlich erkannt hat, wird wohl nicht mehr fragen.

Advaita hat sich seit etwa 1990 im Westen (USA, Europa, Australien) über die Satsang-Lehrer als «direktester Weg zur Erleuchtung» verbreitet. Inzwischen bieten weltweit hunderte westliche Lehrer Satsangs, «das Zusammensein in der Wahrheit», an. Allein im deutschsprachigen Raum sind es weit mehr als fünfzig. Sie vermitteln den Eindruck, so erwacht wie der Buddha zu sein. Die rasante Verbreitung spiegelt sich auch im Internet wider. Gab es 1996 zum Stichwort Advaita nur etwa zwanzig Suchergebnisse (Adressen von Websites), sind es nun über sechzehntausend! Vertreter anderer Traditionen, etwa des Buddhismus, sehen diese Entwicklung mit einer gewissen Skepsis. Und selbst einige der ersten westlichen Satsang-Lehrer wie Gangaji oder OM wehren sich gegen eine inflationäre Entwicklung. Wer darf sich zum Lehrer in Sachen Selbsterforschung erklären und wer nicht? Soll ein Gremium darüber entscheiden?

Auf diese Diskussion um die Kompetenz von Advaita- bzw. Satsang-Lehrern möchte ich hier nicht weiter eingehen. Im Anhang dieses Buches werden einige Lehrer kurz vorgestellt, die auch unter den Kollegen als kompetent gelten. Wichtiger ist jedoch die Frage, worauf Sie als Leser dieses Buches achten sollten, wenn Sie die Lehre nicht missverstehen wollen.

Machen wir es uns zu leicht? Das könnten uns jene vorwerfen, die sich konsequent einer bestimmten Praxis der Meditation (bzw. des Yoga) verschrieben haben. Die Frage kommt aber vor allem aus unserer eigenen Konditionierung. «Ohne Fleiß kein Preis!» Doch worauf deuten all die Aussagen der Advaita-Lehrer? «Kein Fleiß und kein Preis!»

Die Frage, ob wir es uns zu leicht machen, ist vielschichtig. Ein Haken liegt bereits im «machen». Wer jede Situation so wahrnimmt, wie sie ist, «macht» es sich weder leicht noch schwer. Doch meist bewerten wir. Und in der Regel wird das Leben als schwer empfunden. Überall Probleme. Advaita kann – wie jede andere spirituelle Lehre – vom Verstand benutzt werden, um eine scheinbare Leichtigkeit zu erzeugen. Pyar nennt das «Advaita-Dualismus» oder «Advaitakruste»:

> Wenn es irgendwo in uns brodelt und wir dann eine Schicht von «Da ist ja niemand» oder «Es ist alles Illusion», «Macht ja nix, ist ja alles still», «Nie ist etwas passiert und nie wird etwas passieren», «Ich bin nicht der Handelnde» oben drüberpacken – aber eben nicht als das authentische echte Erfahren in dem Moment, sondern als Kruste über all dem Mist –, ist das eine üble Geschichte.[25]

Erwarten wir etwas von Advaita? Ja. Der Buchtitel unterstützt diese Erwartung – *Vom Glück, mit sich und der Welt eins zu sein.* «Mögen alle Wesen glücklich sein!» Das ist einer der Leitsätze des Buddhismus. Wir dürfen glücklich sein! Advaita geht sogar noch weiter: Wir *sind* von Natur aus glücklich, glückselig. Was könnte die «Advaita-

Falle» sein? Zum Beispiel die Autosuggestion: «Ich bin Sat-Chit-Ananda, ich bin Brahman.» Dadurch wird die Erkenntnis, die authentische Entdeckung der tatsächlichen inneren Natur «überlagert», der Spiegel verschmiert. Shankara, Ramana Maharshi und Osho haben davor gewarnt, sich selbst mit einer Art Mantra einzureden: «Ich bin das Absolute.» In der westlichen Esoterik scheint es jedoch einen Trend zu geben, das «Ich bin» mit bestimmten Zielen zu einem positiven Denken, zu Affirmationen zu stilisieren. Zum Beispiel: «Ich (Name) bin intelligent, glücklich, werde den Tag freudig erleben» usw. Das ist das glatte Gegenteil von dem, was Advaita vermitteln möchte. Doch eigentlich sagen es alle Meister unmissverständlich. Hier zur Erinnerung noch einmal Ramana Maharshi: «‹Ich bin› ist Wirklichkeit. ‹Ich bin dies oder das› ist unwirklich.»[26]

Jede Definition meiner selbst – auch wenn ich mich als «das Unendliche» bezeichne – kommt aus dem Verstand und bedeutet eine Begrenzung. Ich will mich einordnen und abgrenzen. Undefinierbar zu sein erscheint unerträglich. So mag jemand nach einiger Zeit der Suche sagen: «Ich verstehe mich jetzt nicht mehr als Suchenden. Es gibt nichts zu erreichen. Ich bin, was ich bin. Das ist mein Erwachen. Die Suche ist vorbei!» Er mag sogar erfolgreich als spiritueller Lehrer auftreten. Früher oder später werden ihm Zweifel kommen. Doch das ist sein Problem.

Ist alles vorherbestimmt? Ramesh Balsekar vertritt die radikale These, dass wir nichts selbst entscheiden können. Als ich ihn fragte, ob nicht genauso gut in jedem Moment alles möglich und offen sei, lachte er und sagte: «Ja. Was ich ausführe, ist nur ein Konzept. Die Wirklichkeit ist jenseits davon. Das Einzige, was ich ohne Konzepte wissen kann, ist: Ich bin.» Und Ramana Maharshi meinte:

> Der Streit um Willensfreiheit oder Schicksalszwang gilt nur für den, der um den Grund nicht weiß, der beider Wurzel ist. Wer das Selbst erkannt hat – einzig Wurzel und Grund von Freiheit und Schicksal –, ist jenseits beider.[27]

Ob ich nun glaube, eine selbständig handelnde Person zu sein, oder ob ich mich für ein willenloses Instrument halte – beides sind Annahmen. Die eine Überzeugung steht der Wahrheit nicht näher als die andere, solange sie auf Glauben und nicht auf eigener Erfahrung beruht. Logisch betrachtet kann es im Rahmen von Advaita nicht zwei getrennte Wesen mit je einem eigenen Willen geben. Vielleicht gibt ja überhaupt keinen Willen! Wir sind jedenfalls aufgefordert, das an der eigenen Erfahrung zu überprüfen. Pyar meint:

> Das Konzept der Wahllosigkeit macht eng. Es sagt: «Ich kann ja eh nichts machen. Ich bin unfrei, vom Schicksal geprägt und bestimmt.» Das ist genauso wenig die Wahrheit wie das Gegenteil des selbstherrlichen Verstandes, der sagt: «Ich bin Herr meines Lebens – ich kann mein Leben bestimmen. Ich wähle.» Die Wahrheit liegt wie immer in der Mitte.[28]

Es gibt noch etliche andere Fallstricke im Verständnis von Advaita. Die wichtigsten sind, glaube ich, im Buch angesprochen. Letztlich stellt diese Lehre nur eine Aufgabe.

Nisargadatta sagte: «Erkennen Sie den Erkennenden, und alles wird dadurch erkannt.»[29]

Ramana sagte:

> Das Selbst erkennen heißt das Selbst sein, und Sein ist Existenz, die eigene Existenz. Niemand leugnet die eigene Existenz, so wenig wie man seine Augen leugnen kann, obgleich man sie nicht sieht. Die Schwierigkeit entsteht durch Ihren Wunsch, das Selbst zum Objekt zu machen, so wie Sie Ihre Augen zum Objekt machen, wenn Sie in den Spiegel sehen.[30]

Beide Aussagen kommen aus derselben Quelle. Wir könnten die Namen der Lehrer austauschen, und es würde weiterhin stimmen. Wir suchen den Erkennenden, der wir sind. Doch als Objekt werden wir uns selbst nie begegnen und finden. Darin liegt die wahre Freiheit und Unendlichkeit des Seins.

15 Fragen und Antworten

Einen Lehrer aufzusuchen und ihm so offen wie möglich Fragen zu stellen, das gilt seit eh und je als große Hilfe. Es ist kein Muss, doch allemal ein Aspekt der Praxis. In den Fragen und Antworten wird einem vielleicht bewusst, wie sich das persönliche Ich äußert, woran es sich klammert, und wie es sich zu verbergen sucht. Die Praxis für uns als Leser besteht darin zu beobachten, ob wir uns in manchen der Fragen wiederfinden und wie wir die jeweilige Antwort aufnehmen. Ich habe vor allem Fragen gewählt, die sich nicht ausdrücklich auf die spirituelle Suche beziehen und kein besonderes Wissen voraussetzen. Im Advaita gibt es keinen Unterschied zwischen heilig und weltlich, spirituell und profan. Die Antworten kommen von verschiedenen zeitgenössischen Lehrern. So bekommt der Leser einen ersten Eindruck von dem, was in den heutigen Satsangs vermittelt wird.

Geld und Arbeit, Besitz und Sicherheit

FRAGE: Meine Arbeitgeber schätzen mich oft als schwer von Begriff und lahm ein. Das macht mich betroffen.

ANTWORT (VON ELI JAXON-BEAR): Du akzeptierst Ratschläge von Büchern und die Bewertungen anderer Leute und nimmst sie persönlich. Es hat nichts mit dir zu tun. Vielleicht bist du begriffsstutzig oder nicht. Finde es selbst heraus. Bleibe mit deiner eigenen Erfahrung in Kontakt. Vertraue dir selbst. Du hast alles, was du brauchst. Du bist ganz und vollkommen. Dem kannst du vertrauen. Dein Denken ist nicht vertrauenswürdig. Deine Emotionen sind nicht vertrauenswürdig. Dein Körper ist nicht vertrauenswürdig. Du bist vertrauenswürdig. Also bleibe dir selbst treu.[31]

In einem Retreat mit Pyar (P.) entstand das folgende Gespräch über Sicherheit:

> F.: Ich habe immer wieder Angst, alles zu verlieren. Und ich will nicht alles verlieren.
> P.: Fragen wir doch mal anders. Was hast du denn?
> F.: Ja, was sich im Laufe des bisherigen Lebens an Geld angesammelt hat.
> P.: Was heißt besitzen, wirklich besitzen?
> F.: Letztendlich ist es eine Sicherheit, wenn auch eine relative.
> P.: Besitzen heißt eigentlich, dass ich über etwas jederzeit verfügen und es mir nicht abhanden kommen kann. Die Frage lautet: Ist es prinzipiell möglich, irgendetwas zu besitzen? Kannst du irgendetwas so festhalten in der Form, dass es dir nicht früher oder später zwischen den Fingern zerrinnt?
> F.: Nein, natürlich nicht. Ich sehe, es ist vollkommen unsinnig, aber trotzdem halte ich daran fest, weil es das Einzige ist, was ich habe.
> P.: Was wäre denn, wenn du nichts hättest? Schaue tiefer! Du schenkst im Moment der Form sehr viel Bedeutung. Es gibt keine Sicherheit. Und du kannst nichts halten. Lass die Formen ihren Tanz tanzen, lasse sie kommen und gehen und sich verändern. Und betrachte sie mit Entzücken! Wir besitzen nichts![32]

Sexualität und Liebe

In einem Interview fragte ich die amerikanische Advaita-Lehrerin Gangaji nach der Bedeutung von «heiligem Sex». Sie antwortete:

> Das ist New Age. Man sonnt sich im Gefühl, spirituell zu sein, während man seiner Lust folgt. Ich bestreite nicht, dass tief gehende sexuelle Erfahrungen, sogar Erlebnisse der Einheit möglich sind. Beim Orgasmus werden enorme körperliche und emotionale Energien frei, und danach ist Frieden und Ruhe. Aber um das zu entdecken, muss niemand sexuelle

Spannungen aufbauen. Dieser Friede ist immer gegenwärtig. Soweit ich sehen kann, arbeiten die meisten Tantragruppen mit sinnlichem Genuss. Das ist völlig okay. Nur wenn das als Weg zur Erleuchtung gelehrt wird, ist es eine Lüge. Erleuchtung hat mit Sex nichts zu tun. Erleuchtung hat mit der Offenbarung von Liebe zu tun. Es gab eine Zeit, da empfand ich die sexuelle Beziehung mit meinem jetzigen Ehemann Eli Jaxon-Bear als sehr heilig. Heute denke ich, das Heilige in unserer Beziehung war die Wahrheit, und Sex war nur ein Teil davon, wenn überhaupt. Wenn die Leute einfach ihre sexuellen Gefühle als solche erkennen und akzeptieren würden, ohne das Spirituelle darüber zu packen, wäre alles viel klarer. Ich habe nichts gegen das Körperliche, doch zu glauben, dass es zum Heiligen führt, ist absurd. Das Heilige kann Sex einschließen, aber es ist ursprünglich und existiert vor jeglicher sexuellen Erfahrung, noch vor einer Unterscheidung zwischen Mann und Frau. Es reicht tiefer und ist intimer als alles, was Partnerschaft und Dualität beinhaltet.[33]

In einem Satsang fragte ein Teilnehmer Isaac Shapiro: «Rätst du mir von Heirat ab?» Isaac antwortete:

Nicht im Mindesten. Heirat ist ein Zusammenkommen und Übereinkommen, dass ihr Partner seid und Entscheidungen miteinander besprecht. Ihr lebt das Leben gemeinsam, weil ihr gern zusammen seid, weil ihr Kinder aufziehen und Sex haben möchtet. Wenn es eine reife Beziehung ist, wenn beide an der Wahrheit interessiert sind, erkennst du, dass deine Partnerin die Endstation für dein Drama sein wird, und du wirst zur Endstation ihres Dramas. Es ist nicht persönlich. Wenn ihr wirklich gewillt seid, ehrlich miteinander zu sein, und mehr an der Wahrheit interessiert seid als daran, Vorstellungen von Beziehungen festzuhalten, wird es dir helfen, aufzuwachen.[34]

Der Hamburger Lehrer OM C. Parkin wurde gefragt: «Wenn man sagt: Ein Mann und eine Frau lieben sich – ist das nicht wirklich Liebe?» OM erklärte:

Der Unterschied zwischen «Ich liebe» und «Ich liebe dich» ist wesentlich. Das Ego versteht Liebe nur in Bezug auf ein Objekt. In der Verbindung zwischen Mann und Frau wird die Flamme der Liebe entfacht. Doch dieses Feuer, welches in Wahrheit das Feuer der Liebe zum göttlichen Geliebten ist, wird leider allzu oft nicht erkannt und dann vom Ego in Besitz genommen. Das Ego will Liebe «haben», und dazu braucht es ein Objekt. Also wird der Partner zum geliebten Objekt, der dann in Besitz genommen werden muss. Das nennt das Ego dann: «Ich liebe dich». Löse das «Ich liebe» vom «dich» und lass die Liebe frei. Dann erkennst du: Du kannst zwar das «dich» verlieren, nicht aber die Liebe.[35]

Krankheit und Schmerz, Angst und Tod

Normalerweise möchten wir alle unangenehmen Situationen vermeiden oder einen möglichst schnellen Ausweg finden. Heutige Advaita-Lehrer führen Menschen oft dazu, die unangenehmen Empfindungen, Gefühle oder Gedanken unmittelbar anzuschauen, ohne etwas verändern zu wollen. Der folgende Dialog aus einem Retreat mit Samarpan (S.) ist ein Beispiel dafür.

F.: Als ich heute Morgen aufwachte, habe ich mich sehr krank gefühlt. Ich war gezwungen, still zu bleiben und mich hinzulegen. Dann kam mir der Gedanke, dass dies ein tiefgehender Reinigungsprozess ist, und das hat mir geholfen, es zu akzeptieren. Ich hatte gar nicht die Möglichkeit, Widerstand zu leisten, denn ich konnte gar nichts tun. Plötzlich kamen die Tränen, wie aus dem Nichts. Ich hatte nicht mal bemerkt, dass da Gefühle waren; da waren nur Tränen, keine Gedanken, und ich fühlte eine tiefe Erleichterung. Jetzt habe ich die Wahrnehmung dieser klaren Stille in mir verloren. Mein Verstand fragt sich, warum das so ist?
S.: Was ist jetzt hier?
F.: Frieden. Frieden und auch Freude, aber das ist nicht der richtige Ausdruck, vielleicht Liebe, und da ist Aufregung in meinem Bauch.

S.: Schließe die Augen und gehe mit deiner Aufmerksamkeit in die Mitte dieser Aufregung. Diese Erregung ist überall um dich herum, und du bist in der Mitte. Was ist hier?
F.: Ich kann die Mitte nicht fühlen, ich fühle die Begrenzungen meines Körpers.
S.: Wie ist es, hier zu sein?
F.: Es ist stabil und innen still, gleichzeitig fühle ich meinen Körper.
S.: Mache dir keine Gedanken um den Körper, schau einfach in die Stille. Schau, ob du ein Ende der Stille finden kannst.
F.: Nein, da ist kein Anfang und kein Ende.
S.: Kannst du eine Trennung zwischen dir und der Stille wahrnehmen?
F.: Mein Verstand ist immer noch sehr beschäftigt.
S.: Der Verstand schafft immer eine Trennung, das ist kein Problem – aber schau in der Stille, ob du darin eine Abgrenzung findest. Schau, ob du überhaupt jemanden finden kannst.
F.: Niemanden, den ich benennen kann. (Schweigen) Von Zeit zu Zeit fühle ich meinen Herzschlag sehr stark. Aber es stört die Stille in mir nicht.
S.: Das ist richtig.
F.: Aber ich sehe auch, wie die Gedanken kommen, und das stört mich, weil es Beurteilungen sind.
S.: Das ist interessant. Kommen die Gedanken, oder sind die immer da und schwirren irgendwo herum?
F.: Sie sind immer da.
S.: Es ist in dem Moment störend, wo du deine Aufmerksamkeit den Gedanken gibst. Dann empfindest du sie als Störung. Aber schau zurück in die Stille und sieh, ob die Stille gestört ist. Nein? Solange du in der Stille ruhst, können die Gedanken herumwandern, und sie stören gar nicht.
F.: Ist es Widerstand, wenn ich Kopfschmerzen bekomme?
S.: Vielleicht ist es eine Hilfe, um Hier zu sein. Kopfweh ist sehr hilfreich. Ruhe in den Kopfschmerzen, lasse sie da sein. Das Kopfweh wird dich zurück in diesen Augenblick bringen. Alles wird dich hierher bringen. Nichts ist ein Problem,

nichts ist jemals falsch. Was auch immer sich zeigt, kann benutzt werden.[36]

«Der gegenwärtige Moment ist manchmal unannehmbar, unangenehm oder schrecklich!» Eckhart Tolle meinte dazu:

Er ist, wie er ist. Beobachte, wie der Verstand ihn benennt und wie dieser Vorgang des Benennens und ununterbrochenen Beurteilens Schmerz und Unglücklichsein erschafft. Wenn du die Arbeitsweise des Verstandes beobachtest, dann trittst du aus den Widerstandsmustern heraus und kannst endlich dem *gegenwärtigen Moment erlauben, zu sein.*[37]

Woher kommt eigentlich unsere ständige Angst? Tolle sagt:

Die psychologisch begründete Angst hat nichts mit irgendeiner konkreten und wahren augenblicklichen Gefahr zu tun. Sie hat viele verschiedene Formen: Unruhe, Sorgen, Ängstlichkeit, Nervosität, Spannung, Grauen, Phobien und so weiter. Diese Art psychologischer Angst hat immer mit etwas zu tun, das passieren *könnte*, nicht mit etwas, das gerade geschieht. *Du* bist im Hier und Jetzt, während dein Verstand in der Zukunft ist. (...) Angst scheint viele Ursachen zu haben. Angst vor Verlust, Angst vor Versagen, Angst vor Verletzung und so weiter, aber letztendlich ist jede Angst die Angst des Ego vor dem Tod, vor der Vernichtung. Für das Ego lauert der Tod immer gleich um die nächste Ecke. Wenn du dich mit dem Verstand identifizierst, beeinflusst die Angst vor dem Tod jeden Aspekt deines Lebens.[38]

Aus einem Dialog mit dem Advaita-Lehrer Karl Renz (K.):

F.: Ich habe sehr große Angst vor dem Tod. Bei einer Operation bin ich einmal fast gestorben. Ich war schon dabei, wenn Menschen gestorben sind, und es war durchaus nicht nur freudiges Hinübertreten in irgendetwas Anderes, sondern meist mit viel Angst verbunden.

K.: Das ist auch ganz natürlich. Das, was zu sterben glaubt, hat Angst. Dahinter steckt der Überlebenstrieb. Daran ist nichts verkehrt. Doch im Moment des Todes, wenn nichts mehr kämpft, ist alles nur noch Klarheit, da ist kein Kampf, keine Angst mehr, da ist einfach nur die Abwesenheit von Form und Idee, da ist einfach alles klar. Bis dahin gibt es alle Möglichkeiten von Kampf und Angst und Nicht-Wollen. Aber wenn das Letzte, Endgültige da ist, ist keiner mehr da, der kämpfen könnte. Da ist einfach nur noch die Leere. Doch in dieser Leere ist volles Sein. Da ist etwas, was in sich vollkommen klar und rein ist. Es ist dieses Gewahrsein, was dann da ist, was auch jetzt da ist und scheinbar nur verdeckt ist. Das ist dann einfach nur entleert von Objekthaftigkeit, von Wünschen, Ideen, Vorstellungen.
F.: Aber ich bin dann tot!
K.: Was lebt überhaupt? Kann Leben das sein, was sterblich ist, was dem Tod unterworfen ist? Ist denn Form an sich Leben? Oder ist Form nur ein Ausdruck des Lebens, eine Reflexion von Leben?
F.: Das frage ich dich!
K.: Das, was sterben kann, ist schon längst vorher tot. Es hat nie gelebt und kann deshalb auch nicht sterben. Es gibt im Moment des Todes nichts, was sterben könnte. Das, was du bist, ist reines Sein. Es ist jetzt und hier das Einzige, was ist, und im Moment des Todes das Einzige, was ist.[39]

Wie können wir bewusst in der Einheit sein, jenseits von Vermeiden oder Nicht-Vermeiden? Auf diese Frage geht Tony Parsons (T.) im folgenden Dialog ein:

F.: Kann ich überhaupt und grundsätzlich vermeiden?
T.: Das «Eine» vermeiden? Das versuchen wir die ganze Zeit.
F.: Es gibt also auch die Möglichkeit, das Eine nicht zu vermeiden?
T.: Ja.
F.: Wie funktioniert das?
T.: Das ist ein Mysterium. In gewisser Weise bringt es uns ganz

an den Anfang zurück. Die Einheit nicht vermeiden zu wollen bedeutet, die Suche nach der Einheit aufzugeben. Doch da ist niemand, der das tun kann. Es geschieht. Das ist nicht einmal eine besondere Gnade, denn alles geschieht aus Gnade. Dass eine Person existiert, ist nur ein Gedanke. Es macht letztlich keinen Unterschied, ob wir das verstehen oder nicht. Besser ist wohl sogar, wenn wir es nicht verstehen. Denn etwas, das tiefer in uns ist, weiß es und ist dafür offen. Wenn der Körper stirbt – und damit auch unser Verstand, der die Vorstellung von Kontinuität und Trennung aufrechterhält, dann gibt es nur noch Licht. Nur das Erkennen von Liebe. Doch das ist immer und in jedem Moment alles, was wirklich ist. All dies hier ist reine Liebe, die sich im Drama des äußeren Lebens aufzuteilen scheint. Hört das Drama auf, bleibt die Liebe. Doch dies ist eine Liebe jenseits des menschlichen Herzens. Sie übersteigt alles, was wir uns unter Liebe vorstellen können.[40]

ANHANG

Advaita-/Satsang-Lehrer

Nie zuvor haben sich so viele Westler öffentlich zu erwachten Lehrern erklärt wie in den vergangenen zehn Jahren. Und fast alle beziehen sich dabei auf Advaita. Für die meisten beginnt diese Tradition allerdings erst mit Ramana Maharshi, H. W. L. Poonja oder Osho. In jedem Fall sind sie davon überzeugt, das Eine jenseits aller Dualität erkannt zu haben und auch vermitteln zu können.

Ich möchte zunächst einige Lehrer vorstellen, die ich selbst kennen gelernt habe und die mir vertrauenswürdig erscheinen. Sie treten regelmäßig im deutschsprachigen Raum auf und sind innerhalb der Szene anerkannt, auch wenn der eine Lehrer den anderen in manchen Punkten kritisieren mag.

Wer sich ausführlicher über die Advaita- bzw. Satsang-Lehrer informieren möchte, dem empfehle ich mein zusammen mit Dietmar Bittrich verfasstes Buch *Die Erleuchteten kommen*. Die folgenden Porträts sind zum Teil Kurzfassungen daraus.

Arjuna

Arjuna Nick Ardagh, 1957 in London geboren, graduierte an der Universität von Cambridge, arbeitete als Therapeut und kreierte in den USA die erfolgreichen «Alchemical Journeys Tapes», Kassetten mit Fantasiereisen zur Erforschung des Unterbewussten. Etliche Kassetten entstanden in Zusammenarbeit mit der Bestsellerautorin Louise Hay. Als Arjuna 1991 seinem «wahren Lehrer» Poonja begegnete, hatte er bereits zwanzig Jahre spiritueller Suche hinter sich, war bei den Sufis, den Buddhisten und bei Bhagwan/Osho gewesen. Poonja ernannte ihn nach einem Jahr zu seinem «Botschafter im Westen». Arjuna gibt regelmäßig Satsangs, leitet Retreats und Ausbildungen in Amerika und Europa. 1994 begründete er die Living Essence Foundation in Nevada City, Kalifornien. Er lebt dort mit seinen zwei Söhnen in den Bergen. Die Foundation ist eine Gemeinschaft, in die Arjuna seine «Leidenschaft für das Erwachen und das unvergängliche Dharma» sowie sechzehn Jahre Trainingserfahrung einbringt. Experimentelle Methoden sollen helfen, Satsang in den Alltag zu integrieren.

Arjuna möchte den Guru vom Podest verschwinden und in den Herzen der Menschen Wirklichkeit werden lassen. Das geschieht auch. Wenn er auf seine herzerfrischende Art von sich erzählt und andere neben sich dazu ermuntert, ebenso offen und ungezwungen zu sein. Wenn sich während der Intensiv-Wochenenden die Menschen aufeinander beziehen, sich gegenseitig zeigen und öffnen. Viele sehen in Arjuna einen «echten Freund».

«Statt Menschen in ihrer Funktion zu sehen, schau in ihre Augen und sieh, wer zurückschaut – und du wirst überall dein eigenes Selbst finden.»

Bücher von Arjuna sind im Lüchow Verlag erschienen.
Info: www.livingessence.com

Eckhart Tolle

«Wenn ich nicht mit mir selbst leben kann, dann muss es zwei von mir geben: das ‹Ich› und das ‹Selbst›, mit dem ‹Ich› nicht mehr leben kann.» An diesem Punkt der Erkenntnis war Eckhart Tolle (geboren 1948) neunundzwanzig Jahre alt. Die ersten dreizehn Jahre seines Lebens hatte er in Deutschland verbracht. Er studierte in London und arbeitete an der Universität Cambridge als Assistenz-Professor. Die Freude darüber, dass sein kleines, leidendes «Selbst» von einem unendlichen Bewusstsein beobachtet und getragen wird, ließ ihn dann einige Jahre «selbstvergessen» und glückselig auf Parkbänken sitzen. Menschen kamen auf ihn zu, wollten das Geheimnis dieses nach außen strahlenden, inneren

Friedens anzapfen. Tolle wurde zum spirituellen Lehrer und erfolgreichen Buchautor. Sein erstes Buch, *The Power of Now,* wurde in Amerika die Nr. 1 der *New York Times*-Bestsellerliste. Eckhart Tolle lebt seit 1996 in Vancouver/Kanada. Er hält Vorträge und leitet Seminare und Retreats in Amerika, Europa, Australien, Indien.

Tolle wirkt unscheinbar. Seine Präsenz ist vor allem in und hinter dem spürbar, was er sagt. Und wie kaum ein anderer versteht er es, seine Zuhörer in diesen Moment zu führen. «Hast du jemals etwas außerhalb des Jetzt erlebt, getan, gedacht oder gefühlt? Glaubst du, dass du das je tun wirst? Ist es möglich, dass irgendetwas außerhalb des Jetzt geschieht oder *ist*? Die Antwort ist offensichtlich, oder?»

Bücher, Hörbuch, Kartensets von Eckhart Tolle sind im J. Kamphausen Verlag und im Goldmann Verlag erschienen.

Info / Kontakt: www.eckharttolle.com

Elke von der Osten

Elke von der Osten ist Jahrgang 1944. Sie studierte am Feeling Training Center in Los Angeles Primärarbeit, ließ sich in Bates eye work, Touch for Health und von Charles Berner in England zum Enlightenment Master ausbilden. 1976 begannen ihre Reisen durch Indien, sie wurde Schülerin von Bhagwan Shree Rajneesh. 1988 begegnete sie Ramesh Balsekar. «Durch sein geduldiges Beantworten aller immer neu auftauchenden Fragen hat er mich zu der Klippe geführt, von wo aus, nach seinen Worten, nur der Sprung ins Nichts geschehen musste. Dieser Sprung ist passiert, und es ist kein Sprung in den Abgrund, sondern in das, was ist.»

Seit 1982 leitet Elke von der Osten das Enlightenment-Intensive, in dem über mehrere Tage im ständigen Partnerwechsel aufgefordert wird: «Sag mir, wer du bist.» In ihren Advaita-Seminaren teilt sie, von Balsekar offiziell als «erwachte Schülerin» bestätigt, in ihrer herzlichen und unkomplizierten Art «ihr» Erleben und Verständnis der Wahrheit mit. Die Atmosphäre in den meist kleinen Gruppen ist so entspannt und gelöst, dass auch der Schüchterne seine Frage stellt, ohne dazu aufgefordert zu werden. Was Elke von der Osten von sich sagen kann, strahlt aus: «Da ist keine Angst mehr. Da ist ein Grundvertrauen und Friede. Und zwar Friede, wo immer ich bin und was immer ich mache. Der ist im stillen Kämmerlein genauso da wie mitten im Großstadtgewühl. Es ist so, als sei da der große Ozean Frieden, auf dem sich gelegentlich ein paar Wellen kräuseln.»

Kontakt: Elke von der Osten, Schralling 9, 83083 Riedering, Tel. 08053/2282, Fax 08053/3132. E-Mail: E.vonderOsten@t-online.de

Info: www.ost-seminar.de

Isaac Shapiro

Isaac Shapiro wurde 1950 in Johannesburg/Südafrika geboren. Ein Medizinstudium brach er «nach einer ersten Erfahrung bedingungsloser Liebe» von heute auf morgen ab. Sein bisheriges Leben erschien ihm als «bloßer Schatten», und er erkannte seine «tiefe Sehnsucht nach Freiheit.» Wie funktioniert der Verstand? Wie können wir unsere Aufmerksamkeit nach innen lenken? Das wurden für ihn die wichtigen Fragen, die er als Therapeut in den USA auch seinen Klienten zu vermitteln suchte. Doch er spürte, dass irgendetwas fehlte. Ein Freund, der sichtbar verwandelt von einem Guru in Indien zurückkehrte, beeindruckte ihn derart, dass er seinen «Guru-Frust» überwand und diesen Meister aufsuchte. Im Oktober 1991 begegnete er H. W. L. Poonja. Ein Jahr später bestätigte der, Isaac habe «den Diamanten gefunden». Er solle nun den Suchenden im Westen helfen. So wurde Isaac zu Poonjas Botschafter. Seit 1993 gibt er auf seinen «Welttourneen» regelmäßig Satsangs in München und Hamburg und leitet vierzehntägige Stille-Retreats auf dem Land. Inzwischen hat er auch einen «festen

Wohnsitz» (mit Ehefrau Kali und Kindern), nämlich in Byron Bay an der Ostküste Australiens.

Was ihm so lange am Herzen lag, gelingt nun in den Satsangs wie von selbst. Die Aufmerksamkeit von hunderten Menschen richtet sich auf das, «was in ihnen wahr ist». Isaac wirkt sehr geerdet und offen. Das flößt Vertrauen ein. Was er sagt, ist einfach und führt stets in diesen Moment. Was ist jetzt? «Das zu lieben, was ist, empfinde ich als das Einfachste und Tiefste.»

Bücher, Videos und CDs s. u. Kontakt: Deva Stadler, Huttbergerstraße 14 B, 85256 Pasenbach, Tel. 08139/92052. E-Mail: Premram@aol.com

Bezug/Infos über www.isaacshapiro.de

Karl Renz

Karl Renz wurde 1953 als Bauernsohn im Weserbergland geboren. Von 1976 an arbeitete er als freischaffender Künstler, Musiker und Maler mit Ausstellungen im In- und Ausland. Zurzeit lebt er in Berlin, wenn er nicht grade in Indien, Australien oder Kolumbien unterwegs ist. Schon als Kind fühlte er sich hin und her gerissen zwischen «himmelhoch jauchzend und zu Tode betrübt». Auf seiner Suche nach dauerhaftem Glück hakte er nacheinander Sex, Drogen, Anerkennung von Freunden und spirituelle Literatur ab.

Zu einem ersten Erwachen Ende der Siebzigerjahre verhalf ihm die Castaneda-Übung des bewussten Träumens. «Plötzlich wurde etwas wach in mir, was scheinbar geschlafen hatte, und in diesem Erwachen fingen erst meine Hände, dann der ganze Körper an, sich aufzulösen. Eine unerklärliche Kraft war im Begriff, mich auszulöschen, wobei sie sich als unendliches schwarzes Nichts in der Wahrnehmung zeigte. Obwohl ich im Bett erwachte, hörte der Kampf nicht auf. Dann geschah die plötzliche Akzeptanz dieser Auflösung und aus dem vorher dunklen Nichts wurde gleißendes Licht, ein in sich selbst leuchtendes Licht, und ich war das.»

Karl bietet in regelmäßigen Abständen und im kleinen Kreis Gespräche an, die er «Selbst-Gespräche» nennt. Es gibt weder feierliche Begrüßungen noch musikalische Einlagen, auch keine Fotografien von Erleuchteten. Karl selbst hatte keinen Lehrer und sieht sich in keiner Tradition. «Erleuchtung geschieht vollkommen unvorbereitet, trotz und nicht wegen der Suche nach Erkenntnis.»

Von Karl Renz ist ein Buch im J. Kamphausen Verlag erschienen. Mitschnitte der Talks sind auf CD erhältlich. Tel. 08170/7778 (Holger Bierwirth, Angela Mender). E-Mail: info@karlrenz.com

Info / Kontakt: www.karlrenz.com

OM

Cedric Parkin, 1963 in Norddeutschland geboren, hatte bereits etliche therapeutische und schamanische Ausbildungen hinter sich, als er 1990 durch einen Autounfall ins Koma fiel. Er durchlebte es bewusst, erzählt er, und erkannte die Natur seines Selbst als reines, leeres Bewusstsein. Seine Lehrerin Gangaji half ihm, diese Erkenntnis in sein Leben zu integrieren, und ermutigte ihn, öffentlich zu lehren. Er tut dies seit 1994 in Deutschland und etlichen europäischen Ländern. Er gründete die «Satsang-Allionce» in Hamburg, ist Herausgeber des *Advaita-Journals*, leitet fortlaufende Gruppen/Ausbildungen zum Enneagramm und zur «Inneren Arbeit».

OM ist zweifellos der bekannteste deutsche Advaita-Lehrer. In seinen früheren Satsangs versuchte er in ausführlichen Dialogen zu zeigen, dass jede Frage und jedes Problem letztlich darauf beruhen, dass wir uns mit dem dual gepolten Verstand identifizieren: Dies ist gut, das schlecht, hier bin ich, dort bist du. Das zu beleuchten, was «unfrei ist» – und zwar direkt und schonungslos –, sieht OM auch weiterhin als wichtigste Aufgabe in seinen mehrtägigen, intensiven Retreats. Im zweistündigen Darshan – dem «Schauen der Wahrheit» – geht es vor allem um den direkten und stillen Kontakt mit dem Meister.

«Wenn der Lehrer eine Methode zwischen mich und das Selbst stellt und behauptet, ich müsse erst diese oder jene Methode praktizieren, dann stellt er eine Bedingung. In Wirklichkeit gibt es keine Bedingung. Dieses bedingungslose Sein in Wahrheit ist wie ein unendlicher offener Raum. Inwieweit du diesen Raum nutzt oder möglicherweise sogar missbrauchst, ist deine Angelegenheit.»

Bücher von OM sind im Lüchow Verlag und im J. Kamphausen Verlag erschienen. Tonträger/Videos kann man über die Satsang-Allionce beziehen. Kontakt: Tel. 040/4108585. E-Mail: satsang@satsang-allionce.org

Info: www.satsang-allionce.org. www.om-c-parkin.de

Pyar Troll

Franziska Troll wurde 1960 in Oberbayern geboren und arbeitet heute als Ärztin in München. Seit 1999 gibt sie Satsangs und leitet Stille-Retreats. Sie war Schülerin von Osho, der ihr den Namen «Pyar» gab, und von Samarpan, in dessen Retreat sie «erwachte». Nicht zuletzt durch ihr Buch *Reise ins Nichts. Geschichte eines Erwachens* erreichte sie tausende von suchenden Menschen im deutschsprachigen Raum.

Pyars Satsangs sind sehr lebendig und vielschichtig. Oft liest sie kurze Texte aus der buddhistischen Tradition vor. Die dort angesprochenen Themen – Mitgefühl, Meditation, Erkenntnis des Unvergänglichen – ziehen sich durch den Abend oder ein ganzes Retreat, zu dem das stille Sitzen als fester Bestandteil gehört. Es gibt viel zu lachen und zu weinen, denn Pyar begegnet jedem offen und individuell, antwortet mal auf Bayrisch, mal auf Wienerisch mit viel Witz, tiefer Menschenkenntnis und noch mehr Mitgefühl. So zart und zerbrechlich sie erscheint, so kompromisslos und stark ist doch ihre Hingabe an die Eine Wahrheit. Satsang ist für sie weder Therapie noch Lebenshilfe. Ihre Ratschläge sind bodenständig und praktisch, zugleich schwingt durch ihre Worte, ihre ganze Präsenz die Realisation der Buddha-Natur. Sie sieht ihre Aufgabe darin, «einfach da zu sein, allem in Offenheit und mit einem stillen Geist zu begegnen».

Pyars Bücher sind im J. Kamphausen Verlag erschienen. Videos/Tonträger (MCs/CDs) kann man über silenceMedia@gmx.de und silence-Media, Postfach 710811, 81458 München, bestellen. E-Mail: Pyar@gmx.de

Info: www.pyar.de

Raphael

Ein freundlicher, bescheidener Professor um die Siebzig – so der erste Eindruck. Doch dieser unscheinbare Mann repräsentiert den Advaita-Vedanta, die Lehre der Nicht-Dualität wie kein Zweiter in Europa und der gesamten westlichen Welt. Raphael übersetzt und kommentiert seit vierzig Jahren die wichtigsten Schriften. Er erläutert die Advaita-Vedanta-Lehre in der lebendigen Überlieferung von der indischen und der griechischen Antike bis heute und verweist auf deren Einheit. Bisher sind vierundzwanzig Bücher von ihm erschienen. 1975 gründete er in Rom einen Ashram nach altindischem Vorbild (Ashram-Vidya-Orden), später auch eine Einsiedelei, wo Suchende in völliger Abgeschiedenheit und Stille sich selbst erforschen können und wo auch Raphael wohnt. In den von der Außenwelt abgeschirmten indischen Hochburgen des Advaita-Vedanta, etwa in den von Sri Shankaracharya gegründeten Klöstern von Shringeri und Kanchi, aber auch im Ramana-Ashram in Tiruvannamalai/Südindien, ist Raphael als erleuchteter Advaita-Vedanta-Meister anerkannt.

Raphael hält Vorträge und leitet Retreats in den USA und Europa. In jedem April finden sich etwa fünfzig Menschen für ein Wochenende mit Raphael im Vedanta-Haus im Westerwald ein. Zweck: fragen, zuhören, meditieren, gemeinsam essen, zusammen sein. Die Dialoge zwischen Lehrer und Schüler ähneln manchmal den klassischen Lehrgesprächen, und es werden auch mal Fachbegriffe wie Brahman oder Atman verwendet. Doch man muss in dieser Hinsicht nicht mithalten können. «Es handelt sich um eine zu verwirklichende Philosophie, was bedeutet, dass sie nicht auswendig gelernt, sondern praktisch erfahren werden soll.» Raphael spricht italienisch und wird übersetzt. Die Veröffentlichung von

Fotos von sich lehnt er grundsätzlich ab. «‹Raphael› ist das Symbol für einen Bewusstseinszustand. Auf einer gewissen Ebene sind wir alle Raphael.»

Bücher siehe Literaturverzeichnis.

Kontakt: E-Mail: Asramvidya.italia@tiscalinet.it

Samarpan

Sam Golden wurde am 27. 4. 1941 in San Francisco geboren und wuchs in einem katholischem Elternhaus auf. Mit zwanzig Jahren heiratete er. Als er nach dem vierten Kind mit dem Problem der Geburtenkontrolle konfrontiert wurde, zweifelte er an den Dogmen der Katholischen Kirche. Er überprüfte die übernommenen Glaubensvorstellungen gründlich und wurde zu einem, der an nichts glaubt, zu einem Agnostiker. Das änderte sich, als er Bhagwan Osho begegnete. «Ich erkannte ihn sofort als meinen Meister. Seitdem bin ich mit ihm, oder besser: Er ist mit mir.» Zunächst rüttelte ihn eine Gotteserfahrung wach, doch «da war immer noch die Idee, dass es jemanden gibt, der diese Erfahrung macht». Viele Jahre später geschah in einem Satsang mit Gangaji «ein sehr stilles und klares Sehen, dass es niemanden gibt und auch nie gegeben hat, der Samarpan heißt». Samarpan verließ Amerika. «Es ist kein Zufall, dass das Göttliche mich nach Europa brachte, um Satsang zu geben.» Heute lebt er mit seiner Frau Marga in Frankfurt.

Mit seiner lässig-ruhigen Haltung und einfachen Worten, die stets auf die Gegenwart zurückführen, hat Samarpan seit 1996 in seinen Satsangs und Retreats tausende Menschen berührt. Jeder kann seine Frage stellen, auch vorne, auf dem Platz neben ihm.

«Das Einzige, was du entscheiden kannst, ist: worauf du deine Aufmerksamkeit richtest. Richtest du sie auf den Verstand, bist du unzufrieden. Der Verstand ist immer woanders, immer in der Vergangenheit, in der Zukunft, nie hier. Richtest du deine Aufmerksamkeit auf diesen Moment, erlebst du Erfüllung. Es spielt keine

Rolle, womit dieser Moment gefüllt ist. Er kann voller Schmerz sein. Wenn du ihm die volle Aufmerksamkeit gibst, ist das Glückseligkeit. Du musst also nichts unternehmen, um diesen Moment zu verändern. Nichts, was den Inhalt dieses Moments angeht, nichts, was die Umstände angeht. Genieße ihn einfach. Sei mit diesem Moment. Das ist alles, was benötigt wird.»

Samarpans Buch ist im J. Kamphausen Verlag erschienen. Hörkassetten, Videos und CDs sind über die Website zu beziehen: www.samarpan.de. Kontakt: Marga Golden, Tel./Fax 069/444881.

E-Mail: info@samarpan.de

Tony Parsons

Wurde 1933 in England geboren. Als er im Alter von einundzwanzig Jahren durch einen Londoner Park spazierte, geschah die Auflösung in die Einheit. Seit der Veröffentlichung seines ersten Buches The Open Secret (1996) hält Tony Vorträge und Retreats in Europa und Amerika. Er vermittelt eine sehr einfache und zugleich radikale Botschaft:

Nur die Quelle erscheint. Was immer sich manifestiert – das äußere Universum, die Welt, die persönliche Geschichte, Körper und Geist, Gefühle, das Empfinden der Trennung, die Suche nach Erleuchtung – das alles ist immer und ausschließlich die Erscheinung der Quelle, ist das Eine, welches als zwei, das Nicht-Ding, welches alle Dinge erscheint. Das ganze Drama der Suche hat weder Sinn noch Zweck. Es ist das Erwachen aus einem Traum. Es gibt keine höhere Intelligenz, die ein Schicksal webt und es gibt auf keiner Ebene irgendeine Wahl.

Weder wird irgendwas geboren noch stirbt etwas. Nichts geschieht wirklich. Doch gerade dies, wie es ist, lädt den Sucher ein, seinen Ursprung zu entdecken. Wird die Einladung angenommen – von einem, der bereits ein Niemand ist – dann

wird auch erkannt, dass nur die Quelle ist: die nicht verursachte, unveränderliche und unpersönliche Stille, aus der eine unbedingte Liebe überfließ und alles feiert.
Das ist das wundervolle Mysterium.[41]

Von Tony Parsons sind bisher zwei Bücher im Lüchow Verlag erschienen (s. Literatur) Kontakt: Marianne Nentwig, Tel: 089/64949865 und 089/64915738.

Info: www.theopensecret.com und www.leben-im-sein.de

Weitere Lehrer im Internet

Adima Osho-Schülerin, Deutschland, www.adima.net
Andrew Cohen International anerkannter Lehrer, Autor, USA, www.AndrewCohen.org
Artur Deutscher Satsang-Lehrer (Ramana), www.satsang.de/artur
Byron Katie Ohne Tradition, **Autorin,** effektive Methode «The Work», USA, www.thework.de
Cyrus, Schüler von Osho und Mikaire, Berlin, www.cyrus-meetingwith.com
Deva Vanessa Osho-Schülerin, Deutschland, www.devavanessa.de
Gaia Schüler von Isaac Shapiro, Deutschland, www.gaia-satsang.com
Gangaji Poonjas Botschafterin, Autorin, USA, www.gangaji.org
Eli Jaxon-Bear Poonjas Botschafter, Autor, USA, www.leela.org
Francis Lucille Schüler von Jean Klein, Autor, Frankreich/USA, www.francislucille.com
Madhukar Schüler von Poonja, Deutschland, www.madhukar.org
Maria Indianische Tradition, Samarpan, www.satsang-mit-Maria.de
Mira (neuer Name: Ganga) Ehemalige Lebensgefährtin von Poonja, Holland, www.mirasatsang.com
Neelam Schülerin von Poonja, Deutschland, www.neelam.org
Prajnaji Poonja-Schülerin aus Panama, www.prajnaji.de
Ram Tzu (Wayne Liquorman) Balsekar-Schüler, Autor, www.advaita.org

John de Ruiter Ohne Tradition, Autor, Kanada, www.johnderuiter.com
Sahaba Osho-Schülerin, sat-sagha.pagejump.de
Satyam Nadeen Schüler von Osho, Buchautor, USA, www.satyamnadeen.com
Dr. Vijay S. Shankar Ramana/Nisargadatta, Indien/USA, www.ksashram.org
ShantaiMayi International bekannte Vedanta-Lehrerin, USA, www.shantimayi.com
Silence Annette Meiners Schülerin von Byron Katie, www.silence-meiners.de
Han Marie Stiekema Arzt in Holland, http://welcome.to/thegreatlearning
Susan Osho-Schülerin, Kanada/München, www.isness.de
Tathagata Schüler von Isaac Shapiro, www.tathagatasatsang.de
Thorsten Schüler von Gangaji, Hamburg, www.satsang-mit-Thorsten.de
Tyohar Osho-Schüler, Israel/Costa Rica, www.tyohar.org
Veet Charya Osho-Schülerin, Süddeutschland, www.integrale-intelligenz.org
Yod Schüler von Osho und Poonja, Österreich, www.biotic-institute.com.

Glossar

Advaita «Nicht-zwei». Lehre der Nicht-Dualität. Das Eine-ohne-ein-Zweites. Stellt auch die 1 (mit der man zu zählen beginnt) in Frage.
Aham «Ich».
Aham Vritti «Ich bin – ohne Verbindung zu einem Objekt». Der reine Ich-Gedanke.
Ahamkara «Ich sagen (machen)». Ego, Bewusstsein von mir als einem getrennten Wesen.
Ananda Glückseligkeit, die nicht an vorübergehende Zustände gebunden ist.
Antakarana Das «innere Organ», das uns denken und fühlen lässt. Übergeordneter Begriff für alle geistigen Funktionen.
Ashrama Ort des Rückzugs und der Meditation, im *Veda* die vier Entwicklungsstadien der spirituellen Suche.
Atman Das unsterbliche Selbst, im Westen oft mit «Seele» übersetzt. Im Advaita das nicht-persönliche, universale Bewusstsein.
Atmavichara Erforschung des Selbst (Atman).
Avidya «Nicht-Wissen», nicht zwischen Wirklichem und Unwirklichen unterscheiden können.
Bhagavad «Der Glückselige, Erhabene», in der *Bhagavad-Gita* («Gesang des Glückseligen») auf Krishna bezogen.
Bhakti yoga Yoga der Hingabe.
Brahma Gott der Schöpfung (neben Vishnu, dem Erhalter, und Shiva, dem Zerstörer).
Brahmacharya Das erste Stadium der vier Ashrama. Der Jüngling studiert die Schriften in Keuschheit. Auch allgemein im Sinne von Zölibat verwendet.
Brahman «Das Absolute, Unbegrenzte».
Buddhi Das Vermögen der Unterscheidung, eine Funktion von Antakarana.
Chakra «Rad, Kreis», im Yoga ein Energiezentrum im Körper.
Chit (Cit) Das reine Bewusstsein, das allen Zuständen (Tiefschlaf, Träumen, Wachen) zugrunde liegt.
Dharma «Tragen, halten». Das, was unser Wesen ausmacht. Die Grundlage jeder Ethik und Religion.
Grihasta «Haushälter». Die zweite Phase der vier Ashrama. Der «Familienvater». Die Disziplin, bewusst in der Welt zu sein.
Guna «Grundeigenschaft». Alles Äußere und Innere ist aus drei Gunas

zusammengesetzt: Sattva, Rajas und Tamas. Diese Trigunas kommen zwar aus dem Absoluten (Brahman), verhüllen es aber zugleich (Maya). Wir empfinden und handeln gemäß der Zusammensetzung der Gunas.
Guru «Schwer». In der indischen Tradition jeder Erzieher und Lehrer von den Eltern bis zum spirituellen Meister.
Jiva Von *jiv* = «leben». Ein im Körper Lebender, also Sterblicher. Das mit einem Körper identifizierte Selbst (Atman).
Jnana yoga Yoga der Erkenntnis.
Karma Handlung oder Konsequenz einer Handlung. Gesetz. Im *Veda* auch Opferhandlung.
Karmakanda Ein großer Teil des *Veda*, der sich vor allem mit Opferritualen befasst.
Karma yoga Yoga der Handlung, achtet auf «selbstloses» (im Advaita «ich-loses») Tun.
Kosha «Hülle». Im Vedanta werden fünf Hüllen beschrieben, die unseren innersten Kern umgeben.
Manas «Denkfähigkeit», eine Funktion des Antakarana. Die sinnlichen Eindrücke werden an die Buddhi, das Unterscheidungsvermögen, weitergeleitet. Zugleich führen die Manas von dort aus auch zur Entscheidung über unser Tun.
Mantra Heiliger Klang (wie OM), ein Name, bestimmte Silben oder ein kurzer Vers, die unhörbar oder laut wiederholt werden, um ein Ritual zu begleiten, den Verstand zu fokussieren oder sich selbst in Trance zu versetzen.
Maya «Täuschung, Schein», auch «Magie». Die Shakti (weibliche Kraft) des Absoluten (Brahman), uns an die Materie zu binden. Wir lassen uns von der Vielfalt der Erscheinungen darüber täuschen, dass nur das Eine-ohne-ein-Zweites wirklich ist. Schopenhauers «Welt als Vorstellung».
Mithya «Nicht korrekt». Nicht ganz falsch, aber auch nicht richtig. Shankaras Beispiel: ein Seil als Schlange sehen.
Moksha Endgültige Befreiung vom Karma und Kreislauf des Lebens.
Neti-Neti «Weder dies noch das». Erstmals erwähnt in der ältesten *Upanishade (Brihadaranyaka-Upanishad)* als Methode, sich mit nichts zu identifizieren.
Nirguna «Ohne Eigenschaften». Dem Absoluten (Brahman) können keine Eigenschaften zugeschrieben werden. Jede Eigenschaft bedeutet Dualität (zum Beispiel: Gott ist gut).
Nirvikalpa-Samadhi «Wandellose Versenkung». Es besteht kein Zweifel mehr an der Einheit mit allem.
Prakriti «Natur, Materie». Die Urmaterie, aus der das Universum besteht. Ihre Struktur wird von den drei Gunas bestimmt.
Purusha «Mensch», das höchste Wesen (wie Atman, Brahman).
Prana Atem des Lebens, lebenserhaltende Energie.

Rajas Die zweite der drei Gunas, feurige Energie, die sich in starken Emotionen, Streben, Wagemut oder Gier äußert.

Sadguru Der höchste und letzte Lehrer, das «eigene» Selbst.

Sadhana Spirituelle Übungen auf einem Weg zur Selbstverwirklichung.

Saguna «Mit Eigenschaften». Brahman Saguna dient als eine Art Brücke zur Verehrung und Anbetung Gottes.

Samadhi Tiefe Versenkung, bei der die Trennung von Subjekt und Objekt (Dualität) verschwindet.

Samsara «Wanderung», Kreislauf von Geburt, Tod und Wiedergeburt.

Sannyasin Jemand, der «alles niedergelegt» und aufgegeben hat, abgeleitet von *sannyasa*, der vierten und letzten Lebensphase (Ashrama) des Brahmanen.

Sat Absolutes, ewiges, unwandelbares Sein.

Sat-Chit-Ananda «Sein-Bewusstsein-Glückseligkeit». Eine Art Charakterisierung des Absoluten (Brahman).

Satsanga In Gemeinschaft (*sanga* = «Umgang») mit dem wahren Sein, auch mit einem «Verwirklichten» zusammen sein.

Sattva Die edelste der drei Gunas, sie zeigt sich in Ausgeglichenheit und Gelassenheit.

Savikalpa «Mit Zweifel». Im Savikalpa-Samadhi ist die Auflösung in das Eine nicht endgültig.

Shankaracharya Bezeichnung des historischen Shankara (788–820) und zugleich Titel seiner Nachfolger bis heute (*acharya* = «Lehrer»).

Tamas «Dunkelheit, Trägheit», die unterste der drei Gunas.

Tat Tvam Asi «Das bist du!» Du (jenseits von Körper und Geist) bist eins mit dem Absoluten (Brahman).

Turiya «Das Vierte», das den drei wechselnden Zuständen des Wachseins, Träumens und Tiefschlafs zugrunde liegt und immer ist. Das Wesen des Atman, reines Gewahrsein.

Upanishad «Nahe bei niedersitzen» (bei einem Guru, um die «geheime Lehre» zu empfangen). Schlussteil des *Veda*, Grundlage der (Advaita-) Vedanta-Tradition. Zu jeder der vier *Veden* gehören verschiedene *Upanishaden*, insgesamt sind es mindestens einhundertundacht.

Vanaprastha Dritte Phase der Ashramas, der Einsiedler im Wald, ganz der Meditation gewidmet.

Veda (auch Weda) «Wissen», «Lehre». Die vier *Veden* sind die Grundlage des Hinduismus.

Vedanta (auch Wedanta) Ende *(anta)* der *Veden*, Schlussbetrachtung. Die aus den *Upanishaden* entwickelte Tradition mit den drei Hauptzweigen Advaita-Vedanta, Vishishtadvaita-Vedanta, Dvaita-Vedanta.

Literatur

Quellen / Grundlagen der Advaita-Tradition

Zur Ashtavakra-Gita

Balsekar, Ramesh: *Duett der Einheit. Der Ashtavakra-Gita-Dialog.* Context Verlag, Bielefeld 1991.

Osho: *Enlightenment: The Only Revolution. Discourses on the great mystic Ashtavakra.* Osho International Foundation, Pune 1997.

Zur Bhagavad-Gita

Balsekar, Ramesh: *Die Bhagavadgita. Eine Auswahl.* Context Verlag, Bielefeld 1996.

Raphael: *Die Bhagavadgita. Gesang des Glückseligen.* J. Kamphausen Verlag, Bielefeld 2001.

Zu den Upanishaden

Deussen, Paul: *Geheimlehre des Veda. Ausgewählte Texte der Upanishad's,* Brockhaus Verlag, Leipzig 1911.

Ders.: *Sechzig Upanishads des Veda,* Wissenschaftliche Buchgesellschaft, Darmstadt 1963.

Thieme, Paul (Hrsg.): *Upanishaden,* Reclam Verlag, Stuttgart 1966.

Weitere

Avadhuta Gita. Gesang eines Erleuchteten. Lüchow Verlag, Freiburg i. Br. 1994.

Gaudapada: *Mandukyakarika. Jenseits von Sivas Tanz.* Übersetzt und kommentiert von Raphael. Lüchow Verlag, Freiburg i. Br. 2002.

Shankara: *Unterscheidung zwischen Selbst und Nicht-Selbst. Drigdrishyaviveka,* von Raphael aus dem Sanskrit übersetzt und kommentiert, Ansata Verlag, Interlaken 1992.

Advaita von Ramana Maharshi bis Ramesh Balsekar

Balsekar, Ramesh S.: *Erleuchtende Gespräche,* Lüchow Verlag, Freiburg i. Br. 1998.

Ders.: *Erleuchtende Briefe.* Lüchow Verlag, Freiburg i. Br. 1994.

Ders.: *Die Eine Wahrheit. Der Schlüssel zur Nicht-Dualität,* Lüchow Verlag, Freiburg i. Br. 1996.

Ders.: *Pointers – wegweisende Gespräche mit Sri Nisargadatta Maharaj*, J. Kamphausen Verlag, Bielefeld 1994.
Ders.: *Wen kümmert's*, J. Kamphausen Verlag, Bielefeld 2001.
Ders.: *Schuld und Sünde. Der IrrSinn des Verstandes*, Lüchow Verlag, Freiburg i. Br. 2002.
Godman, David (Hrsg.): *Papaji. Interviews*, Avadhuta Foundation, Boulder 1993.
Maharaj, Sri Nisargadatta: *Ich bin*, Teil 1, Context Verlag, Bielefeld 1996.
Ders.: *Ich bin*, Teil 2, J. Kamphausen Verlag, Bielefeld 1998.
Ders.: *Ich bin*, Teil 3, J. Kamphausen Verlag, Bielefeld 2003.
Maharshi, Ramana: *Sei, was du bist! Ramana Maharshis Unterweisung über das Wesen der Wirklichkeit und den Pfad der Selbstergründung*, herausgegeben von David Godman. O.W. Barth Verlag, Bern/München/Wien 1991.
Ders.: *Gespräche des Weisen vom Berge Arunachala*, Ansata Verlag, Interlaken 1984.
Ders.: *Die Suche nach dem Selbst. Ausgewählte Gespräche*, Ansata Verlag, Interlaken 1985.
Ders.: *Die Botschaft des Ramana Maharshi. Antworten von Sri Ramana Maharshi an seine Schüler*, Lüchow Verlag, Freiburg i. Br. 2001.
Ders.: *Der Weg zum Selbst*, herausgegeben von Heinrich Zimmer, Diederichs Verlag, München 2001.
Ders: *Nan Yar? Wer bin ich?* J. Kamphausen Verlag, Bielefeld 2003.
Murthy, Shirish S.: *Vom Bewußtsein getroffen. Worte von Ramesh S. Balsekar*, Lüchow Verlag, Freiburg i. Br. 1998.
Poonja, H.W. L: *Wach auf, du bist frei!*, J. Kamphausen Verlag, Bielefeld 2002.
Ders.: *Der Gesang des Seins*, Hugendubel Verlag, München 1997.
Ders.: *Sei still. Satsang mit H. W. L. Poonja*, J. Kamphausen Verlag, Bielefeld 2002.

Bücher von westlichen Advaita-Lehrern

Adams, Robert: *Die Stille des Herzens. Dialoge mit Robert Adams*, Teil 1 und 2, J. Kamphausen Verlag, Bielefeld 2000/2001.
Arjuna Nick Ardagh: *Klares Sehen*, Lüchow Verlag, Freiburg i. Br. 2001.
Ders.: *Warum nicht jetzt?*, Lüchow Verlag, Freiburg i. Br. 2002.
Cohen, Andrew: *Erleuchtung ist ein Geheimnis*, Ch. Falk Verlag, Seeon 1994.
Ders.: *Freisein*, Neue Erde Verlag, Saarbrücken 1999.
Ders.: *Himmel und Erde umarmen*, Neue Erde Verlag, Saarbrücken 2000.
Gangaji: *Du bist Das*, Bd. 1, Lüchow Verlag, Freiburg i. Br. 1997.
Dies.: *Du bist Das*, Bd. 2, Lüchow Verlag, Freiburg i. Br. 1998.
Dies.: *Freiheit und Entschlossenheit*, Lüchow Verlag, Freiburg i. Br. 2000.
Gangaji/Jaxon-Bear, Eli: *Die Flamme der Wahrheit*, Lüchow Verlag, Freiburg i. Br. 2000.
Harding, Douglas E.: *Die Entdeckung unserer wirklichen Natur. Gespräche mit Douglas E. Harding*, Lüchow Verlag, Freiburg i. Br. 2003.

Harrison, Steven: *Nichts tun. Am Ende der spirituellen Suche*, Edition Spuren, Winterthur 2000.
Jaxon-Bear, Eli: *Das Lied der Freiheit*, Lüchow Verlag, Freiburg i. Br. 1999.
Klein, Jean: *Dein wahres Ich*, Lüchow Verlag, Freiburg i. Br. 1993.
Long, Barry: *Den Tod durchschauen*, Neue Erde Verlag, Saarbrücken 2001.
Ders.: *Nur die Angst stirbt*, J. Kamphausen Verlag, Bielefeld 1996.
Ders.: *Meditation. Ein Grundlagenkurs*, J. Kamphausen Verlag, Bielefeld 1998.
Ders.: *Selbsterkenntnis*, J. Kamphausen Verlag, Bielefeld 1999.
Lucille, Francis: *Ewigkeit JETZT! Dialoge über das Glück*, J. Kamphausen Verlag, Bielefeld 2001.
Nadeen, Satyam: *Von der Zwiebel zur Perle. Ein Weckruf*, J. Kamphausen Verlag, Bielefeld 1998.
Ders.: *Satsang – Das Handbuch zum neuen Erwachen*, Windpferd Verlag, Aintrang 2001.
Parkin, OM C.: *Die Geburt des Löwen*, Lüchow Verlag, Freiburg i. Br. 1998.
Ders.: *Auge in Auge mit dir Selbst. Gespräche im Sein*, J. Kamphausen Verlag, Bielefeld 2003.
Ders.: *Mythos Erleuchtung. Ein Interview*. Eigenpublikation SATSANG-Allionce e.V./Advaitamedia.
Parsons, Tony: *Open Secret. Die Erfahrung der Nicht-Dualität*. Lüchow Verlag, Freiburg i. Br. 2000.
Ders.: *So wie es ist. Dialoge zum Wunder des Jetzt*, Lüchow Verlag, Freiburg i. Br. 2002.
Raphael: *Jenseits der Illusion des Ich*. Drei Eichen Verlag, Hammelburg 1996.
Ders.: *Die Quellen des Lebens*, J. Kamphausen Verlag, Bielefeld 1997.
Ders.: *Advaita Vedanta – Der Weg der Nicht-Dualität*. J. Kamphausen Verlag, Bielefeld 1999.
Ders.: *Tat Tvam Asi – Das bist Du*, J. Kamphausen Verlag, Bielefeld 2000.
Ders.: *Yoga. Initiationswege zum Transzendenten*, J. Kamphausen Verlag, Bielefeld 1999.
Ders.: *Jenseits des Zweifels*, Lüchow Verlag, Freiburg i. Br. 1999.
Ders.: *Initiation in die Philosophie Platons. Die Lehre der Nicht-Dualität durch Shankara und die westliche Philosophie Platons*, Lüchow Verlag, Freiburg i. Br. 2002.
Renz, Karl: *Das Buch Karl*, J. Kamphausen Verlag, Bielefeld 2003.
Samarpan: *Glücklich Sein in jedem Moment. Gespräche über das Erwachen*, J. Kamphausen Verlag, Bielefeld, 2003.
Shapiro, Isaac: *Wellen des Friedens*, Lüchow Verlag, Freiburg i. Br. 1998.
Ders.: *Es geschieht ganz von selbst. Satsang mit Isaac*, Lüchow Verlag, Freiburg i. Br. 2001.
Tolle, Eckhart: *Jetzt! Die Kraft der Gegenwart. Ein Leitfaden zum spirituellen Erwachen*, J. Kamphausen Verlag, Bielefeld 2000. Dazu: Ders.: *Jetzt! Die*

Kraft der Gegenwart (Kartenset), 52 Inspirationskarten, J. Kamphausen Verlag, Bielefeld 2003.

Ders.: *Leben im Jetzt. Lehren, Übungen und Meditationen*, Goldmann Verlag, München 2002.

Troll, Pyar: *Reise ins Nichts. Geschichte eines Erwachens*, J. Kamphausen Verlag, Bielefeld 2000.

Dies.: *Poesie der Stille – Tanz des Lebens. Anleitungen zum Da-Sein*, J. Kamphausen Verlag, Bielefeld 2002.

Wei Wu Wei: *Die Einfache Erkenntnis. Nicht-willentliches Leben*, Lüchow Verlag, Freiburg i. Br. 2003.

Ders.: *Das Offenbare Geheimnis. Jenseits der Dualität,* Lüchow Verlag, Freiburg i. Br. 1998.

Zu Satsang und Advaita

Bittrich, Dietmar/Salvesen, Christian: *Die Erleuchteten kommen. Satsang: Antworten auf die wichtigen Fragen des Lebens*, Goldmann Verlag, München 2002.

Kamphausen, Joachim/Lüchow, Alf (Hrsg.): *Wer bin ich? Das?* Lüchow Verlag, Freiburg i. Br. 2001.

Waite, Dennis: *Was ist Advaita? Eine Einführung in die spirituelle Lehre*, Lüchow Verlag, Freiburg i. Br. 2003.

Zu Religion allgemein

Ayya Khema: *Mystik ist kein Mysterium. Buddhistische und christliche Meditation mit Ayya Khema,* O. W. Barth Verlag, Bern/München/Wien 2002.

Harding, Douglas E.: *Die Weltreligionen. Ein kleines Handbuch für Aufgeschlossene*, Lüchow Verlag, Freiburg i. Br. 1997.

Lexikon der östlichen Weisheitslehren, O. W. Barth Verlag, Bern/München/Wien 2001 (Sonderausgabe).

Meister Eckehart: *Deutsche Predigten und Traktate*, Diogenes Verlag, Zürich 1963 u. ö.

Reden des Buddha, aus dem Pali-Kanon übersetzt von Ilse-Lore Gunsser, Reclam Verlag, Stuttgart 1957.

Rumi: *Ruba'iyat. Mondenschöner, schlafe nicht!*, Leykam Verlag, Graz 1999.

Zu westlicher Philosophie und Wissenschaft

Berkeley, George: *Eine Abhandlung über die Prinzipien der menschlichen Erkenntnis*, Meiner Verlag, Hamburg 1979.

Descartes, René: *Meditationen über die Erste Philosophie. Mit sämtlichen Einwänden und Erwiderungen*, Meiner Verlag, Hamburg 1972.

Durant, Will: *Die großen Denker. Die Geschichte der Philosophie von Platon bis Nietzsche*, Lübbe Verlag, Bergisch Gladbach 1996.

Gaarder, Jostein: *Sofies Welt. Roman über die Geschichte der Philosophie*, Hanser Verlag, München/Wien 1993.

Goswami, Amit: *Das bewußte Universum. Wie Bewußtsein die materielle Welt erschafft,* Lüchow Verlag, Freiburg i. Br. 1995.

Heidegger, Martin: *Sein und Zeit*, Akademie Verlag, Berlin 2001.

Höffe, Otfried (Hrsg.): *Klassiker der Philosophie*, Bd. 2, *Von Immanuel Kant bis Jean-Paul Sartre*, C. H. Beck Verlag, München 1981.

Hume, David: *Ein Traktat über die menschliche Natur*, Meiner Verlag, Hamburg 1989.

Husserl, Edmund: *Die phänomenologische Methode. Ausgewählte Texte I/II,* Reclam Verlag, Stuttgart 1998.

Kant, Immanuel: *Gesammelte Schriften*, Akademie-Ausgabe, Bd. IV, *Kritik der reinen Vernunft. Grundlegung zur Metaphysik der Sitten u. a.*, de Gruyter Verlag, Berlin/New York 1973.

Koesters, Paul-Heinz: *Die Erforscher der Seele. Wie die Psychoanalyse die Macht des Unbewußten entdeckte*, Stern-Buch im Verlag Gruner + Jahr, Hamburg 1986.

Nietzsche, Friedrich: *Also sprach Zarathustra. Ein Buch für Alle und Keinen*, Reclam Verlag, Stuttgart 1994.

Platon: *Der Staat*, Kröner Verlag, Stuttgart 1973.

Rajneesh, Bhagwan Shree: *Zarathustra – The Laughing Prophet*, The Rebel Publishing House, Köln (ohne Jahr).

Roth, Gerhard: *Fühlen, Denken, Handeln. Wie das Gehirn unser Verhalten steuert*, Suhrkamp Verlag, Frankfurt a. M. 2001.

Russel, Peter: *Quarks, Quanten, und Satori. Wissenschaft und Mystik: Zwei Erkenntniswege treffen sich*, J. Kamphausen Verlag, Bielefeld 2002.

Schopenhauer, Arthur: *Die Welt als Wille und Vorstellung.* Gesamtausgabe, dtv, München 1998.

Ders.: *Die Kunst, glücklich zu sein. Dargestellt in fünfzig Lebensregeln,* C. H. Beck Verlag, München 1999.

Yalom, Irvon D:. *Und Nietzsche weinte*, Piper Verlag, München 2001.

Weitere erwähnte Bücher

Berendt, Joachim-Ernst: *Nadabrahma*, Rowohlt Verlag, Reinbek b. Hamburg 1984.

Castaneda, Carlos: *Die Kunst des Träumens*, Fischer Verlag, Frankfurt a. M. 1998.

Gore, Belinda: *Ekstatische Körperhaltungen: ein natürlicher Wegweiser zur erweiterten Wirklichkeit*, Synthesis Verlag, Essen 1996.

Grimm, Beatrice, und Willigis Jäger: *Das Körpergebet*, Kösel Verlag, München 2000.

Harish, Johari: *Die Affen und der Mangobaum*, O. W. Barth Verlag, Bern/München/Wien 2000.

Hausmann, Manfred (Hrsg.): *Japanische Lyrik*, Arche Verlag, Zürich 1974.

Horn, Klaus P.: *Die Erleuchtungsfalle*, Connection Verlag, Niedertaufkirchen 1998.

Imhasly-Gandhy, Rashna: *The Psychology of Love. Wisdom of Indian Mythology*, Namita Gokhale Editions/Roli Books, New Delhi 2001.

Iwersen, Julia: *Lexikon der Esoterik*, Artemis & Winkler Verlag, Düsseldorf/Zürich 2001.

Katie, Byron: *Lieben, was ist. Wie vier Fragen Ihr Leben verändern können*, Goldmann Verlag, München 2002.

Kornfield, Jack: *Das Tor des Erwachens. Wie Erleuchtung das tägliche Leben verändert*, Kösel Verlag, München 2001.

Lorenz, Kuno: *Indische Denker*, C. H. Beck Verlag, München 1998.

Norbu, Namkhai: *Traum-Yoga*, O. W. Barth Verlag, Bern/München/Wien 1998.

Osho: *Vom Sex zum kosmischen Bewusstsein*, Osho Verlag, Köln 1995.

Rajneesh, Bhagwan Shree: *Das Buch der Geheimnisse. 16 Reden des Meisters der Meditation über das «Vigyana Bhairava Tantra»*, Wilhelm Heyne Verlag, München 1984.

Salvesen, Christian: *Der Sechste »Tibeter«®. Das Geheimnis erfüllter Sexualität*, Scherz Verlag, Bern/München/Wien 2002.

Zeitschriften

Advaita Journal, hrsg. von OM C. Parkin. Erscheint ein- bis zweimal pro Jahr mit unterschiedlichen Themenschwerpunkten. Advaitamedia Verlag, Hamburg. www.edition-advaita.de

Connection Special Nr. 50, «Wer bin ich wirklich?» Connection Verlag, Niedertaufkirchen 2000, www.connection-medien.de

W.I.E./Was ist Erleuchtung?, hrsg. von Andrew Cohen. Erscheint vierteljährlich im Sandila-Verlag, www.wie.org

Tonträger

Sprachaufnahmen

Long, Barry: *A Course in Being* und *Who I Am*, Hörkassetten in Englisch, erhältlich über Terra Versand, Postfach 700155, 79055 Freiburg, Tel./Fax: 0761/4567845.
E-Mail: terra-versand@t-online.de

Salvesen, Christian: *Es gibt nichts außer Bewusstsein,* Vortrag über Advaita und Satsang, Info/Bestellung über www.Forumkontrovers.de/index/cd-texte.htm

Tolle, Eckhart: *Jetzt! Die Kraft der Gegenwart*, Audioversion, fünf MCs bzw. sechs CDs (Eckhart Tolle liest auf Deutsch), J. Kamphausen Verlag, Bielefeld 2003.

Satsang-Mitschnitte von Artur, Karl, Pyar u.v.a. sind über die angegebenen Internetseiten bzw. Kontaktadressen erhältlich.

Mantras / Satsang-Musik

Deva Premal & Miten: *Satsang* (u.a.), Prabhu/Silenzio.

Krishna Das: *Pilgrim Heart*, Triloka/Silenzio.

Haidakhandi Shivani (Nina Hagen): *Om Namah Shivaya*, BMG.

Namaste: *Magical Healing Mantras*, New Earth Records.

Ravi Shankar: *Chants Of India,* vedische Gesänge, Angel Records.

V.A.: *At His Lotusfeet*, Papaji's Satsang Bhavan Group, Bestellung über blissvideos (s. S. 273).

Weitere CDs mit den Musikgruppen von Satsang-Lehrern sind über die Internetseiten der Lehrer oder über blissvideos (s.S. 273) erhältlich.

Videos

Matrix (zu Platons Höhlengleichnis, in jeder Videothek erhältlich).
2001 – Odyssee im Weltraum (zu *Zarathustra*, in jeder Videothek erhältlich).
The Twelve Monkeys (zur Kontemplation über Zeit, in jeder Videothek erhältlich).

Speziell zum Advaita und heutigen Satsang-Lehrern gibt es über einhundert Videos bei blissvideos, Niket D. Scherer, Max-Halbe-Weg 5, 88131 Lindau, Tel. 08382/72546, Fax 75705, E-Mail: bliss@w-4.cls, Internet: www.blissvideo.de

Hier eine Auswahl:

Adams, Robert: *Vertraue auf die Kraft* (Naturaufnahmen mit Texten von Robert Adams).
Around Arunachala (Impressionen vom heiligen Berg).
Artur: Satsang-Mitschnitte auf insgesamt fünf Videos.
Balsekar, Ramesh: *Die göttliche Hypnose* (Reise durch Indien mit Texten von Balsekar).
Maharshi, Ramana: *Die Wirklichkeit in 40 Versen* (Texte von Ramana mit Naturaufnahmen).
OM C. Parkin: zwanzig Satsang-Mitschnitte und Naturvideos; Interview: *Mythos Erleuchtung* (Fragen von Christian Salvesen).
Poonja, H. W. L.: *One Day of the Master* (u. v. a).
Samarpan: fünf Satsang-Videos.
Tolle, Eckhart: *Die Transformation des Bewusstseins* (Vortrag, engl./deutsch).
Troll, Pyar: Satsang-Mitschnitte, Dokumentationen, Natur.

Organisationen/Institute/Verlage

Die für den deutschsprachigen Raum wichtigsten Adressen finden sich bereits bei den Lehrerporträts. Wer sich weiter informieren möchte, der wird im Internet unter den Suchbegriffen «advaita» und «satsang» mehr als fündig (insgesamt über 16 000 Adressen).

Hier eine Auswahl:

www.headless.org, die Seite des britischen Religionswissenschaftlers Douglas Harding.

www.luechow-verlag.de, die Internetseite des Lüchow Verlags mit Büchern zum Thema.

www.reines-sein.de, viele Themen inklusive Advaita.

www.satsang.de bietet eine Zusammenstellung vieler Lehrer mit ihren Websites.

www.vedanta.de, Deutsche Vedanta Gesellschaft.

www.weltinnenraum.de, die Internetseite des J. Kamphausen Verlags mit vielen Advaitabüchern.

www.zenpower.de, guter Überblick plus Buchtipps.

Anmerkungen

I Advaita in der indischen Tradition

1 In der Tradition des Vedanta gibt es auch dualistische Interpretationen der *Veden*, z. B. die von Madhva (1197–1276) begründete Richtung des Dvaita Vedanta. Die Kommentare zu den *Veden* bilden einen ungeheuer breiten Strom mit unterschiedlichsten Richtungen und Schulen. Wer sich über die *Veden* und die Kommentartradition einen besseren Überblick verschaffen möchte und an mehr wissenschaftlich fundierten Informationen interessiert ist, der wird auf der Website von Prof. Lutz Geldsetzer fündig: «Die klassische indische Philosophie. Vorlesungen an der HHU Düsseldorf»,
www.phil-fak.uni-duesseldorf.de/philo/indotit.htm

2 Paul Deussen: *Geheimlehre des Veda. Ausgewählte Texte der Upanishad's*, Brockhaus Verlag, Leipzig 1911.

3 *Chandogya-Upanishad*, zitiert nach Paul Thieme: *Upanishaden*, Reclam Verlag, Stuttgart 1966, S. 11–18.

4 Paul Thieme: *Upanishaden*, Reclam Verlag, Stuttgart 1966, S. 15. In seiner Erläuterung weist Thieme darauf hin, dass sich Goethes berühmter Vers «Die Sonne tönt, nach alter Weise, in Brudersphären Wettgesang» (*Faust*, Prolog im Himmel) nicht auf die indische Tradition, sondern auf Pythagoras' «Sphärenharmonie» bezieht. «Die der pythagoreischen Kosmologie entstammende Vorstellung von den ‹Sphären› und ihren ‹Tönen› hat keine Entsprechung im alten Indien». Joachim-Ernst Berendt dagegen glaubt, dass im OM der *Upanishaden* bereits die Welt als Schwingung im Sinne der heutigen Physik gedeutet ist. (Vgl. Joachim-Ernst Berendt: *Nadabrahma*, Rowohlt Verlag, Reinbek b. Hamburg 1984.)

5 Die verschiedenen Richtungen des Yoga leiten sich ebenfalls von den *Upanishaden* ab. Von daher besteht hier eine Verbindung. Zu den Chakras siehe auch Christian Salvesen: *Der Sechste »Tibeter«® Das Geheimnis erfüllter Sexualität*, Scherz Verlag, Bern/München/Wien 2002, S. 72ff.

6 Auch die heutigen Satsang- bzw. Advaita-Lehrer bedienen sich gern dieser Formel. Eines der Bücher der amerikanischen Lehrerin Gangaji hat den Titel *Du bist Das*.

7 *Kena-Upanishad*, 1.1–9, zitiert nach E. Meier,
www.home.germany.net/dr.e.meier/hintxt/html

8 *Ishavasya-Upanishad*, Anfang, freie Übersetzung.

9 *Maitrayana-Upanishad* 6, 34, nach Paul Deussen: *Sechzig Upanishads des Veda*, Wissenschaftliche Buchgesellschaft, Darmstadt 1963, S. 357.

10 Vgl. Jack Kornfield: *Das Tor des Erwachens. Wie Erleuchtung das tägliche Leben verändert,* KöselVerlag, München 2001, S. 67–85.

11 *Chandogya-Upanishad* zum *Samaveda,* ChU 8.7.1 – 8.12.6., Thieme: *Upanishaden,* S. 31.

12 So Thieme in seinem Kommentar in *Upanishaden,* S. 29/32.

13 Thieme: *Upanishaden,* S. 32.

14 Thieme: *Upanishaden,* S. 34.

15 Thieme: *Upanishaden,* S. 36.

16 *Chandogya-Upanishad,* 8.12.1ff., nach Thieme: *Upanishaden,* S. 37–39.

17 *Brhadaranyaka-Upanishad* 2.4.1-16, Thieme: *Upanishaden,* S. 70–77.

18 *Chandogya-Upanishad,* nach Thieme: *Upanishaden,* S. 52f.

19 Zit. nach *Lexikon der östlichen Weisheitslehren,* O. W. Barth Verlag, Bern/München/Wien 2001, S. 35.

20 Raphael: *Die Bhagavadgita. Gesang des Glückseligen,* J. Kamphausen Verlag, Bielefeld 2001.

21 Mahatma Gandhi: *Young India,* zit. aus Alois Payer: «Materialien zur Religionswissenschaft. Hindureligionen», in www.payer.de/hinduismus/hindu01.htm

22 Payer: «Materialien zur Religionswissenschaft. Hindureligionen», in www.payer.de/hinduismus/hindu01.htm

23 Der Linienhalter Paramahamsa Hariharananda hat einen Gita-Kommentar verfasst: www.yogaspirit.de/gita.html

24 Sri Aurobindo: *Die Bhagavadgita,* Herder Verlag, Freiburg i. Br. 2001.

25 Quelle: www.wegdermitte.de/yoga

26 Quelle: www.omtatsat.de

27 Raphael: *Die Bhagavadgita,* S. 448 (Glossar).

28 Raphael: *Die Bhagavadgita,* S. 47.

29 Kap. IV, 18, zit. nach Raphael: *Die Bhagavadgita,* S. 124.

30 Kap. IV, 20–24, zit. nach Raphael: *Die Bhagavadgita,* S. 128f.

31 Kap. XVIII, 11, zit. nach Raphael: *Die Bhagavadgita,* S. 342.

32 Ramesh Balsekar: *Die Bhagavad-Gita. Eine Auswahl,* Context Verlag, Bielefeld 1996, S. 36.

33 Shankara im *Viveka-Chudamani,* 62, zit. nach Raphael: *Die Bhagavadgita,* S. 179.

34 Kap. V, 8–9, zit. nach Raphael: *Die Bhagavadgita,* S. 146. Im Vergleich dazu die Übersetzung von Ramesh Balsekar: «Für den Weisen, zentriert in Brahman, existiert immer der grundlegende Gedanke ‹Ich tue nichts›. Er ist fest in dem Gedanken verankert, dass die Sinne auf die Sinnesobjekte reagieren – egal was er sieht, hört, berührt, riecht oder isst. Es ist bedeutungslos, ob er schläft, atmet, spricht, sich bewegt, ausscheidet, etwas mit seinen Händen greift, seine Augen öffnet oder schließt: Er weiß, dass er überhaupt nichts tut.» Balsekar: *Bhagavad-Gita,* S. 66.

35 Auf Nisargadatta Maharaj gehe ich in Kapitel 10, «Ramana und die Folgen», ausführlicher ein.

36 Balsekar: *Die Bhagavad-Gita*, S. 97.
37 Kap. XI, 13, zit. nach Raphael: *Die Bhagavadgita,* S. 250. Mit Pandava ist Arjuna gemeint, einer der fünf Söhne von Pandu, dem rechtmäßigen Thronfolger. Auf der anderen Seite stehen die «bösen» Kaurava, die einhundert Söhne des blinden Dhrtarastra.
38 Etliche Menschen haben Ähnliches im LSD-Rausch erlebt. Als Achtzehnjähriger nahm ich nur wenige Züge aus einer Haschischpfeife und erlebte genau dies: Ein unendliches Entstehen und Vergehen, unzählige Lebewesen, als würde ich ihr Leben in einem Moment durchleben. Kulturen, Epochen. Das dauerte nach der Uhr zwei Stunden. Die Zeit hatte für mich überhaupt keine Bedeutung mehr. Meine bisherige Identität erschien nur noch – wie nach einer Million von Jahren – als Bruchteil in einer scheinbar ewigen Abfolge von Bildern. Das ganze Bewusstsein ein Kaleidoskop, alle Tode, alle Leben, immer und ewig. Doch die Ewigkeit ging vorüber. Ich wurde wieder «ich selbst», diese Person mit ihrem begrenzten Horizont und ihrem kleinen, erträglichen Leben in einem norddeutschen Dorf.
39 Kap. XI, 25, zit. nach Raphael: *Die Bhagavadgita,* S. 252.
40 Kap. XI, 32, zit. nach Raphael: *Die Bhagavadgita,* S. 253.
41 Kap. XII, 5, zit. nach Raphael: *Die Bhagavadgita,* S. 270. Raphaels Kommentar: «Wer das Brahman nirguna, das eigenschaftslose absolute Selbst verwirklichen will, muss als Jiva (Individuelle Seele) sterben und sich im Brahman auflösen. Einfacher ist, dem Brahman saguna zu folgen.»
42 Kap. XII, 6–7, zit. nach Raphael: *Die Bhagavadgita,* S. 267f.
43 Kap. XIII, 28, 29, zit. nach Raphael: *Die Bhagavadgita,* S. 284.
44 Kap. XVIII, 47, zit. nach Raphael: *Die Bhagavadgita,* S. 353.
45 Kap. XVII, 3, zit. nach Raphael: *Die Bhagavadgita,* S. 329.
46 Kap. XIV, 19, zit. nach Raphael: *Die Bhagavadgita,* S. 296.
47 Kap. VII, 12–13, zit. nach Balsekar: *Die Bhagavad-Gita*, S. 81. Auf das Thema der Willensfreiheit werden wir noch öfter zurückkommen.
48 Die beiden Kommentarquellen, auf die ich mich im Folgenden beziehe, sind: Osho: *Enlightenment: The Only Revolution. Discourses on the great mystic Ashtavakra.* Osho International Foundation, Pune 1997, sowie Ramesh Balsekar: *Duett der Einheit. Der Ashtavakra-Gita-Dialog*, Context Verlag, Bielefeld 1991.
49 *Ashtavakra-Gita* I, 1–4, Balsekar: *Duett der Einheit* (im Folgenden: «Balsekar»), S. 5–8; Osho: *Enlightenment: The Only Revolution* (im Folgenden: «Osho»), p. 2, Übersetzung von Christian Salvesen. Vgl. auch «Der Ashtavakra-Gita-Dialog» in: *Connection Special* Nr. 50 (mit ausführlicheren Kommentaren).
50 Osho, S. 22.
51 Balsekar, S. 5.
52 Vgl. Osho, S. 26.
53 Balsekar S. 7f.
54 Osho, S. 31.
55 Osho, S. 33.

56 Balsekar, S. 11–14. Im Folgenden verwende ich nur noch die Übersetzung von Balsekar.
57 Balsekar, S. 15.
58 Balsekar, S. 15–19.
59 Balsekar, S. 16.
60 Balsekar, S. 19–21.
61 Balsekar, S. 23–27.
62 Balsekar, S. 28–30.
63 Balsekar, S. 30.
64 Balsekar, S. 33f.
65 Quellen: Dr. Georg Feuerstein: «Shankara», in www.yrec.org/shankara. Thomas Gandlau: «Shankara», in «Biografisch-bibliographisches Kirchenlexikon», Band IX, Spalte 1592–1596, in www.bautz.de/bbkl. Dr. Benno Meyer: «Shri Adi Shankaracharya und die Philosophie des Kevala-Advaita-Vedanta», in www.benno-meyer.de > «Spiritualität in Indien» > «Shankara». Kuno Lorenz: *Indische Denker*, C. H. Beck Verlag, München 1998, S. 169–174. Kurt Friedrichs: «Wie Vedanta in Deutschland begann», in *Vedanta* (1973/2000).
66 Shankara im *Viveka-Chudamani*, zit. nach Raphael: *Die Bhagavadgita*, S. 41.
67 Der amerikanische Advaita-Lehrer Arjuna steigerte die Analogie zu einer dramatisch-witzigen Geschichte. Da wird jemand zum übermenschlich heroischen Meister, nur weil er hinschaut und sieht, dass die böse Schlange (hier als Symbol für das Ego) nichts weiter als ein harmloses Seil ist (Gedanken, die aus dem Bewusstsein aufsteigen und wieder darin verschwinden). Die Schlange (das vielbeschworene Ego) ist so sehr zum Kult geworden, dass der Guru nur unter größter Mühe einige wenige, vor Angst zitternde Schüler dazu bewegen kann, doch selbst einmal wenigstens kurz hinzuschauen, ob dieses Schlangen-Ego real ist. (Vgl. «Selbsterforschung im Alltag», in *Connection Special* Nr. 50, S. 72f.)
68 Shankara im *Viveka-Chudamani*, zit. nach Raphael: *Die Bhagavadgita*, S. 41.
69 Vgl. Raphael: *Die Bhagavadgita*, S. 58–67.
70 Shankara: *Unterscheidung zwischen Selbst und Nicht-Selbst. Drigdrishyaviveka*, mit einem Kommentar von Raphael, Ansata Verlag, Interlaken 1992, S. 23.
71 Shankara: *Unterscheidung zwischen Selbst und Nicht-Selbst. Drigdrishyaviveka*, S. 27.
72 Shankara: *Unterscheidung zwischen Selbst und Nicht-Selbst. Drigdrishyaviveka*, S. 29.
73 Shankara: *Unterscheidung zwischen Selbst und Nicht-Selbst. Drigdrishyaviveka*, S. 47/49.

II Das Eine in den Religionen

1 Ayya Khema: *Mystik ist kein Mysterium. Buddhistische und christliche Meditation mit Ayya Khema,* O.W. Barth Verlag, Bern/München/Wien 2002, S. 28.

2 Khema: *Mystik ist kein Mysterium*, S. 184.

3 Zit. nach Khema: *Mystik ist kein Mysterium*, S. 188.

4 Douglas E. Harding: *Die Weltreligionen. Ein kleines Handbuch für Aufgeschlossene,* Lüchow Verlag, Freiburg i. Br. 1997, S. 56.

5 Nach *Reden des Buddha,* aus dem Pali-Kanon übersetzt von Ilse-Lore Gunsser, Reclam Verlag, Stuttgart 1957, S. 32 f.

6 Nach Khema: *Mystik ist kein Mysterium*, Kap. 4–6.

7 *DER SPIEGEL* ging im Dezember 2002 in seinem Titelthema «Die Erfindung Gottes» auf diesen politischen und soziokulturellen Hintergrund ein. Unter Einbeziehung neuester Forschungen von Archäologen und Religionswissenschaftlern lässt der Artikel das Alte Testament als eine Art Propagandaschrift erscheinen, die eine glorreiche Geschichte der Juden und einen allmächtigen Gott «erfindet» (*DER SPIEGEL*, Nr. 52, 21.12.2002, S. 136–147).

8 *DER SPIEGEL* konstatierte nur in wenigen Zeilen: «Allein an den Büchern Mose arbeiteten mindestens vier Verfasser. Einer davon war der ‹Jahwist›, der den Namen Gottes stets mit dem Tetragrammm JHWH (‹Ich bin, der ich bin›) schreibt und wohl aus Jerusalem kam» (Matthias Schulz, *DER SPIEGEL*, Nr. 52, 21.12.2002, S. 142).

9 Vgl. u. a. Martin Buber: *Das dialogische Prinzip*, Gütersloher Verlagshaus, Gütersloh 2002.

10 Barry Long: *Who I Am*, Hörkassette in englischer Sprache, Terra-Versand.

11 Meister Eckehart: *Deutsche Predigten und Traktate*, Diogenes Verlag, Zürich 1963 u. ö.

12 Der Theologe und Autor Jürgen Kuhlmann erzählt von seiner Studienzeit in Rom: «Raimon Panikkar nannte sich ‹Hindu *und* katholischer Priester›. Beim Gespräch über die uralte brahmanische Selbst-Mystik bemerkte er, Meister Eckhart habe ähnlich gedacht, obwohl er von indischer Lehre nichts habe wissen können.»
Quelle: http://home.t-online.de/home/j.e.kuhlmann/Eckhart, dann Link «Meister Eckhart».

13 Quellen im Internet: s.o.; sowie Meister Eckhart: *Deutsche Predigten und Traktate.*

14 Frithjof Schuon: *Den Islam verstehen,* O. W. Barth Verlag, Bern/München/Wien 2002.

15 Vgl. Beatrice Grimm / Willigis Jäger: *Das Körpergebet.* Kösel Verlag, München 2000.

16 Siehe z. B. Belinda Gore: *Ekstatische Körperhaltungen: ein natürlicher Wegweiser zur erweiterten Wirklichkeit*, Synthesis Verlag, Essen 1996.

17 Quelle: www.der-innere-weg.de, vermutlich aus Rumi: *Ruba'iyat. Mondenschöner, schlafe nicht!* Aus dem Persischen von Monika Hutterstrasser und Uto v. Melzer, Leykam Verlag, Graz 1999.

III Westliche Philosophie des Bewusstseins

1 Platon: *Der Staat*, Kröner Verlag, Stuttgart 1973.

2 Zur Parallele von Höhlengleichnis und *Matrix* vgl. www.sphaerentor.com

3 René Descartes: *Meditationen über die Erste Philosophie. Mit sämtlichen Einwänden und Erwiderungen*, Meiner Verlag, Hamburg 1972, S. 11–26.

4 George Berkeley: *Prinzipien der menschlichen Erkenntnis*, Meiner Verlag, Hamburg 1979.

5 Jostein Gaarder: *Sofies Welt. Roman über die Geschichte der Philosophie,* Hanser Verlag, München/Wien 1993, S. 335f.

6 David Hume: *Ein Traktat über die menschliche Natur*, Meiner Verlag, Hamburg 1989. Ludwig Wittgenstein griff Humes empiristischen Zweifel zweihundert Jahre später auf. Er fragte sich: Wie kommen wir dazu, Gedanken und Gefühle zu unserem Eigentum zu erklären? Was macht sie zu «meinen» Gedanken? Nur weil ein anderer diese Empfindungen (z. B. Zahnschmerzen) jetzt nicht hat, bedeutet das nicht, dass es einen exklusiven Besitzer gibt.

7 Vgl. Hume: *Traktat über die menschliche Natur.*

8 Immanuel Kant: *Gesammelte Schriften*, Akademie-Ausgabe, Bd. IV, *Kritik der reinen Vernunft. Grundlegung zur Metaphysik der Sitten u.a.*, de Gruyter Verlag, Berlin/New York 1973, S. 54.

9 Immanuel Kant: *Gesammelte Schriften*, Akademie-Ausgabe, Bd. V, S. 161, zit. nach Otfried Höffe (Hrsg.): *Klassiker der Philosophie*, Bd. 2, *Von Immanuel Kant bis Jean-Paul Sartre*, C. H. Beck Verlag, München 1981.

10 Arthur Schopenhauer: *Die Welt als Wille und Vorstellung*, Gesamtausgabe, dtv, München 1998, Vorwort.

11 Will Durant: *Die großen Denker. Die Geschichte der Philosophie von Platon bis Nietzsche*, Lübbe Verlag, Bergisch Gladbach 1996, S. 375.

12 Arthur Schopenhauer: *Die Kunst, glücklich zu sein. Dargestellt in fünfzig Lebensregeln*, C. H. Beck Verlag, München 1999.

13 Schopenhauer: *Die Kunst glücklich zu sein*, S. 56f.

14 Schopenhauer: *Die Welt als Wille und Vorstellung*, Kap. 15.

15 Schopenhauer: *Die Welt als Wille und Vorstellung*, § 38.

16 Schopenhauer: *Die Welt als Wille und Vorstellung*, § 71.

17 Friedrich Nietzsche: *Also sprach Zarathustra. Ein Buch für Alle und Keinen,* Reclam Verlag, Stuttgart 1994, S. 41.

18 Vgl. Joseph Simon: «Friedrich Nietzsche», in: Höffe (Hrsg.): *Klassiker der Philosophie*, S. 204.

19 In Elisabeth Förster-Nietzsche: *Das Leben Friedrich Nietzsches*, Bd. 1, Kröner Verlag, Leipzig 1895, S. 232 (dort zit. nach Durant: *Die großen Denker*).

20 Nietzsche: *Also sprach Zarathustra*, S. 7.

21 Nietzsche: *Also sprach Zarathustra*, S. 8.

22 Nietzsche: *Also sprach Zarathustra*, S. 9.

23 Nietzsche: *Also sprach Zarathustra*, S. 10.

24 Nietzsche: *Also sprach Zarathustra*, S. 11.

25 Nietzsche: *Also sprach Zarathustra*, S. 15.

26 Nietzsche: *Also sprach Zarathustra*, S. 26.
27 Nietzsche: *Also sprach Zarathustra*, S. 31.
28 Nietzsche: *Also sprach Zarathustra*, S. 88.
29 Nietzsche: *Also sprach Zarathustra*, S. 89.
30 Nietzsche: *Also sprach Zarathustra*, S. 95/98.
31 Nietzsche: *Also sprach Zarathustra*, S. 157.
32 Bhagwan Shree Rajneesh: *Zarathustra – The Laughing Prophet*, The Rebel Publishing House, Köln (ohne Jahr), S. 183ff.
33 Bhagwan: *Zarathustra – The Laughing Prophet*, S. 191.
34 Nietzsche: *Also sprach Zarathustra*, S. 157.
35 Nietzsche: *Also sprach Zarathustra*, S. 226.
36 Nietzsche: *Also sprach Zarathustra*, S. 227/228
37 Nietzsche: *Also sprach Zarathustra*, S. 231.
38 Nietzsche: *Also sprach Zarathustra*, S. 252.
39 Bhagwan: *Zarathustra – The Laughing Prophet*, S. 469.
40 Bhagwan: *Zarathustra – The Laughing Prophet*, S. 471ff.
41 Friedrich Nietzsche: *Sämtliche Werke*, Kritische Studienausgabe, Bd. 13, München 1980, S. 374 und 376, zit. nach Joseph Simon: «Nachwort», in Nietzsche: *Also sprach Zarathustra*, S. 357.
42 Friedrich Nietzsche: *Ecce Homo*, Kritische Studienausgabe, Bd. 6, S. 335.
43 Joseph Simon: «Nachwort», in Nietzsche: *Also sprach Zarathustra*, S. 357.
44 Der deutsche Advaita-Lehrer Karl Renz berichtete in einem seiner Talks, die er «Selbstgespräche» nennt, von einem Schlüsselerlebnis, das der «ewigen Wiederkehr des Gleichen» entspricht. «Als Dreizehnjähriger fuhr ich mit dem Trecker über den Acker. Stundenlang starrte ich auf die geraden Furchen vor mir. Und da kam plötzlich der Gedanke: ‹Könnte es sein, dass irgendwann einmal jedes einzelne Sandkorn wieder genau so umgewendet wird wie jetzt? Und wenn dies tatsächlich ein zweites Mal geschieht, dann müsste es unendlich oft immer wieder geschehen. Das ist die Ewigkeit. Es gibt nur die Ewigkeit!› Es war ein ganz eigenartiger Gefühls- und Bewusstseinszustand. Die Zeit schien stillzustehen. Jeder Moment selbst schien in sich unendlich.»
45 Nietzsche: *Also sprach Zarathustra*, S. 240ff.
46 Nietzsche: *Also sprach Zarathustra*, S. 341.
47 Nietzsche: *Also sprach Zarathustra*, S. 344.
48 Osho: *Zarathustra. Ein Gott, der tanzen kann*. Osho Verlag, Köln 1994, S. 11.
49 Osho: *Zarathustra*, S. 11.
50 Irvon D. Yalom: *Und Nietzsche weinte*, Goldmann Verlag, München 1996, S. 365.
51 Vgl. Edmund Husserl: «Die Widerlegung des Psychologismus», in ders.: *Die phänomenologische Methode. Ausgewählte Texte I*, Reclam Verlag, Stuttgart 1998, S. 68 (und Einleitung von Klaus Held, S. 20).
52 Hier dient eine lateinische Redewendung aus der mittelalterlichen scholastischen Philosophie als Vorlage: *Arcum intendere in* = «Bogen (und Pfeil) richten auf».

53 Zur Vertiefung empfohlen: Edmund Husserl: *Die phänomenologische Methode. Ausgewählte Texte I/II,* Reclam Verlag, Stuttgart 1998.
54 Martin Heidegger: *Sein und Zeit,* Akademie Verlag, Berlin 2001.
55 Vgl. Paul-Heinz Koesters: *Die Erforscher der Seele. Wie die Psychoanalyse die Macht des Unbewußten entdeckte,* Stern-Buch im Verlag Gruner + Jahr, Hamburg 1986, S. 56ff.
56 Nach Bhagwan Shree Rajneesh: *Zarathustra.*
57 Vgl. Gerhard Roth: *Fühlen, Denken, Handeln. Wie das Gehirn unser Verhalten steuert,* Suhrkamp Verlag, Frankfurt a. M. 2001.
58 Roth: *Fühlen, Denken, Handeln,* S. 36.
59 Roth: *Fühlen, Denken, Handeln,* S. 442.
60 Das oben geschilderte Experiment ist bereits die verfeinerte Wiederholung, die Haggard und Eimer Ende der Neunzigerjahre durchführten, um einige Einwände auszuräumen. Quelle: Roth: *Fühlen, Denken, Handeln,* S. 440ff.
61 Titelthemen erschienen seit 2001 in *DER SPIEGEL, Süddeutsche Zeitung, ZEIT, Tagespiegel, Geo, Bild der Wissenschaft* u. a.
62 Zum Beispiel Podiumsdiskussion zum Thema «Hirnforschung und der Verlust des freien Willens», Oktober 2002, Berlin, Veranstalter die *ZEIT,* oder Bas Kast: «Der freie Wille ist eine Illusion», *Tagesspiegel,* 23.10.02.
63 Roth: *Fühlen, Denken, Handeln,* S. 446.
64 Roth: *Fühlen, Denken, Handeln,* S. 448.

IV Ramana Maharshi und die Selbsterforschung

1 Ramana Maharshi: *Gespräche des Weisen vom Berge Arunachala,* Ansata Verlag, Interlaken 1984, zit. nach *Lexikon der östlichen Weisheitslehren,* O. W. Barth Verlag, Bern / München / Wien 2001, S. 304.
2 Maharshi: *Gespräche des Weisen vom Berge Arunachala,* zit. nach *Lexikon der östlichen Weisheitslehren,* S. 304. Der Psychologe Klaus Horn wertet in seinem Buch *Die Erleuchtungsfalle: vom Sinn und Unsinn spiritueller Suche* (Connection Medien, Niedertaufkirchen 1998) Ramanas Haltung als Abwehrreaktion, die anzeige, dass der so verehrte Erleuchtete noch längst keine integrierte Persönlichkeit sei und einige Therapiesitzungen nötig habe.
3 Nach Amar Chitra Katha: *Ramana Maharshi,* Bd. 628 der Reihe «The Glorious Heritage of India». India Book House Limited, Mumbay 1996.
4 Ramana Maharshi: *Sei, was du bist! Ramana Maharshis Unterweisung über das Wesen der Wirklichkeit und den Pfad der Selbstergründung,* herausgegeben von David Godman, O. W. Barth Verlag, Bern/München/Wien 1991, S. 133.
5 Erstveröffentlichung des Interviews in «Wer bin ich wirklich?», *Connection Special,* Nr. 50, S. 16–19.
6 Vgl. David Godman: «Einleitung» zu Maharshi: *Sei, was du bist!,* S. 16–19.
7 Maharshi: *Sei, was du bist!,* S. 23.
8 Maharshi: *Sei, was du bist!,* S. 24.
9 Maharshi: *Sei, was du bist!,* S. 30f.

10 Maharshi: *Sei, was du bist!*, S. 20.
11 Maharshi: *Sei, was du bist!*, S. 31.
12 Maharshi: *Sei, was du bist!*, S. 85.
13 Maharshi: *Sei, was du bist!*, S. 54.
14 Maharshi: *Sei, was du bist!*, S. 59.
15 Maharshi: *Sei, was du bist!*, S. 68.
16 Maharshi: *Sei, was du bist!*, S. 64.
17 Maharshi: *Sei, was du bist!*, S. 93.
18 Maharshi: *Sei, was du bist!*, S. 94.
19 Maharshi: *Sei, was du bist!*, S. 96.
20 Maharshi: *Sei, was du bist!*, S. 76.
21 Maharshi: *Sei, was du bist!*, S. 69.
22 Maharshi: *Sei, was du bist!*, S. 97.
23 Diese Darstellung wurde erstmals veröffentlicht in Christian Salvesen: «Ramana Maharshi und die Folgen», *Connection*, 1996/2. Alle Zitate stammen aus David Godman (Hrsg.): *Papaji. Interviews*, Avadhuta Foundation, Boulder 1993 (Übersetzung: Christian Salvesen).
24 Eli Jaxon-Bear/Gangaji: *Die Flamme der Wahrheit*, Lüchow Verlag, Freiburg i. Br. 2000.
25 Sri H.W. L. Poonja: *The Truth is.* Yudhishtara, Second Indian Edition 1997, (Übersetzung von Christian Salvesen).
26 Zit. nach Julia Iwersen: *Lexikon der Esoterik*. Artemis & Winkler Verlag, Düsseldorf/Zürich 2001, S. 179.
27 Osho: *Vom Sex zum kosmischen Bewusstsein*, Osho Verlag, Köln 1985. Siehe dazu auch Christian Salvesen: *Der Sechste »Tibeter«®. Das Geheimnis erfüllter Sexualität*, Scherz Verlag, Bern/München/Wien 2002.
28 Sri Nisargadatta Maharaj: *Ich bin*, Teil 1, Context Verlag, Bielefeld 1996, S. 13.
29 Nisargadatta Maharaj: *Ich bin*, S. 62f.
30 Nisargadatta Maharaj: *Ich bin*, S. 137f.
31 Nisargadatta Maharaj: *Ich bin*, S. 83.
32 Balsekar: *Duett der Einheit*, S. 5.
33 Nisargadatta Maharaj: *Ich bin*, Vorwort von Ramesh Balsekar.
34 Diese Darstellung ist teilweise übernommen aus: Dietmar Bittrich/Christian Salvesen: *Die Erleuchteten kommen*, Goldmann Verlag, München 2002, S. 266 f.

V Die Praxis der Selbsterforschung

1 Maharshi: *Sei, was du bist!*, S. 24.
2 Maharshi: *Sei, was du bist!*, S. 39.
3 Maharshi: *Sei, was du bist!*, S. 66.
4 Maharshi: *Sei, was du bist!*, S. 34f.
5 Maharshi: *Sei, was du bist!*, S. 35.

6 Nach Harish Johari: *Die Affen und der Mangobaum. Die schönsten Erzählungen der spirituellen Lehrer Indiens,* O.W. Barth Verlag, Bern/München/Wien 2000.
7 Nach Rashna Imhasly-Gandhy: *The Psychology of Love. Wisdom of Indian Mythology,* Namita Gokhale Editions/Roli Books, New Delhi 2001, S. ix-xi.
8 Aus Khema: *Mystik ist kein Mysterium*, S. 201-204.
9 Vgl. Khema: *Mystik ist kein Mysterium,* S. 86-90.
10 Quelle (u.a.): *Japanische Lyrik*, übertragen von Manfred Hausmann, Arche Verlag, Zürich 1990, S. 38.
11 Zit. nach Pyar Troll: *Poesie der Stille – Tanz des Lebens. Anleitungen zum Da-Sein,* J. Kamphausen Verlag, Bielefeld, 2002, S. 177.
12 Troll: *Poesie der Stille,* S. 63. Pyar Troll gibt in diesem Buch viele wertvolle Anregungen zur Meditation.
13 Robert Adams: *Stille des Herzens. Dialoge mit Robert Adams* (Teil 1), J. Kamphausen Verlag, Bielefeld 2000.
14 Barry Long: *A Course in Being*, Hörkassette, erhältlich über Terra Versand.
15 Maharshi: *Sei, was du bist!*, S. 79.
16 Adams: *Stille des Herzens* (Teil 1), S. 87.
17 Adams: *Stille des Herzens* (Teil 1), S. 87.
18 Siehe z. B. Namkhai Norbu: *Traum-Yoga,* O.W. Barth Verlag, Bern/München/Wien 1998; Carlos Castaneda: *Die Kunst des Träumens*, Fischer Verlag, Frankfurt a. M. 1998; Bhagwan Shree Rajneesh: *Das Buch der Geheimnisse. 16 Reden des Meisters der Meditation über das «Vigyana Bhairava Tantra»*, Wilhelm Heyne Verlag, München 1984.
19 Nisargadatta Maharaj: *Ich bin*, S. 51.
20 Der Mitschnitt dieses Vortrags ist auf CD erhältlich über Forum Kontrovers, Stuttgart.
21 Shankara: *Unterscheidung zwischen Selbst und Nicht-Selbst. Drigdrisyaviveka*, S. 51.
22 Troll: *Poesie der Stille*, S. 75f, auch in Bittrich/Salvesen: *Die Erleuchteten kommen*, S. 173-175.
23 Poonja: *The Truth is.*
24 Troll: *Poesie der Stille*, S. 77.
25 Troll: *Poesie der Stille*, S. 102.
26 Maharshi: *Sei, was du bist!*, S. 59.
27 Zit. nach Troll: *Poesie der Stille*, S. 292. Originalquelle: Heinrich Zimmer: *Der Weg zum Selbst. Lehre und Leben des Shri Ramana Maharshi*, Diederichs Verlag, München 2001.
28 Troll: *Poesie der Stille*, S. 292.
29 Nisargadatta Maharaj: *Ich bin*, S. 67.
30 Maharshi: *Sei, was du bist!*, S. 38.
31 Eli Jaxon-Bear: *Lied der Freiheit*, Lüchow Verlag, Freiburg i. Br. 1999, S. 77.
32 Troll: Poesie der Stille, S. 201.
33 Bittrich/Salvesen: *Die Erleuchteten kommen*, S. 147f.
34 Isaac Shapiro: *Wellen des Friedens*, Lüchow Verlag, Freiburg i. Br. 2000, S. 60.

35 OM C. Parkin: *Die Geburt des Löwen. Dialoge zur Selbsterforschung*, Lüchow Verlag, Freiburg i. Br. 1998, S. 341.
36 Samarpan: *Glücklich Sein in jedem Moment. Gespräche über das Erwachen*. J. Kamphausen Verlag, Bielefeld 2003, S. 42f.
37 Eckhart Tolle: *Jetzt! Die Kraft der Gegenwart. Ein Leitfaden zum spirituellen Erwachen*. J. Kamphausen Verlag, Bielefeld 2001, S. 47.
38 Tolle: *Jetzt! Die Kraft der Gegenwart*, S. 54f.
39 Karl Renz: *Das Buch Karl. Erleuchtung und andere Irrtümer*, J. Kamphausen Verlag, Bielefeld 2003.
40 Quelle: www.theopensecret.com/extracts.htm.
41 Tony Parsons: *Open Secret. Die Erfahrung der Nicht-Dualität*. Lüchow Verlag, Freiburg i. Br. 2000, S. 49.

Dank

Ich möchte danken

Ieva Gaidulis, meiner Ehefrau, die mich seit fünfzehn Jahren durch alle Höhen und Tiefen begleitet. Sie hat für uns das Geld verdient, während ich schrieb.

Pyar Troll, meiner spirituellen Lehrerin und Freundin. Ihr lobendes Vorwort macht mich verlegen.

Marit Salvesen, meiner Schwester. Sie ist Religionspädagogin und hat das Manuskript mit kritischen Anmerkungen versehen.

Dietmar Bittrich, meinem Freund und Kollegen. Er hat mich ermutigt und mir bei der Einleitung geholfen.

Marianne Nentwig vom J. Kamphausen Verlag. Sie hat mich mit Literatur und Fotos versorgt und die Begegnung mit bedeutenden Advaita-Lehrern unserer Zeit vermittelt.

Dr. Petra Eisele, der Programmleiterin des O. W. Barth Verlages, für ihr Vertrauen in das Thema und in mich als Autor.

Oliver Neumann, dem vom Verlag beauftragten Redakteur, für seine kompetente Bearbeitung des Manuskripts.

Personen- und Sachregister

Entsagung 62